Jürgen Schefzyk & Eberhard Zwink

Luthers Meisterwerk

Ein Buch wie eine Naturgewalt

Bibelhaus
ERLEBNIS MUSEUM

NA Nünnerich-Asmus
Verlag & Media

Wir danken unseren Förderern und Medienpartnern für die Unterstützung der Ausstellung „Luthers Meisterwerk“:

Wir danken für ihre freundliche Unterstützung bei der Drucklegung des Kataloges:
Peter Krawietz Kulturdezernent a. D. Mainz und der Gerd und Margarethe Krämmer Stiftung

Impressum:

Titelabbildung: © Hessisches Landesmuseum Darmstadt, Foto: Wolfgang Fuhrmannek
Herausgeber: Jürgen Schefzyk, Eberhard Zwink
Verlag: Nünnerich-Asmus Verlag & Media, Mainz am Rhein
Lektorat: Annette Nünnerich-Asmus, Sarah Kremerskothen, Antonia Pohl,
Natalia Thoben, Katharina Weller
Gestaltung: Melanie Jungels, scancomp GmbH, Wiesbaden
Druck: Beltz Bad Langensalza GmbH

Bibelhaus Erlebnismuseum

ISBN 978-3-945751-08-4

Bibliografische Information der Deutschen Nationalbibliothek
Die Deutsche Nationalbibliothek verzeichnet diese Publikation in der Deutschen Nationalbibliografie;
detaillierte bibliografische Daten sind im Internet über http://dnb.d-nb.de abrufbar.

Printed in Germany by Nünnerich-Asmus Verlag & Media GmbH

Inhaltsverzeichnis

Grußworte

Luthers Meisterwerk, das ist seine Übersetzung der Bibel aus den Urtexten in ein allgemein verständliches Deutsch. Ein Meisterwerk verspricht auch die Ausstellung im Bibelhaus Erlebnis Museum in Frankfurt am Main zu werden. Sie präsentiert herausragende Bibeldrucke – beginnend mit der gedruckten Vulgata Johannes Gutenbergs bis zu den ersten Korrekturen an der „Biblia Deutsch" nach Luthers Tod. Sie zeigt die Kraft der Bibeltexte in der Bibelübersetzung und hebt diesen antiken Schatz für die Gegenwart.

Im Jahr 2017 feiern wir 500 Jahre Reformation. Die Vorbereitungen dazu sind in vollem Gange. Zu den großen Projekten des Jubiläums zählt auch eine Bearbeitung der Bibelübersetzung Martin Luthers. Eine Mammutaufgabe: 1.337 Kapitel mit 723.183 Wörtern sollen so bearbeitet werden, dass neue Einsichten der Bibelwissenschaftler über den Urtext berücksichtigt werden – und dass zugleich der besondere Klang der Luthersprache neu hörbar wird. In diesen Wochen sitzen Fachleute an den letzten Änderungsvorschlägen für die Texte.

Mehr als 50 Bibelforscher waren an dieser Überarbeitung beteiligt. Zu den wichtigsten Eindrücken, die sie bei ihrer Arbeit gewonnen haben, gehört die Erkenntnis, welch ein Meisterwerk Luther und seinen Mitarbeitern gelungen ist. Seine Übersetzung prägt bis heute unsere Alltagssprache.

Wahrhaft meisterlich ist auch die Intention, die sich mit der Übersetzung der Bibel in die Muttersprache verbindet: Die Bibel soll kein Spezialbuch für Experten sein. Die Kraft ihrer Botschaft soll allen Menschen zugänglich sein – als Quelle für ihr Leben und als Orientierungshilfe für ihr Handeln.

Bis heute werden Menschen von den biblischen Texten angesprochen und im Innersten berührt. Zugleich gehört es zum Erbe und zu den Errungenschaften der Reformation, dass sich mit der Bibel in der Muttersprache ein Bildungsanspruch verbindet. Die christlichen Kirchen haben einen Umgang mit ihrer heiligen Schrift entwickelt, der sie in ihrem geschichtlichen Gewordensein und der damit verbundenen Fremdheit ernst nimmt.

Die neue Lutherbibel wird im Oktober 2016 allen Gemeinden zugänglich sein. Ab dem 16. September 2015 – also ein Jahr früher! – bietet Ihnen das Bibelhaus Frankfurt die Gelegenheit, sich mit Luthers Meisterwerk zu beschäftigen. Seien Sie herzlich willkommen, entdecken Sie Bekanntes wieder – und lassen Sie sich von Neuem überraschen.

Landesbischof Dr. Heinrich Bedford-Strohm
Vorsitzender des Rates der Evangelischen Kirche
in Deutschland

Das Jahr 2017 wird für die evangelische Kirche ein besonderes Jahr: Wir werden die 500. Wiederkehr des Beginns der Reformation feiern. Dabei denken wir an den mutigen Auftritt Martin Luthers mit seinen 95 Thesen gegen den Ablass. Die Kraft zum Protest gegen Missstände in der damaligen Kirche hat er aus der Begegnung mit der Bibel gewonnen. Martin Luther hat die Kraft des Evangeliums wiederentdeckt.

Deshalb hat er alles unternommen, um Christinnen und Christen den Weg zu dieser frohmachenden Erkenntnis von der Gnade Gottes zu eröffnen. Neben all seinen anderen Tätigkeiten hat Luther das vor allem mit dem einzigartigen Werk seiner Schaffenszeit erreicht: Der Übersetzung der Bibel in verständliches Deutsch. Ein wahres Meisterwerk ist die Lutherbibel bis heute.

Ich freue mich, Sie auf eine ganz besondere Ausstellung hinweisen zu können, die sich dem Meisterwerk Lutherbibel widmet und im Bibelhaus in Frankfurt am Main präsentiert wird. Nutzen Sie ab 16. September 2015 die Möglichkeit, einmaligen Werken im Bibelhaus zu begegnen, ob als einzelner Besucher oder in Gruppen. Es ist eine wunderbare Gelegenheit, sich auf den zentralen Inhalt der Reformation zu besinnen. Ich bin mir sicher, dass von der Ausstellung „Luthers Meisterwerk" für Sie alle Impulse ausgehen können, das Reformationsjubiläum 2017 angemessen zu feiern.

Darmstadt, im Juni 2015

Dr. Volker Jung
Kirchenpräsident
(Evangelische Kirche in Hessen und Nassau)

Einleitung

Luthers Meisterwerk – Ein Buch wie eine Naturgewalt

Anfang des 16. Jahrhunderts. Martin Luther lebt inkognito in der Verbannung auf der Wartburg. In wenigen Wochen übersetzt er dort 1522 das Neue Testament aus dem Griechischen ins Deutsche. „Dem Volk aufs Maul schauend" verbindet er dabei gehörte Redewendungen mit pragmatisch-poetischer Zielgenauigkeit zu einem mitreißenden Text, den endlich jeder verstehen kann. 3.000 Kopien seines „Septembertestaments" sind sofort ausverkauft – eine Sensation!

Im Vorfeld des Reformationsjubiläums 2017 lässt das Bibelhaus Erlebnis Museum in Frankfurt die Entstehungs- und Wirkungsgeschichte der Reformation aufleben. Die beeindruckende Zusammenschau herausragender Bibeldrucke zwischen Gutenberg und Zwingli zeigt, wie „Luthers Meisterwerk" unser Leben bis heute prägt.

Martin Luthers „Biblia Deutsch" war der Auslöser der ersten Medienrevolution der Weltgeschichte. Mit seinem „Meisterwerk" legte der Reformator den Grundstein für die einheitliche deutsche Hochsprache – und damit für die rasante Entwicklung der modernen Wissensgesellschaft und unserer hochtechnisierten Zivilisation.

Dieser Katalog enthält alle Bilder und Texte der Ausstellung, die vom 16.09.2015 bis 31.12.2015 im Bibelhaus Erlebnis Museum gezeigt werden. Die Herausgeber danken den Leihgebern für die ausgezeichnete Unterstützung, den Autoren aus dem Kreis des Beirates zur Ausstellung für die Essays sowie dem theologischen Referenten für Religionspädagogik am Bibelhaus, Pfr. Veit Dinkelaker, für die Arbeit an den Objekttexten. Sven Lichtenecker M. A. sei gedankt für die Assistenz bei der Bildbearbeitung und dem Team des Nünnerich-Asmus Verlags für die gute Betreuung bei der Erstellung des Kataloges.

Frankfurt im Juli 2015

Dr. theol h.c. Jürgen Schefzyk
Museumsdirektor

Dr. Eberhard Zwink
Kurator

„Allein die Schrift“

Die Bedeutung der Bibel für Luther und die Bedeutung Luthers für die Bibel

Wolf-Friedrich Schäufele

Eine verbreitete Auffassung, die sich auf einzelne pointierte Äußerungen Luthers selbst berufen kann, besagt, dass im Mittelalter die Bibel in Theologie und Kirche ohne Bedeutung, ja geradezu unbekannt gewesen sei. Diese Auffassung ist falsch. Die kirchlichen Autoritäten haben sich für ihre Entscheidungen auf die Bibel berufen, die Theologen haben sie kommentiert, das Verlangen der Gemeindemitglieder nach biblischer Unterweisung führte im Spätmittelalter zu einem stetig wachsenden Angebot volkssprachlicher Predigten und zu einer Reihe deutscher Bibelübersetzungen. Noch vor der Lutherbibel erschienen 14 hochdeutsche und vier niederdeutsche Bibelübersetzungen im Druck. Dieses gesteigerte Interesse an der Bibel kam auch der Reformation zugute und hat zu ihrem Erfolg nicht wenig beigetragen. Unbeschadet dessen bedeutete die Reformation Martin Luthers für das Verständnis der Bibel und für ihre Rolle im Gesamtgefüge des Glaubens und der kirchlichen Praxis aber eine so grundlegende Zäsur, dass man von einem regelrechten „Systembruch“ (Berndt Hamm) sprechen muss. „Luthers Meisterwerk“ beschränkte sich nicht darauf, die Bibel in eine ansprechende deutsche Sprachgestalt zu übertragen. Er hat ihr auch einen ganz neuen, einzigartigen Stellenwert in der christlichen Religion verschafft.

Die Bibel vor der Reformation

Wie das moderne rabbinische Judentum, so ist auch das Christentum aus der altjüdischen Religion Israels hervorgegangen. Die ersten Christen lasen selbstverständlich die jüdische Bibel, und zwar in jener Gestalt, die sie im Diasporajudentum außerhalb Palästinas erlangt hatte. Diese sog. „Septuaginta“ war in der damaligen Weltsprache Griechisch verfasst und enthielt einige Bücher – die heute sog. Apokryphen – mehr als die hebräische Bibel. Für die christliche Kirche war die jüdische Bibel das Zeugnis vom Bund Gottes mit seinem Volk Israel – jenem „alten Bund“ oder „alten Testament“, dem mit Jesus und der Ausweitung der göttlichen Verheißung auch auf die Nichtjuden ein „neuer Bund“ oder ein „neues Testament“ an die Seite getreten war (vgl. Jeremia 31,31–34). Dementsprechend sah die Kirche die Heilsweissagungen des „Alten Testaments“ in Jesus von Nazareth als dem Davidssohn, dem Gesalbten (hebräisch: „Messias“, griechisch: „Christus“) Gottes und leidenden Gottesknecht erfüllt. Diese christologische Auslegung des Alten Testaments bildete die entscheidende Differenz zwischen christlichem und jüdischem Bibelgebrauch. Schon früh verbanden sich damit Vorstellungen von einer „Enterbung“ des alten Gottesvolkes Israel und seiner Ersetzung durch die Kirche als das neue Gottesvolk – Vorstellungen, deren theologische Problematik und verhängnisvolle Wirkung erst seit dem 20. Jh. von Christinnen und Christen in ihrer ganzen Tragweite erkannt worden sind. Seit der Aufklärung wird die prophetische Deutung des Alten Testaments auf Jesus in der wissenschaftlichen Bibelexegese nicht mehr fortgesetzt. Gleichwohl kann christliche Auslegung auch heute nicht davon absehen, im Sinne einer „kanonischen“ Bibellektüre das „Alte Testament“ im Horizont der Christusbotschaft zu lesen – freilich ohne deswegen das andersartige Verständnis der hebräischen Bibel im Judentum ins Unrecht zu setzen.

Das „Neue Testament“ der christlichen Kirche ist eine Sammlung von 27 altchristlichen, in griechischer Sprache verfassten Schriften aus dem späteren 1. und frühen 2. Jh. n. Chr. Aus der Fülle verschiedener Briefe, Evangelien und Offenbarungsschriften kristallisierte sich bis zum 4. Jh. n. Chr. in einem längeren Prozess jene Auswahl heraus, die seitdem als „kanonisch“, d. h. verbindlich für den gottesdienstlichen Gebrauch und als Norm christlichen Glaubens gilt. Die Bibel der frühen Christenheit war somit zweiteilig aus Altem und Neuem Testament zusammengesetzt und lag in der damaligen Weltsprache Griechisch vor.

Auch im Westteil des Römischen Reiches war die Sprache der christlichen Gemeinden zunächst das Griechische. Doch schon früh begann man hier, biblische Texte in das dort verbreitetere Lateinische zu übersetzen, und seit dem Ende des 4. Jhs. n. Chr.

lag die gesamte Bibel in einer lateinischen Fassung vor, die im Wesentlichen auf den Kirchenvater Hieronymus (347–420 n. Chr.) zurückging und sich im Laufe der Zeit allgemein durchsetzte. Diese lateinische „(Biblia) Vulgata“ blieb bis zur Reformation – und im Katholizismus bis ins 20. Jh. – die maßgebliche Bibel der westlichen Christenheit – selbst dann noch, als das Christentum immer mehr germanische und slawische Völker erreichte, die kein Latein mehr verstanden. Auch wenn es vereinzelt Ansätze zu einer Übersetzung der Bibel in die Volkssprachen gab – im Großen und Ganzen blieb im Mittelalter das Lateinische die Sprache der Bibel, ebenso wie es die Sprache des Gottesdienstes, der Theologie und der Wissenschaft blieb.

Das rechte Verständnis der Bibel war nach mittelalterlicher Auffassung nicht ohne weiteres zugänglich. Seit dem 4. Jh. n. Chr. verbreitete sich die Auffassung, dass die Bibel, deren Autoren man sich von Gott inspiriert dachte – auf bildlichen Darstellungen sitzt auf der Schulter der biblischen Schriftsteller nicht selten die Taube des Heiligen Geistes – mehr und tiefere Wahrheiten enthielt, als der wörtliche Sinn vermuten ließ. Dies galt besonders für solche Stellen aus dem Alten Testament, die auf den ersten Blick moralisch anstößig wirkten. Hier musste der eigentliche Sinn hinter und unter dem Wortlaut verborgen liegen. Die Bibel war folglich allegorisch auszulegen. Häufig nahm man einen vierfachen Schriftsinn an. Handelte eine Bibelstelle etwa von Jerusalem, so war darunter dem wörtlichen Sinn (Litteralsinn) nach die Hauptstadt von Juda zu verstehen. Im übertragenen Sinn konnte man darin aber auch eine Aussage über die Kirche (allegorischer Sinn) oder über die gläubige Seele (moralischer oder tropologischer Sinn) finden. Schließlich war es möglich, die Stelle auf das himmlische Jerusalem (Offenbarung 21) im Sinne der jenseitigen Vollendung zu beziehen (anagogischer Sinn). Nicht immer waren alle Deutungen möglich, und wie und auf welche Weise eine Bibelstelle richtig zu deuten war, blieb umstritten. Nicht zuletzt deshalb musste die letztgültige, rechtsverbindliche Auslegung der Bibel dem kirchlichen Lehramt der Bischöfe und des Papstes vorbehalten bleiben. Diesem hatten die Theologen ihre Interpretationen zu unterwerfen. Laien sollten die Bibel gar nicht erst auslegen wollen, gegen die Bibellektüre von Laien – vollends in volkssprachlichen Übersetzungen – gab es starke Vorbehalte und mitunter auch Verbote.

Welche Rolle spielte die Bibel im kirchlichen Leben? Natürlich war sie Grundlage der christlichen Verkündigung und der (in der Volkssprache gehaltenen) Predigt. Der gewöhnliche Gottesdienst kam freilich häufig ohne Predigt aus. Entscheidend für mittelalterliche Religiosität war vielmehr der Empfang der Sakramente. In Gestalt dieser von der Kirche und ihrer Priesterschaft verwalteten heiligen Handlungen – man zählte insgesamt sieben: Taufe, Firmung, Abendmahl (Eucharistie), Buße, Letzte Ölung, Priesterweihe und Ehe – goss Gott den Menschen seine Gnade ein und schenkte ihnen Vergebung der Sünden und das ewige Leben. Damit wurde die Kirche zur zentralen Heilsinstitution und zur Mittlerin zwischen Gott und den Menschen. Wie das Privileg der Bibelauslegung, so wirkte auch die Aufgabe der sakramentalen Heilsvermittlung dahingehend, dass der Unterschied zwischen „Geistlichen“ (Klerus) und „Laien“ für das kirchliche Leben bestimmend war.

„Allein das Wort“: Gottes Wort als Heilsmittel

Luthers Entdeckung der Rechtfertigung des Sünders um Christi willen durch den Glauben bedeutete zugleich die Entdeckung eines neuen Gottesbildes. Gott, so wie Luther ihn erfahren hatte, ist der redende Gott, der dem einzelnen Menschen in seinem Wort begegnet. Gott offenbart sich selbst, sein Wesen und seinen Willen, im Wort. Durch das Wort verdammt Gott den Unglauben, und durch das Wort spricht er dem Glaubenden wirksam die Vergebung der Sünde zu. An die Stelle des wohlgeordneten hierarchischen Apparats der sakramentalen Heilsanstalt der mittelalterlichen Kirche trat für Luther das persönliche Verhältnis zwischen dem redenden, rechtfertigenden Gott und dem hörenden, glaubenden Menschen.

Da, wo im Mittelalter die Sakramente Gottes Gnade vermittelten, kam nun dieselbe Funktion dem Wort Gottes zu. Dieses Wort Gottes war in verschiedener Weise ergangen: als das Wort der göttlichen Schöpfung, in Christus als dem fleischgewordenen Wort, aber eben auch im Wort der Apostel und Propheten, wie Luther es in der Bibel fand, und ganz genauso im lebendigen Wort der Predigt, das Gottes Anrede an den einzelnen Menschen aktuell laut werden ließ. Nicht die Sakramente, sondern die Bibel und die sich aus ihr speisende Predigt als Mittel des schöpferischen Wortes Gottes vermittelten das Heil. Demzufolge war nun jeder Gottesdienst Predigtgottesdienst, und auch bei den beiden Sakramenten, die die reformatorischen Kirchen noch gelten ließen – der Taufe und dem Abendmahl –, war nicht die heilige Handlung das Entscheidende, sondern das biblische Verheißungswort der Vergebung der Sünden, das mit ihnen zugesprochen wurde und das sie zum „sichtbaren Wort“ werden ließ.

Wie hat man sich das nun aber praktisch vorzustellen – das Wort Gottes (und damit das Wort der Bibel) als Heilsmittel, das dem Menschen wirksam Gottes Gnade mitteilt? Luther unterscheidet zwei Arten des Wortes Gottes, die er beide in der Bibel wiederfindet und die er kurz als „Gesetz“ und „Evangelium“ bezeichnet. Einerseits verkündet Gott seinen ewigen Willen, sein Gesetz, als Forderung an uns Menschen; so in den Zehn Geboten des Alten Testaments, so auch in der Bergpredigt des Neuen Testaments. Diese Forderung Gottes ist für den Menschen unter der Macht der Sünde aber nicht erfüllbar, und wenn er sie hört, muss ihn das in Verzweiflung führen. Da kommt dann die andere Gestalt des Wortes

Gottes, das Evangelium, ins Spiel. Dieses findet sich vor allem in der Christusverkündigung des Neuen Testaments, aber auch schon in den Heilsprophezeiungen der Propheten. Hier sagt Gott zu, dass er sich aus reiner Gnade des Sünders erbarmen und ihm seine Sünde vergeben will. Diese Botschaft macht den Menschen froh, sie weckt in ihm den Glauben und das Vertrauen auf Gott und schenkt ihm das ewige Leben. Es ist also Gottes doppeltes Reden in Gesetz und Evangelium, das den Menschen richtet und rettet, ihn zur Erkenntnis seiner Sünde und zur Gewissheit der Erlösung führt – wirksames Wort.

Das, was den eigentlichen heilswirksamen Gehalt der Bibel ausmacht, ist also das Evangelium von Christus. In diesem Evangelium oder, kürzer gesagt, in Christus selbst hat sie für Luther ihre Mitte, ihren sachlichen Kern. Das unterscheidet sein Schriftverständnis von fundamentalistischen Auffassungen, für die der Bibeltext als ganzer ohne jede inhaltliche Differenzierung unfehlbares Wort Gottes ist. Zwei bedeutende Konsequenzen folgen daraus. Einerseits erschließt sich Luther von Christus als der Mitte der Schrift her ganz neu das Verhältnis der beiden Testamente. Beide enthalten, wie schon gesagt, Gesetz und Evangelium, und in beiden ist Christus das Zentrum: der verheißene, kommende Christus im Alten, der gekommene Christus im Neuen Testament. Luther hat daher das Alte Testament in einer über die herkömmliche christologische Auslegung hinausgehenden Weise als Christuszeugnis gelesen und anfangs in den Psalmen als deren eigentlichen Sprecher Christus identifizieren wollen – eine nach den Maßstäben heutiger Exegese unhaltbare, aber für den christlich-frommen Umgang mit der Bibel ungemein fruchtbare Auffassung.

Die andere Konsequenz aus der Überzeugung von Christus als die Mitte der Schrift ist eine große Freiheit zur Sachkritik an einzelnen biblischen Büchern und Aussagen. In den biblischen Büchern hat die Evangeliumsverkündigung der Apostel und Propheten in unterschiedlicher Form schriftlich fixierte Gestalt gewonnen, in denen das Wort der Verheißung unterschiedlich gut zum Ausdruck kommt. Deshalb gibt es in der Bibel wertvollere und weniger wertvolle Bücher. Maßstab für den religiösen Wert ist, *„was Christum treibet"* (vgl. Luthers Vorrede zum Jakobus- und Judasbrief 1522), d. h., was die Botschaft von der Vergebung durch Christus stark macht. Man hat diesen Maßstab Luthers „Kanon im Kanon" genannt. In seiner Vorrede zum deutschen Neuen Testament von 1522, dem berühmten Septembertestament, hat Luther dementsprechend vor allem das Johannesevangelium und die Paulusbriefe (hier besonders den Römerbrief) sowie den 1. Petrusbrief und den 1. Johannesbrief zur häufigen Lektüre empfohlen. Demgegenüber galten Luther die Briefe an die Hebräer, an Jakobus und Judas sowie die Offenbarung des Johannes, in denen er das Evangelium von Christus nicht in gleicher Klarheit ausgesagt fand, als Schriften minderen Wertes. Im „Septembertestament" und allen folgenden Bibelausgaben hat Luther sie, abweichend von der herkömmlichen Anordnung, ganz an den Schluss gestellt (siehe Kat. 312).

„Allein die Schrift": Die reformatorische Bibelauslegung

Die neuen theologischen Einsichten über die Bibel führten auch zu einem veränderten praktischen Umgang mit ihr. Luther hat dies 1525 im Streit mit dem bedeutenden Humanisten Erasmus von Rotterdam (ca. 1467–1536) deutlich gemacht. Dieser meinte, man könne keine sicheren Wahrheiten verkünden, da in der Bibel viele Stellen dunkel und unverständlich seien. Luther ließ den Einwand nicht gelten: der entscheidende Inhalt der Bibel, das Evangelium von Christus, sei hell und klar offenbart. Wenn einzelne Stellen dem Verstehen Schwierigkeiten böten, tue das der Klarheit der Heiligen Schrift (*claritas scripturae)* keinen Abbruch. Mit intensiviertem Studium der biblischen Ursprachen und Anwendung wissenschaftlicher philologischer Methoden werde sich am Ende auch deren Sinn erschließen. Im Übrigen ließen sich dunkle Stellen häufig von anderen hellen Stellen her deuten, sodass die Bibel sich letztlich selber auslege (*scriptura sacra sui ipsius interpres*).

Luthers Überzeugung von der Klarheit der Heiligen Schrift ermöglichte ihm in der praktischen Bibelexegese, die er als Wittenberger Professor ja berufsmäßig betrieb, den Abschied von der allegorischen Auslegung des Mittelalters. Schon früh begann Luther, sich auf den buchstäblichen, wörtlichen Sinn des Bibeltextes zu konzentrieren; die weiteren Sinnebenen traten bei ihm immer mehr zurück. Luther steht damit am Anfang der modernen Bibelauslegung, die ebenfalls nur den Litteralsinn gelten lässt. Dieser Litteralsinn aber ist mit rationalen, wissenschaftlichen Methoden in einem kontrollierten Verfahren zu bestimmen. Damit braucht es keine autoritative Schiedsinstanz in Gestalt des kirchlichen Lehramtes mehr, die über das rechte Verständnis entscheiden müsste. Luther hat auf diese Weise die Bibel aus der Verfügungsgewalt der kirchlichen Hierarchie gelöst. Schon im Mittelalter hatten Oppositionelle wie die Waldenser, Marsilius von Padua (gest. 1342/43), John Wyclif (gest. 1384) und Jan Hus (ca. 1369–1415) aufgrund der Bibel Kritik an der kirchlichen Tradition und ihren Vorschriften geübt. Luther hat mit seinem neuen Bibelverständnis die Heilige Schrift in einer noch viel grundsätzlicheren Weise gegen das kirchliche Lehramt ausspielen können. „Allein die Schrift" *(sola scriptura)* ließ er als Norm für den christlichen Glauben und die christliche Kirche gelten. Die evangelische Theologie der nachreformatorischen Zeit hat in der Auseinandersetzung mit dem wiedererstarkenden Katholizismus die Autorität der Bibel als des sich selbst auslegenden Wortes Gottes, das keiner menschlichen Lehrautorität bedarf, mit einer kühnen theologischen

Theorie noch weiter zugespitzt. Danach hatte Gott die biblischen Schriftsteller ehedem nicht nur in einer allgemeinen Weise mit seinem Geist geleitet (inspiriert), sondern ihnen den Bibeltext Wort für Wort in die Feder diktiert. Diese Vorstellung einer sog. Verbalinspiration der Heiligen Schrift bleibt weit hinter Luthers Freiheit im Umgang mit der Bibel zurück. Sie ist später denn auch weithin wieder preisgegeben worden, findet sich aber gleichwohl heute noch in evangelikalen und fundamentalistischen Gemeinschaften.

Mit der Konzentration auf den Litteralsinn der Bibel, der mit Methoden wissenschaftlicher Philologie zu bearbeiten ist, ging eine weitere folgenreiche Weichenstellung einher: der Rückgang auf die biblischen Urtexte. Für die Kirche des Westens war ein Jahrtausend lang die lateinische Vulgata die maßgebliche Gestalt der Bibel gewesen. Dass diese in manchem ungenau und korrekturbedürftig war, hatte man schon im ausgehenden Mittelalter gewusst. Im Zuge der neuen wissenschaftlichen Bemühungen der Humanisten wandte man sich zur Zeit der Reformation den antiken Originaltexten nicht nur heidnischer Philosophen und Schriftsteller, sondern auch denen der Bibel und der Kirchenväter zu. Erasmus von Rotterdam, der „Fürst der Humanisten", gab 1516 erstmals eine Ausgabe des Neuen Testaments in seiner griechischen Urgestalt heraus. Eine christliche Hebraistik, zu deren Pionieren der Schwabe Johannes Reuchlin (1455–1522) zählte, entdeckte den hebräischen Text des Alten Testaments und die rabbinische Literatur für die christliche Theologie. Es ist daher nicht verwunderlich, sondern lag ganz im Zug der Zeit, als Luther begann, Griechisch und Hebräisch zu lernen, um die Bibel in ihren Grundsprachen zu lesen. Von Beginn seiner Wittenberger Vorlesungstätigkeit an versuchte er, den lateinischen Vulgata-Text nach dem hebräischen Alten Testament und dem griechischen Neuen Testament zu verbessern – eine Arbeit, die 1529 in eine Teilrevision der lateinischen Vulgata und eine verbesserte Ausgabe des lateinischen Psalters einmündete. (siehe Kat. 445) In seinen Vorlesungen an der Universität ging er bald konsequent von den biblischen Grundtexten aus. Auch der deutschen Bibelübersetzung legte Luther, so sehr er aus jahrelanger Lektüre den Wortlaut der Vulgata immer auch mit im Ohr hatte, nicht die lateinische Bibel, sondern das hebräische Alte und das griechische Neue Testament zugrunde. Im Fall des Alten Testaments führte dies zu einem erneuten Bruch mit der christlichen Tradition, denn dieses enthielt einige Bücher nicht, die in der Septuaginta und der Vulgata enthalten waren und so seit anderthalb Jahrtausenden zur christlichen Bibel gehört hatten. Für Luther waren diese sog. Apokryphen zwar *„nützlich und gut zu lesen"*, aber doch den übrigen biblischen Büchern nicht gleichrangig. Er hat sie daher zwar übersetzt, in seiner Bibelausgabe aber ganz ans Ende gestellt; in vielen Ausgaben fehlen sie überhaupt, und die heutige Lutherbibel enthält sie – im Unterschied zur katholischen Einheitsübersetzung – normalerweise nicht. So bedeutete Luthers Entscheidung für den hebräischen Text des Alten Testaments faktisch einen Schritt auf das Judentum zu. Allerdings orientierte er sich in der Anordnung der alttestamentlichen Bücher nicht an der hebräischen Bibel, sondern folgte in diesem Punkt weiter der Vulgata.

Das allgemeine Priestertum und die volkssprachliche Bibelübersetzung

Luthers neue Auffassung von der Bibel hat wesentlich dazu beigetragen, dass die traditionelle Unterscheidung von „Geistlichen" (Klerikern) und „Laien"

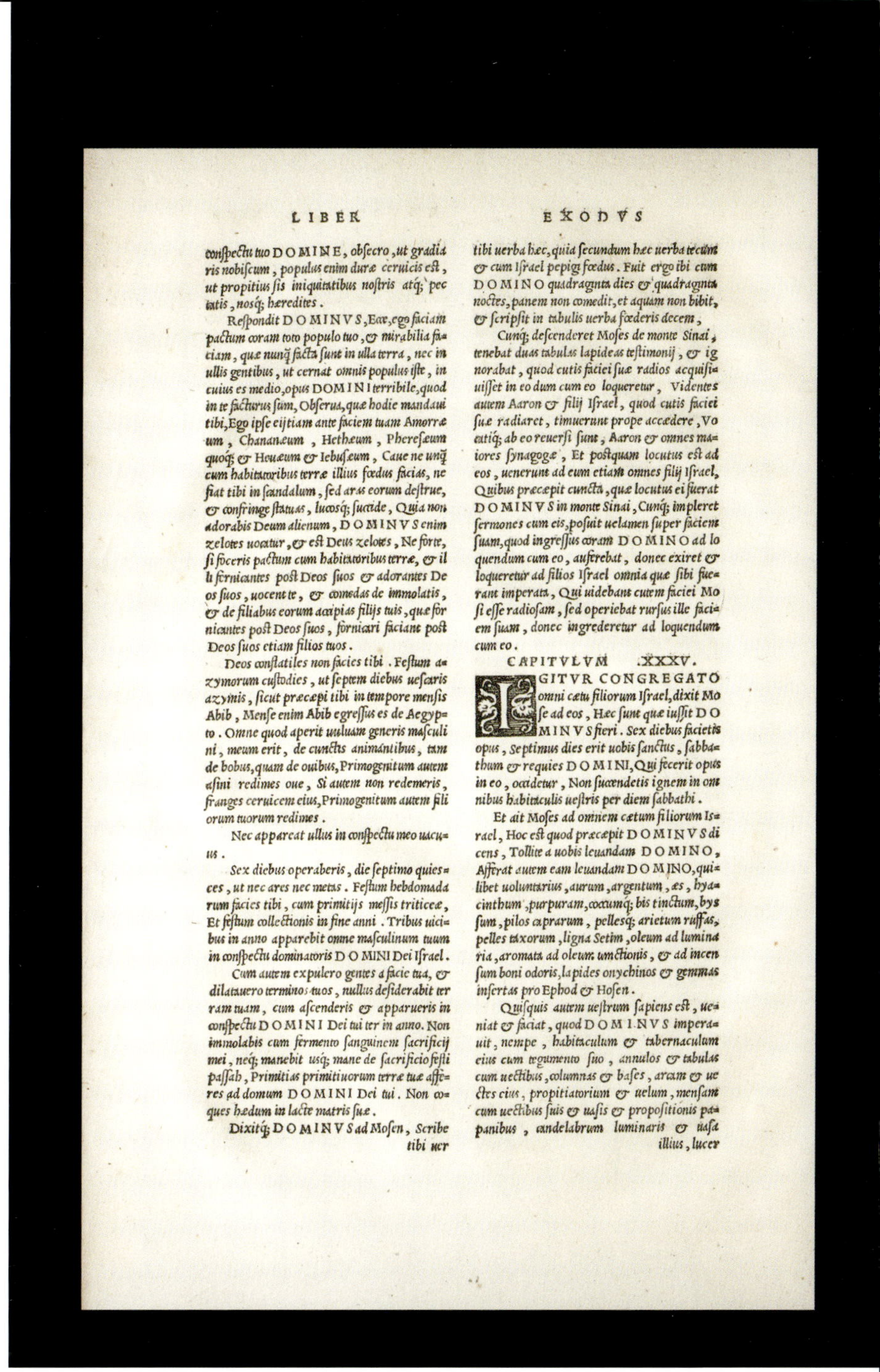
LIBER EXODVS

conspectu tuo DOMINE, obsecro, ut gradiaris nobiscum, populus enim duræ ceruicis est, ut propitius sis iniquitatibus nostris atq; peccatis, nosq; heredites.

Respondit DOMINVS, Ecce, ego faciam pactum coram toto populo tuo, & mirabilia faciam, quæ nunq̃ facta sunt in ulla terra, nec in ullis gentibus, ut cernat omnis populus iste, in cuius es medio, opus DOMINI terribile, quod in te facturus sum, Obserua, quæ hodie mandaui tibi, Ego ipse eijtiam ante faciem tuam Amorræum, Chananæum, Hethæum, Pheresæum quoq; & Heuæum & Iebusæum, Caue ne unq̃ cum habitatoribus terræ illius fœdus facias, ne fiat tibi in scandalum, sed aras eorum destrue, & confringe statuas, lucosq; succide, Quia non adorabis Deum alienum, DOMINVS enim zelotes uocatur, & est Deus zelotes, Ne forte, si feceris pactum cum habitatoribus terræ, & illi fornicantes post Deos suos & adorantes Deos suos, uocent te, & comedas de immolatis, & de filiabus eorum accipias filijs tuis, quæ fornicantes post Deos suos, fornicari faciant post Deos suos etiam filios tuos.

Deos conflatiles non facies tibi. Festum azymorum custodies, ut septem diebus uescaris azymis, sicut præcæpi tibi in tempore mensis Abib, Mense enim Abib egressus es de Aegypto. Omne quod aperit uuluam generis masculini, meum erit, de cunctis animantibus, tam de bobus, quam de ouibus, Primogenitum autem asini redimes oue, Si autem non redemeris, franges ceruicem eius, Primogenitum autem filiorum tuorum redimes.

Nec appareat ullus in conspectu meo uacuus.

Sex diebus operaberis, die septimo quiesces, ut nec ares nec metas. Festum hebdomadarum facies tibi, cum primitijs messis triticeæ, Et festum collectionis in fine anni. Tribus uicibus in anno apparebit omne masculinum tuum in conspectu dominatoris DOMINI Dei Israel.

Cum autem expulero gentes a facie tua, & dilatauero terminos tuos, nullus desiderabit terram tuam, cum ascenderis & apparueris in conspectu DOMINI Dei tui ter in anno. Non immolabis cum fermento sanguinem sacrificij mei, neq; manebit usq; mane de sacrificio festi passah, Primitias primitiuorum terræ tuæ afferes ad domum DOMINI Dei tui. Non coques hædum in lacte matris suæ.

Dixitq; DOMINVS ad Mosen, Scribe tibi uerba hæc, quia secundum hæc uerba tecum & cum Israel pepigi fœdus. Fuit ergo ibi cum DOMINO quadraginta dies & quadraginta noctes, panem non comedit, et aquam non bibit, & scripsit in tabulis uerba fœderis decem,

Cumq; descenderet Moses de monte Sinai, tenebat duas tabulas lapideas testimonij, & ignorabat, quod cutis faciei suæ radios acquisiuisset in eo dum cum eo loqueretur, Videntes autem Aaron & filij Israel, quod cutis faciei suæ radiaret, timuerunt prope accædere, Vocatiq; ab eo reuersi sunt, Aaron & omnes maiores synagogæ, Et postquam locutus est ad eos, uenerunt ad eum etiam omnes filij Israel, Quibus præcæpit cuncta, quæ locutus ei fuerat DOMINVS in monte Sinai, Cumq; impleret sermones cum eis, posuit uelamen super faciem suam, quod ingressus coram DOMINO ad loquendum cum eo, auferebat, donec exiret & loqueretur ad filios Israel omnia quæ sibi fuerant imperata, Qui uidebant cutem faciei Mosi esse radiosam, sed operiebat rursus ille faciem suam, donec ingrederetur ad loquendum cum eo.

CAPITVLVM .XXXV.

IGITVR CONGREGATO omni cætu filiorum Israel, dixit Mose ad eos, Hæc sunt quæ iussit DOMINVS fieri. Sex diebus facietis opus, Septimus dies erit uobis sanctus, sabbathum & requies DOMINI, Qui fecerit opus in eo, occidetur, Non succendetis ignem in omnibus habitaculis uestris per diem sabbathi.

Et ait Moses ad omnem cætum filiorum Israel, Hoc est quod præcæpit DOMINVS dicens, Tollite a uobis leuandam DOMINO, Afferat autem eam leuandam DOMINO, quilibet uoluntarius, aurum, argentum, æs, hyacinthum, purpuram, coccumq; bis tinctum, byssum, pilos caprarum, pellesq; arietum ruffas, pelles taxorum, ligna Setim, oleum ad luminaria, aromata ad oleum unctionis, & ad incensum boni odoris, lapides onychinos & gemmas insertas pro Ephod & Hosen.

Quisquis autem uestrum sapiens est, ueniat & faciat, quod DOMINVS imperauit, nempe, habitaculum & tabernaculum eius cum tegumento suo, annulos & tabulas cum uectibus, columnas & bases, arcam & uectes eius, propitiatorium & uelum, mensam cum uectibus suis & uasis & propositionis panibus, candelabrum luminaris & uasa illius, lucer

Die von Luther und seinen Freunden nach dem Hebräischen und Griechischen revidierte lateinische Bibel, die sog. *Wittenberger Vulgata*, 1529. 2. Mose / Exodus 34: *... und Mose wusste nicht, dass die Haut seines Gesichtes strahlend geworden war ...* Siehe Kat. 445.

in der evangelischen Kirche hinfällig wurde. Indem Gott dem Menschen das Heil in direkter Anrede durch sein Wort schenkte, brauchte es keine von den normalen Gemeindegliedern durch eine besondere religiöse Weihe abgehobene Priesterschaft mehr, die zum Vollzug heiliger sakramentaler Handlungen befähigt war. Jeder Gläubige hatte direkten Zugang zu Gott, jeder Getaufte war in diesem Sinne ein Priester, der selbst vor Gott stehen und vor ihm auch für seine Mitmenschen eintreten konnte. Und indem die Bibel klar und aus sich selbst heraus verständlich war, brauchte es keine kirchliche Auslegungsinstanz mehr, um ihr rechtes Verständnis zu garantieren. Beides zusammen ließ nur eine Konsequenz zu: Es galt, jedem Gläubigen den ungehinderten Zugang zur Bibel und damit zum heilswirksamen Wort Gottes zu eröffnen. Dies war vor allem die Aufgabe der evangelischen Predigt, zu deren Durchführung man nun einen philologisch-exegetisch gebildeten neuen Pfarrerstand heranzog – Bibelexperten, die im Übrigen keinerlei religiösen Vorrang vor den übrigen Gemeindegliedern hatten. Als Grundlage für die Predigt, aber auch zum Zweck selbstständiger eigener Lektüre durch die Gemeindeglieder aber brauchte es dringend Bibelübersetzungen in die Volksprache – und tatsächlich entstanden solche bald überall dort, wo die Reformation Fuß fasste.

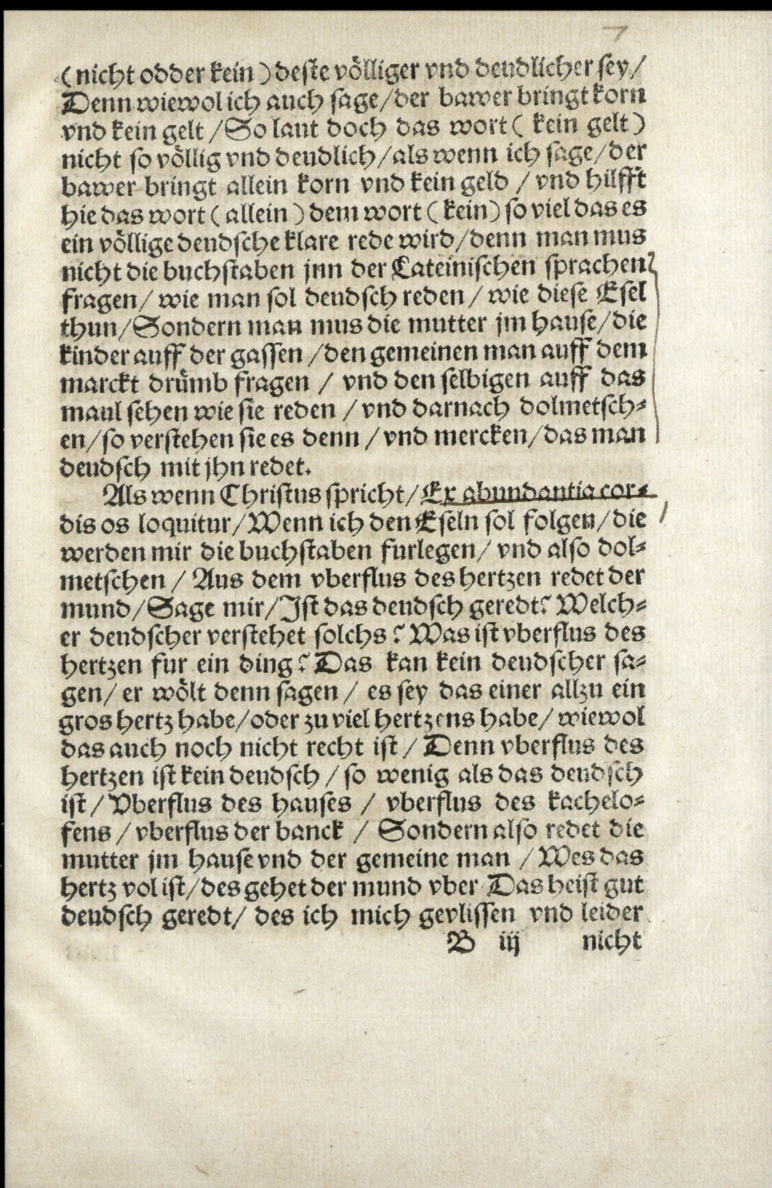
7

(nicht odder kein) deſte völliger vnd deudlicher ſey/
Denn wiewol ich auch ſage/der bawer bringt korn
vnd kein gelt/So laut doch das wort (kein gelt)
nicht ſo völlig vnd deudlich/als wenn ich ſage/der
bawer bringt allein korn vnd kein geld/vnd hilfft
hie das wort (allein) dem wort (kein) ſo viel das es
ein völlige deudſche klare rede wird/denn man mus
nicht die buchſtaben jnn der Lateiniſchen ſprachen
fragen/wie man ſol deudſch reden/wie dieſe Eſel
thun/Sondern man mus die mutter jm hauſe/die
kinder auff der gaſſen/den gemeinen man auff dem
marckt drumb fragen/vnd den ſelbigen auff das
maul ſehen wie ſie reden/vnd darnach dolmetſch-
en/ſo verſtehen ſie es denn/vnd mercken/das man
deudſch mit jhn redet.

Als wenn Chriſtus ſpricht/Ex abundantia cor-
dis os loquitur/Wenn ich den Eſeln ſol folgen/die
werden mir die buchſtaben furlegen/vnd alſo dol-
metſchen/Aus dem vberflus des hertzen redet der
mund/Sage mir/Iſt das deudſch geredt? Welch-
er deudſcher verſtehet ſolchs? Was iſt vberflus des
hertzen fur ein ding? Das kan kein deudſcher ſa-
gen/er wölt denn ſagen/es ſey das einer allzu ein
gros hertz habe/oder zu viel hertzens habe/wiewol
das auch noch nicht recht iſt/Denn vberflus des
hertzen iſt kein deudſch/ſo wenig als das deudſch
iſt/Vberflus des hauſes/vberflus des kachelo-
fens/vberflus der banck/Sondern alſo redet die
mutter jm hauſe vnd der gemeine man/Wes das
hertz vol iſt/des gehet der mund vber/Das heiſt gut
deudſch geredt/des ich mich gefliſſen vnd leider
B iij nicht

Martin Luther: Ein Sendbrief vom Dolmetschen, 1530. *... und denselbigen auff das maul sehen, wie sie reden.* Siehe Kat. 425.

Luther selbst hatte bereits 1517 die sieben Bußpsalmen ins Deutsche übersetzt. Im Frühjahr 1521 nahm er in seinem Zwangsexil auf der Wartburg die Übersetzung des gesamten Neuen Testaments in Angriff. In nur elf Wochen übersetzte Luther damals das Neue Testament aus dem von Erasmus besorgten griechischen Grundtext ins Deutsche. Im September 1522 erschien dieses „Septembertestament", das Luther von Melanchthon noch einmal hatte durchsehen lassen, in Wittenberg in 3.000 Exemplaren im Druck. Eine verbesserte zweite Auflage war das drei Monate später gedruckte „Dezembertestament". Im Anschluss an das Neue Testament machte sich Luther sogleich an die Übersetzung des Alten Testaments, die er von Anfang an in Teamarbeit mit ausgewählten Wittenberger Kollegen betrieb. Bis 1524 lagen die historischen und poetischen Bücher des Alten Testaments vor. Die Übersetzung der Prophetenbücher verzögerte sich dann aber infolge von Arbeitsüberlastung, sodass die Vollbibel in Luthers Übersetzung erst 1534 fertiggestellt war; unterdessen hatte ihn der Zürcher Reformator Ulrich Zwingli mit seinen Mitarbeitern überholt und 1529 die erste vollständige Bibel in deutscher Sprache vorgelegt. Auch andere deutsche Bibelübersetzungen erschienen nun nach und nach. Neben der Übersetzungsarbeit hat Luther mit seinen Mitarbeitern auch der wiederholten Überarbeitung (Revision) der bereits fertiggestellten deutschen Bibeltexte viel Mühe gewidmet. Seit 1531 bestand eine regelrechte Revisionskommission, die nach festen Arbeitsplänen verfuhr.

Was macht den besonderen Wert und den Erfolg von Luthers deutscher Bibelübersetzung aus? Sicher profitierte sie nicht unerheblich von dem veränderten Stellenwert, den Luthers reformatorische Theologie der Bibel zuerkannte. Als Heilsmittel und als Glaubensnorm nahm sie eine zentrale Rolle im kirchlichen und religiösen Leben der Reformation ein, die ihr das besondere Interesse der Zeitgenossen sicherte. Luthers Überzeugung von der Klarheit der Schrift, ihrem einheitlichen Gesamtsinn und von Christus als ihrer Mitte verlieh der Bibel eine nochmals gesteigerte Attraktivität. Luthers Einsichten über das Wesen und das Verständnis der Heiligen

Schrift sind nicht zuletzt in die Vorreden eingeflossen, mit denen er seine deutschen Bibelausgaben begleitet hat. Die Vorreden zum Alten und zum Neuen Testament und zu den einzelnen Büchern geben gleichsam evangelische Leseanweisungen und haben dem reformatorischen Schriftprinzip in der Breite zum Durchbruch verholfen.

Dazu kamen die besonderen sprachlichen Qualitäten von Luthers Übersetzung. Zweimal hat der Wittenberger Reformator die Grundsätze seiner Übersetzungsarbeit ausführlich dargelegt: in dem berühmten „Sendbrief vom Dolmetschen“ (1530) und in den „Summarien über die Psalmen und Ursachen des Dolmetschens“ (1531/33). Demnach ging es Luther vor allem um die Verständlichkeit und Kraft des deutschen Textes. Zwar galt es, mit allen Mitteln modernster Philologie den wahren Sinn des Bibeltextes festzustellen, doch musste dieser Sinn auch mit den Mitteln der deutschen Sprache bestmöglich zum Ausdruck gebracht werden; notfalls auch um den Preis einer Abweichung vom Sprachgebrauch und von der Grammatik der Ausgangssprache. Erst recht durfte das einst hoch geschätzte Latein der Vulgata kein Maßstab mehr sein. *„Man muss nicht die Buchstaben in der lateinischen Sprache fragen, wie man soll Deutsch reden“,* so schrieb Luther im *„Sendbrief vom Dolmetschen“, „sondern man muss die Mutter im Hause, die Kinder auf der Gasse, den gemeinen Mann auf dem Markt drum fragen und denselbigen auf das Maul sehen, wie sie reden und danach dolmetschen, so verstehen sie es denn und merken, dass man Deutsch mit ihnen redet.“* (siehe Kat. 425) Diese Orientierung am Sinn und am deutschen Sprachgebrauch statt am Wortlaut des Originals konnte es dann auch erforderlich machen, in einem Vers wie Römer 3,28 das reformatorische „allein“ – der Mensch wird gerecht nicht durch die Werke des Gesetzes, sondern „allein“ aus Glauben – einzufügen, auch wenn dieses so nicht im griechischen Text stand.

Im Ergebnis entstand so ein deutscher Bibeltext, der von bislang unbekannter Schönheit und Eindringlichkeit war. Im Vergleich mit den vorreformatorischen deutschen Bibelübersetzungen, aber auch mit vielen späteren Produkten, ist die Überlegenheit von Luthers Sprache unmittelbar zu bemerken. Kein Geringerer als Johann Gottfried Herder (1744–1803) hat Luthers sprachschöpferische Kraft nachdrücklich gelobt. Die Anschaulichkeit, der Rhythmus und die Farbe ihrer Sprache haben die Lutherbibel zum evangelischen Hausbuch und zur bis heute maßgeblichen Grundlage für den evangelischen Gottesdienst werden lassen. Damit hat Luther zugleich einen Beitrag zur Formierung einer einheitlichen deutschen Hochsprache geleistet. Zu Luthers Zeit standen die Bestrebungen, einheitliche Sprachformen zu entwickeln, die für Deutsche unterschiedlicher regionaler Herkunft gleichermaßen verständlich waren, erst in den Anfängen. Indem Luther eine solche frühe Hochsprache – die der sächsischen Kanzlei – seiner deutschen Bibel zugrunde legte, wirkte er mit an der Verbreitung und Schaffung eines einheitlichen, in ganz Deutschland verständlichen Sprachstandards. Wurden anfangs noch Spezialglossare gedruckt, die die Sprache der Lutherbibel für die Leserschaft im schweizerisch-alemannischen Sprachraum erschließen sollten, so wurde das Lutherdeutsch bald zum sprachlichen Einheitsband des protestantischen (und schließlich auch des katholischen) Deutschlands. Die seit Beginn des 20. Jhs. betriebenen vorsichtigen Revisionen sorgten dafür, dass die Lutherbibel auch noch nach einem halben Jahrtausend verständlich bleibt. Obwohl heute daneben moderne Übersetzungen eine immer wichtigere Rolle spielen, bleibt „Luthers Meisterwerk“ für viele ein Höhepunkt in der Geschichte der Bibelverbreitung und -übersetzung.

Literatur

Albrecht Beutel (Hrsg.), Luther Handbuch, Tübingen 2005, 258–265, 362–371.

Stefan Michel, Art. Bibel, in: Volker Leppin / Gury Schneider-Ludorff (Hrsg.), Luther Lexikon, Regensburg 2014, 108–112.

Hans Volz, Martin Luthers deutsche Bibel. Entstehung und Geschichte der Lutherbibel, hrsg. von Henning Wendland, Hamburg 1978.

Zwischen Wittenberg und Zürich: Der selbstbewusste Weg der Reformation in Hessen

Walter Fleischmann-Bisten zum 65. Geburtstag

Gury Schneider-Ludorff

Im Mai des Jahres 1528 erließ der junge hessische Landgraf ein folgenreiches Ausschreiben:

„Nachdem wir bedacht, dass zu einer jeden pfarrkirchen, da das volk zusamenkomet, ein neu testament in grober litter zu sein fast not, nützlich und gut sein solt, damit ein jeder pfarherr daraus zu singen und lesen, desgleichen ein iglicher armer, der in sonderhaeit für sich selbst eins zu keufen nicht geschickt, jhe zu zeiten, des worte gottes selbst, so es von nöten wäere, zu berichten hat, solichs bei der hand haben möchte, so haben wir bei unserem drucker zu Marburg verfügt, das er solich neu testament in grober letter ganz rein, ohn allen zusatz, drucken in zimlichen wert, wie es dann taxiert worden ist, geben soll." (UQHR 67)

Dieses Ausschreiben, das an alle Baumeister, Vorstände der Gemeinden, des Gemeinen Kastens und der Kirchen ging, verfügte, für alle Kirchen ein Neues Testament anzuschaffen und somit das Wort Gottes allen Untertanen, auch den ärmsten, zugänglich zu machen. Dies war ganz im Sinne des Gedankens des *Priestertums aller Gläubigen*, das Martin Luther in seiner Reformschrift *„An den christlichen Adel deutscher Nation. Von des christlichen Standes Besserung"* aus dem Jahr 1520 pointiert profiliert hatte. Und wie alle Reformmaßnahmen, die der 23-Jährige in den vergangen Monaten mit einer atemberaubenden Geschwindigkeit in Hessen durchgeführt hatte, machte Philipp auch dieses Projekt einer *Bibel für alle* zur Chefsache.

Von dieser *Bibel für alle* lag zu diesem Zeitpunkt das 1522 von Luther übersetzte Neue Testament vor. Doch ließ Philipp von Hessen dieses nicht aus Wittenberg importieren, sondern beauftragte seine eigene, mit der Gründung der Universität Marburg ein knappes Jahr zuvor installierte Druckerei: Ein Neues Testament in grober und großer Schrift, ohne Kommentare und Zusätze, wie die Wittenberger Ausgabe sie hatte, sollte es sein: ein Gebrauchsexemplar für jede Kirche im Land zum Preis von 30 Weißpfennig. Das entspricht einem Kaufwert von beinahe vier Schafen. Der Erlass des Landesherrn wurde als Vorwort der Marburger Druckausgaben, die im Januar und April 1529 erschienen, beigegeben, die Umsetzung des Erlasses in den folgenden Monaten überprüft.

Eine *Bibel für alle* – das Wort Gottes für alle Untertanen im Sinne des Priestertums aller Gläubigen – das passte aufs Beste zum Konzept dieses fürstlichen Reformators, als der sich Philipp von Hessen zunehmend und zur Irritation der altgläubigen Fürsten profilierte. Der junge Landgraf brachte eine Dynamik in die Entwicklungen der Reformation, die nicht zu unterschätzen ist. Dieser selbstbewusste und eigenständige Weg der Hessischen Reformation kann gerade im Blick auf das Jubiläumsjahr 2017 neue Impulse geben. Es lassen sich drei Aspekte hervorheben, die in diesem Beitrag näher ausgeführt werden.

1. Die Reformation in Hessen war eine stark von Nicht-Theologen vorangetriebene Reformation mit einer ausgeprägten Orientierung am reformatorischen Schriftprinzip vor jeglicher Dogmatik. Allen voran war es der junge Landesfürst, aber auch die Juristen und Räte des sich etablierenden neuzeitlichen Territorialstaats, die Verantwortlichen in den Städten und Dörfern, die sich – im Sinne des Priestertums aller Gläubigen – Bibellektüre und reformatorisches Orientierungswissen aneigneten. Die sich zugleich auch im spätmittelalterlichen Sinne als Mitglieder eines gottwohlgefälligen Gemeinwesens verstanden und damit als vor Gott verantwortlich betrachteten, für den Schutz des rechten Glaubens wie der rechten Religionsausübung Sorge zu tragen. Dies bedeutete, dass Bildungsreform und Bibelkenntnis miteinander aufs engste verschränkt werden mussten.
2. Zudem hat die Reformation in Hessen einen stark integrativen Charakter, der in anderen Territorien seinesgleichen sucht. Die Integration der Täufer und Juden war das erklärte Ziel des Landgrafen,

das er gegen Luther und die Wittenberger Theologen wie auch die eigenen Hoftheologen stets auf der Grundlage seiner Schriftinterpretation verfocht. Hier ist Hessen innovative Wege gegangen.

3. Schließlich ist der soziale Charakter der Reformation in Hessen zu betonen: Die flächendeckende Neustrukturierung der Armenversorgung, insbesondere die Umwandlung von Klöstern in landesherrliche Hospitäler, die Arme, Kranke, Waisen, Witwen und alte Menschen auf dem Land kostenlos versorgten, ist ein Alleinstellungsmerkmal der Reformation in Hessen – in manchen Aspekten der Vorläufer des späteren sozialen Wohlfahrtsstaates in Deutschland.

Sich „anhand der Heiligen Schrift zu vergleichen", war die Maxime Philipps von Hessen und unter dieser Prämisse, die konsequent das reformatorische Schriftprinzip aufnahm, ließ er sich selbstbewusst auf Diskussionen mit den Theologen ein. Nicht selten kam er zu einer anderen Auffassung als diese. Überhaupt versuchte der hessische Landgraf alsbald, den sich zunehmend ausbildenden gegensätzlichen theologischen Polen zwischen Wittenberg und der Schweiz einen eigenen, vermittelnden Weg entgegenzusetzen, und mit Marburg, seiner Residenzstadt, der Reformationstopographie einen dritten gewichtigen Ort hinzuzufügen. So sollte es mit der Einladung zum „Marburger Religionsgespräch" im Jahr 1529 zum einzigen Mal in der Reformationsgeschichte gelingen, die widerstreitenden evangelischen Parteien an einem Tisch zu versammeln. Und dies geschah nicht in Wittenberg oder dem Kurfürstentum Sachsen, sondern in Hessen in der Residenzstadt Marburg. Der Landgraf schuf also mit Marburg einen theologischen Ort, eine Achsenstadt, die den beiden geografischen Zentren der Reformation – Wittenberg und Zürich – ein drittes hinzufügte.

Das geschah in einem ersten Schritt durch die landesweite Bildungsinitiative, als deren symbolträchtiger Auftakt die Gründung der Universität Marburg 1527 erfolgte, und das ohne zuvor das kaiserliche oder päpstliche Privileg, das zur Gründung einer Universität eigentlich notwendig war, eingeholt zu haben.

Bibel und Bildung für alle: Das Landesherrliche Bildungskonzept und die Gründung der Universität Marburg als Gegenmodell zu Wittenberg.

Mit einer als „handstreichartig" zu charakterisierenden Gründung der Universität Marburg im Mai 1527 setzte Philipp von Hessen einen zentralen Punkt seines Reformationsbestrebens um. Erst im September 1526 hatte er in einem Schreiben an Luther und Melanchthon seine Überlegung über die Verwendung der Klostergüter dargelegt, die auch Bildungsmaßnahmen betraf. So schrieb er:

„und habe darauf in meinem dollen, einfaltigen Verstand gedacht, daß das sollt gut sein, daß man es also hielte: [...] Wo man auch in einem Land ein Pädagog oder ein Schul von Manns- oder Frauenpersonen haben wollt, da die kinder zucht und ehr und zumalen das wort Gottes in lernten, das konnt man auch von den Gutern [...] erhalten." (WA.B 4, Nr. 1035)

Es scheint, dass sich der Landgraf die Idee der Schulgründungen auf dem Land selbst zuschrieb. Und er konnte mit der Zustimmung der Wittenberger Reformatoren rechnen. Luther hatte schon 1520 gefordert, Klöster in Schulen umzuwandeln. Und 1524 hatte er mit seiner Schrift *An die Ratsherren aller Städte deutschen Lands, daß sie christliche Schulen aufrichten und erhalten sollen* explizit an die städtischen Obrigkeiten appelliert und ihnen die Erneuerung des Bildungssystems ans Herz gelegt. Der Blick des Wittenberger Theologen war jedoch zunächst auf den städtischen Kontext gerichtet.

Das Anliegen, ein auf das gesamte Territorium bezogenes, landesherrlich verantwortetes Bildungswesen zu schaffen, und zwar sowohl hinsichtlich der Elitebildung als auch hinsichtlich der Allgemeinbildung, war neu. In den größeren und kleineren Städten und wenn möglich auch in Dörfern, sollten Jungen- und Mädchenschulen eingerichtet werden. Wie die Jungen sollten die Mädchen lesen, schreiben und wesentliche Stücke aus der Bibel erlernen, allerdings nicht wie die Jungen in der lateinischen Sprache, sondern auf Deutsch. Während die Mädchenbildung die religiöse und sittliche Bildung durch erfahrene ältere fromme Frauen und damit die Vorbereitung auf eine spätere mögliche Rolle als „gute Familienmutter" zum Ziel hatte, sollte die Bildung der Jungen auf eine mögliche spätere höhere Ausbildung an dem zu gründenden *universale studium* in Marburg vorbereiten.

Das Bildungssystem, das der junge Landgraf für seinen Herrschaftsbereich vorsah, erfolgte schließlich systematisch gestuft: über die Einrichtung einer Universität in Marburg, durch die Einrichtung des Pädagogiums als Scharnierfunktion zwischen Lateinschulen und Universität und dann im Laufe der Zeit durch die flächendeckende Einrichtung von Schulen in den Kleinstädten und Dörfern, die erst unter den Nachfolgern Philipps zur wirklichen Ausgestaltung kam.

Die Universität wurde zum Dreh- und Angelpunkt der durch den Landesherrn verantworteten evangelischen Bildung der Untertanen sowie für die Rekrutierung und Formung der Theologen und Juristen des Landes.

Mit der Gründung der Universität wurde auch die Druckerei eingerichtet und als eines der ersten Druckerzeugnisse die Marburger Ausgabe des Neuen Testamentes als *Bibel für alle* auf den Weg gebracht, die eine durchaus eigenständige drucktechnische Ausgestaltung aufweist, die sich von der Wittenberger Ausgabe unterscheidet: zwei verschieden große und grobe Lettern wurden verwendet, auf Kommentierungen wurde verzichtet, ein eige-

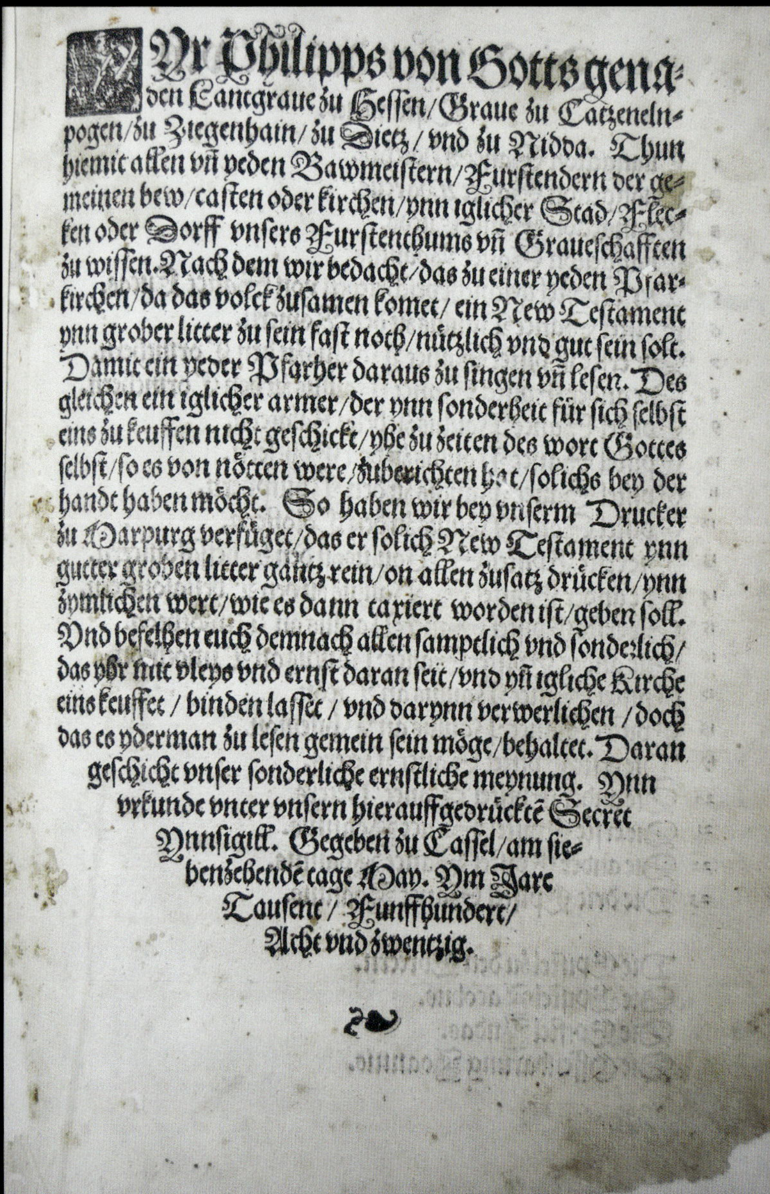
Wir Philipps von Gotts genaden Landtgraue zu Hessen/Graue zu Catzenelnpogen/zu Ziegenhain/zu Dietz/vnd zu Nidda. Thun hiemit allen vñ yeden Bawmeistern/Fürstendern der gemeinen bew/casten oder kirchen/ynn iglicher Stad/Flecken oder Dorff vnsers Fürstenthums vñ Graueschafften zu wissen. Nach dem wir bedacht/das zu einer yeden Pfarkirchen/da das volck zusamen komet/ ein New Testament ynn grober litter zu sein fast noch/nützlich vnd gut sein solt. Damit ein yeder Pfarher daraus zu singen vñ lesen. Des gleichen ein iglicher armer/der ynn sonderheit für sich selbst eins zu keuffen nicht geschickt/ybe zu zeiten des wort Gottes selbst/so es von nötten were/zuberichten hat/solichs bey der handt haben möcht. So haben wir bey vnserm Drucker zu Marpurg verfüget/das er solich New Testament ynn guter groben litter gantz rein/on allen zusatz drücken/ynn zymlichen wert/wie es dann taxiert worden ist/geben soll. Vnd befelhen euch demnach allen samptlich vnd sonderlich/das yhr mit vleys vnd ernst daran seit/vnd yñ igliche Kirche eins keuffet/binden lasset/vnd darynn verwerlichen/doch das es yderman zu lesen gemein sein möge/behaltet. Daran geschicht vnser sonderliche ernstliche meynung. Vnn vrkunde vnter vnsern hierauffgedrückte Secret Ynnsigill. Gegeben zu Cassel/am siebenzehende tage May. Im Jare Tausent/Funffhundert/Achte vnd zwentzig.

Auf Geheiß des Landgrafen Philipp von Hessen in Marburg gedrucktes Neues Testament, 1529, zur landesweiten Verbreitung der Luther-Übersetzung. Vorrede von 1528 zum Zweck des Druckes. Siehe Kat. 316.

nes Bildprogramm und eine eigene Bildgestaltung erdacht. Auffallend ist auch, dass der Name Luthers nicht genannt und dessen Vorrede durch das Vorwort des Landgrafen ersetzt wurde.

Was die Überlegungen zur Profilierung der Universität betrifft, war eine theologische Offenheit nach mehreren Seiten hin intendiert. Es wurden weder diejenigen als Professoren berufen, die sich als Reformatoren bereits einen Namen gemacht hatten, noch die, die der Reformation ablehnend gegenüberstanden, noch die, die als ausdrückliche Vertreter der Wittenberger Richtung ausgewiesen waren. Vielmehr griff der Landgraf auf Personen zurück, die eine humanistische Ausbildung vorweisen konnten oder/und in der Reformationsgeschichte Hessens bereits eine zentrale Rolle gespielt hatten beziehungsweise ursprünglich aus dem hessischen Territorium stammten. Hinsichtlich der Theologischen Fakultät kündigt sich damit eine weitreichende religionspolitische Entscheidung an, indem der Landgraf mit dem durch die Oberdeutsche Reformation geprägten Franziskaner Lambert von Avignon, dem Humanisten Adam Krafft und dem lutherischen Erhard Schnepf die konträren Positionen an einer Fakultät zu Wort kommen ließ und damit auch dem aufgebrochenen Konflikt um die Abendmahlslehre einen Ort gab. Dies war nicht nur mutig, sondern es entsprach dem Selbstverständnis des Landgrafen, die verschiedenen theologischen Positionen als legitime Formen der Auslegungen der Heiligen Schrift zu akzeptieren, diese miteinander streiten zu lassen und die letzte Entscheidung über die wahre Lehre Gott zu überlassen. Damit erhob er die zeitgenössische Vielfalt in der theologischen Lehre implizit zum Bildungsprogramm seiner Universität und seines Territoriums und nahm auf diese Weise eine eigenständige Akzentsetzung gegenüber der Universität Wittenberg und deren Lehrenden, wie Melanchthon und Luther, vor.

Zu diesem evangelischen Profil gehörte auch, dass allen Untertanen der Zugang zur Bibel ermöglicht wurde. Dies betraf die seelsorgerliche Perspektive, aber auch die Perspektive, in den Umbrüchen der Zeit Glaubensfragen anhand der Heiligen Schrift zu prüfen, Orientierung zu erhalten und im Blick auf die vielen teils divergierenden Positionen der Reformationszeit argumentationsfähig zu sein, kurz: sich im Blick auf den rechten Glauben *„anhand der Heiligen Schrift zu vergleichen"*. Dieses Kriterium mahnte der Landgraf auch im Blick auf den Umgang mit allen an, die einen anderen Glauben vertraten.

Der integrative Charakter der Reformation in Hessen und der Umgang mit Täufern und Juden

a. Glaubenszwang oder Gewissensfreiheit? Die Auseinandersetzung mit Luther

Die „halsstarrigen" Täufer mit dem Tode zu bestrafen, diese Forderung kam zu Beginn der 1530er-Jahre zunehmend auch aus dem evangelischen Bereich, besonders aus dem nachbarlichen Kursachsen. So hatte Kurfürst Johann Friedrich die Hinrichtung des Täufers Melchior Rinck gefordert, der seit drei Jahren trotz Ausweisung und Gefängnisstrafen weiter in Hessen und im kursächsischen Grenzgebiet missionierte. Auch hatte Johann Friedrich wegen des Vorgehens gegenüber den Täufern seine Räte und Theologen befragt und ein Gutachten ausarbeiten lassen. Dieses Gutachten, das von Melanchthon verfasst, von Luther bestätigt wurde, wandte auf die Täufer die mittelalterliche Kategorisierung der Ketzerei als Blasphemie, also als Gotteslästerung, an, vor allem wegen ihrer Verwerfung des geordneten Predigtamtes. Die Todesstrafe konnte, ja musste durch die Obrigkeit vollzogen werden. Dies bedeutete nichts anderes als die Wiederbelebung des mittelalterlichen Ketzerprozessverfahrens, das gegenüber den Täufern in Kursachsen zur Anwendung kommen sollte – wie anderswo gegen die Täufer schon früher –, nun aber ausdrücklich von prominenten Reformatoren wie Luther und Melanchthon propagiert wurde. Diese argumentierten vor allem damit, dass die freien Prediger die Kirche zerstören würden, weil sie einen Aufruhr gegen den geistlichen Stand darstellten und daher mit dem Tode bestraft werden müssten. Der hessische Landgraf dagegen wertete die freie Predigt als Tatbestand der Amtsanmaßung, die er durch Androhung von Landesverweis und Erbrechtsverlust, also im Bereich des Zivilrechtes, sanktionierte.

Auf die Forderung der Auslieferung Rincks reagierte der Landgraf mit der Bemerkung:

„konnen noch zur zeit in unsern gewissen nit finden, imandts des glaubens halben, wo wir nit sonst gnugsam ursache der verwirkung haben mogen, mit dem schwert richten zu lassen." (UQHR IV, 38)

Mit dem Hinweis auf den Glauben als eine Gabe Gottes führte der Landgraf eine zentrale reformatorische Überzeugung ins Feld, die sich der Verurteilung zum Tode durch Menschen seiner Ansicht nach entzog. Dem Landgrafen fielen die Inkonsequenzen Luthers und Melanchthons auf. Luther hatte zu Beginn der 1520er-Jahre die Todesstrafe in Glaubensdingen abgelehnt. In der *Adelsschrift* hatte er geschrieben, man solle die Ketzer mit der Heiligen Schrift, nicht mit dem Schwert überwinden. In Kursachsen setzte sich der Vorschlag der Theologen von 1531 durch; 1533 wurden zahlreiche Täuferinnen und Täufer hingerichtet.

Der Umgang mit den Täufern in Hessen blieb in den folgenden Jahren ein umsichtiger, der auf Einzelprüfung beruhte, die Bekehrung zum Ziel hatte und bei Beharrung mit Gefängnis oder Ausweisung drohte. Das militärische Eingreifen gegen das Täuferreich in Münster, bei dem auch Philipp von Hessen maßgeblich beteiligt war, führte zu den Überlegungen, die bisherige hessische Verfahrensweise gegenüber jenen zu überdenken, die trotz Ausweisung wieder ins Land zurückkamen, zumal eine größere Gruppe Täufer entdeckt worden war, die heimlich ihre Gottesdienste abhielt.

Aus diesem Grund lud Philipp im Sommer 1538 Martin Bucer nach Hessen ein, der mit den Täufern ein Religionsgespräch führen sollte. Damit wählte der Landgraf einen Reformator, der seit 1536 zwischen Oberdeutschen und Wittenbergern erfolgreich vermittelt hatte und unter den Theologen allgemeine Wertschätzung genoss. In Verhandlungen mit den Täufern gelang es Bucer, einige Gruppen dazu zu bringen, in die Gemeinden zurückzukehren. Ein wesentlicher Vorwurf Seitens der Täufer war, dass allen Gläubigen, ohne Buße für ihre Sünden zu leisten, die Teilnahme am Abendmahl gestattet sei. Mit solchen wollten sie, die sich als eine Gemeinschaft der „Reinen" verstanden, keine Abendmahlsgemeinschaft pflegen. Auch sei nach ihrem Selbstverständnis die bewusste Glaubensentscheidung Voraussetzung für die Zugehörigkeit zur christlichen Gemeinde. Bucer ging auf die Vorwürfe ein und entwarf daraufhin eine Kirchenordnung, die als neues Instrumentarium die Kirchenzucht mit der Verhängung des Banns verfügte. Beichte und Buße wurden als Zulassung zum Abendmahl verpflichtend und mit dem *Amt der Ältesten* wurde eine Instanz geschaffen, die über das Verhalten der Gemeindeglieder und der Kirchenzucht wachte. Eine neue Erfindung Bucers war auch die *Konfirmation*, die eingeführt werden sollte als Möglichkeit, im Jugendalter die eigene Entscheidung zum Glauben als Bekenntnis öffentlich vor der Gemeinde abzulegen. Dieser innovative Vorschlag Bucers bot schließlich einen Kompromiss, der einige Täufergruppen die Kindertaufe als vorausgehende Gnade Gottes akzeptieren ließ. Im 17. Jahrhundert lernte Philipp Jakob Spener in seiner Frankfurter Zeit diese hessische Tradition im benachbarten Ort Bonames kennen und sorgte für deren weitere Verbreitung.

Die Verhandlungsergebnisse Bucers flossen in die Ziegenhainer Zuchtordnung von 1538 ein. Damit lagen nun Kriterien für den Umgang mit den Täufern vor. Die Überzeugung, dass den „Irrungen des Glaubens" mit dem „Schwert des Glaubens", also der Seelsorge und dem theologischen Gespräch, zu begegnen sei, war eine Konsequenz der reformatorischen Lehre, wie sie Luther zu Beginn der 1520er-Jahre vertreten hatte und an die der Landgraf anknüpfte. Sie bedeutete die Selbstbegrenzung obrigkeitlicher Macht in Sachen, die den Glauben betrafen. Damit zeigt sich, dass Philipp von Hessen in diesem Falle konsequenter war als beispielsweise Luther und Melanchthon, die in seinen Augen mit dem Rückgriff auf das mittelalterliche Ketzerrecht ihre eigenen Ansprüche, mit denen sie einst angetreten waren, konterkarierten.

b. Die theologische Position des Landgrafen im Umgang mit den Juden.

Als 1538 das hessische Schutzprivileg auslief, kam auf den Landgrafen die Frage zu, wie zukünftig der Umgang mit den Juden im Territorium zu regeln sei. Dies war schon aufgrund der Vertreibungspolitik des kursächsischen Nachbarn notwendig, der bereits 1536 die Juden aus dem Land gewiesen sowie die Durchreise und den Handel verboten hatte. Aber auch die zunehmenden Auseinandersetzungen der christlichen Untertanen mit den ortsansässigen Juden sowie der Druck der hessischen Pfarrer ließen eine Neuregelung sinnvoll erscheinen.

Der Landgraf wandte sich auch hier an Martin Bucer und beauftragte ihn mit einem Gutachten, das jedoch nicht so ausfiel, wie er es erwartet hatte. Denn die Vorschläge, die Bucer zur Grundlage einer Judenordnung aufgeführt hatte, waren eine Zusammenfassung von Bestimmungen, die sich zum großen Teil in den Bahnen verschiedener mittelalterlicher Konzilsbeschlüsse bewegten, faktisch jedoch nie zeitgleich in Geltung waren. Durch ihre Bündelung und ihre Interpretation vom alttestamentlichen Fremdenrecht her stellen sie eine Verschärfung der bestehenden Gepflogenheiten dar, die auf religiös-kultischem wie wirtschaftlichem Gebiet eine extreme Beschränkung der Juden in ihrem Handlungsspielraum bedeutet hätte, zumal Bucer auch schwere Zwangsarbeit vorsah. Mit seinem Gutachten versuchte Bucer zugleich, die hessischen Prediger zu überzeugen, die eine Ausweisung der Juden nach dem kursächsischen Modell und damit auch dem der Wittenberger Theologen favorisierten.

Der Rat der Theologen traf bei dem Landgrafen daher auf wenig Zustimmung. Am 23. Dezember übersandte er einen Brief an seine Räte, in dem er mitteilte, er könne nicht finden, dass man die Juden so hart behandeln solle, wie der Ratschlag es verlange: *„Dann auf den Ratschlag, so die gelehrten gestellt, wäre es den Juden vnmöglich zu bleiben. Denn solcher Ratschlag, ist also enge gemacht und gespannet, das sy sich bey vns nitt halten konnten."* Sein implizites Ziel war also das Verbleiben der Juden im Territorium, und dies begründete er mit seiner Bibelhermeneutik und seiner Auslegung von Röm 11, die für die sonstigen theologischen Positionen der Zeit als außergewöhnlich gelten kann.

In seiner Argumentation geht Philipp von Hessen von der Stellung der Juden in der Heilsgeschichte aus. Mit Röm 11 weist er darauf hin, dass die Juden ein *„herrlich Geschlecht"* seien, aus dem auch Christus hervorgegangen sei. Damit rekurriert Philipp von Hessen auf dieselbe Bibelstelle wie die Prediger, deutet sie jedoch anders aus: Das Gesetz, der Gottesdienst und die Verheißung Gottes wurden zuerst dem jüdischen Volk zuteil. Aus ihm komme auch Christus. Während Bucer von dem alttestamentlichen Fremdenrecht ausgegangen war und Röm 11,28 nur als Begründung heranzieht, dass die christlichen Kaiser und Bischöfe in der Vergangenheit die Juden besser behandelt hätten als andere nicht-christliche Gruppen, stellt der Landgraf Röm 11,17–24 als Kern seiner Argumentation dar.

Der Landgraf verweist zunächst darauf, dass es sich bei dem Volk Gottes um die Juden handelt: Das Volk Israel ist das Volk der Juden, und es hat eine eigenständige Position in Gottes Heilsplan. Während Bucer die Meinung vertritt, dass die Juden diese Position verloren haben, weil sie *„das Blut Christi, der Apostel und der Märtyrer vergossen"* hätten, setzt sich der Landgraf dieser gängigen theologischen Meinung entgegen, indem er an der bleibenden Erwählung der Juden festhält.

Die Verwerfung Christi durch die Juden und das Festhalten Gottes an seinem Volk sieht der Landgraf durch Lk 17,25 und in Lk 21,32 im Rahmen des göttlichen Heilsplans vorgegeben. Weiterhin verweist er auf die Zusage des Neuen Bundes in Jer 31. Gegenüber Bucer, der den ‚Abbruch bzw. die Ablösung' der hervorgehobenen Stellung der Juden in der Heilsgeschichte seit der Ablehnung Christi durch die Juden betont, insistiert der Landgraf auf die ‚Kontinuität' der Stellung in Gottes Heilsplan. Er zieht damit eine Linie von den zeitgenössischen Juden des hessischen Territoriums zu dem auserwählten Volk Israel. Da aus diesem Volk Christus hervorgegangen ist, sind die Juden damals und heute Gottes erwähltes Volk.

Dementsprechend ist auch den Christen ein freundlicher Umgang mit den Juden geboten im Sinne des alttestamentlichen Gastrechtes für Fremde. Damit übernimmt auch Philipp von Hessen die Deutung der Juden als Fremdlinge im christlichen Territorium, aber er stellt heraus, dass ihnen ein allgemeines Gastrecht gebühre, das im Gegensatz zu den von Bucer vorgeschlagenen Unterdrückungsmaßnahmen stehe. Und auch gegenüber der von Bucer als Handlungsanleitung in den Mittelpunkt der Argumentation gestellten Aussage in Dtn 28 äußert er Zweifel, ob diese Prophezeiung eine Handlungsanweisung für Christen darstelle, die es erlaube, Juden zu unterdrücken.

Insgesamt, so der Landgraf, könne er in der ganzen Heiligen Schrift nicht finden, dass man Juden so übel behandeln solle, wie Bucer dies vorschlägt. Auch verweist er auf die historische Tatsache, dass auch Kaiser und Bischöfe die Juden durch Schutzprivilegien und Schutzrechte im Lande gehalten hätten. Die Juden seien aufgrund ihrer Stellung in der Heilsgeschichte als Volk Gottes und tragende Wurzel anzuerkennen und um der Väter willen zu lieben.

Betont Bucer den Unterschied zwischen Juden und Christen und ordnet die Juden den Christen unter, verweist der Landgraf auf die Kontinuität zwischen beiden und die gemeinsame Herkunft. Weiterhin besteht er, im Gegensatz zu gängigen theologischen Positionen, auch auf der Kontinuität zwischen dem Volk Israel und der zeitgenössischen Judenschaft: Nicht nur Jesus, auch die Apostel waren Juden, ihnen sei das Wort Gottes zuerst anvertraut worden, und durch sie sei den Christen Heil widerfahren. In dieser Kontinuität befindet sich auch die hessische Judenschaft.

Um den vehementen Auseinandersetzungen mit der Pfarrerschaft ein Ende zu bereiten, wurde schließlich 1539 eine Judenordnung erlassen. Neu war die Art und Weise der Bestätigung, die nun als Ordnung für das gesamte Territorium verbindlich war. Die personale Bindung zwischen den Juden und dem Landgrafen wurde aufgegeben zugunsten der abstrakten Beziehung, die auf das Territorium bezogen war. Die Forderungen Bucers wurden im Wesentlichen nicht aufgenommen. Dennoch fanden einige seiner Vorschläge in die Ordnung Eingang. So wurde von den Juden gefordert, eidlich zu versichern, dass sie Christus nicht schmähten, dass sie sich am Alten Testament ausrichteten und den Talmud nicht lehrten, weiterhin waren ihnen Religionsgespräche mit Christen verboten, dafür sollten sie christliche Predigten besuchen. Auf Geschlechtsverkehr mit Christen stand die Todesstrafe. Dagegen war der Handel in vorgegebenen Grenzen erlaubt, der Zinssatz für Kreditgeschäfte wurde wie bei Christen auf 5 Prozent festgelegt. Die Zahlung des Schutzpfennigs wurde weiterhin erhoben. Die Ordnung verschärfte damit zum einen die Lebensbedingungen der hessischen Judenschaft gegenüber dem vorherigen Modell, da unter der bisherigen Schutzherrschaft keine dieser Vorgaben gemacht worden waren, was Glauben und Religionsausübung betraf. Die Aufnahme jener Vorschläge Bucers ist als „Pazifizierungsmaßnahme" gegenüber den hessischen Predigern zu erklären, die weiterhin eine strickte Ausweisung der Juden forderten. Zum anderen wurde den Juden durch die Ordnung ein langfristiger Aufenthalt und eine Rechtssicherheit innerhalb des Territoriums gewährt. Handel und finanzielle Bereiche wurden unter die Aufsicht der landgräflichen Verwaltung gestellt. Dies bietet in der Reformationszeit ein Alternativkonzept zu anderen evangelischen Territorien wie Kursachsen, die die Ausweisung der Juden betrieben hatten.

Die soziale Dimension der Reformation in Hessen

Die Stiftung der Samthospitäler durch den Landesherrn und die Neustrukturierung der Armenfürsorge

Im März 1531 hatte der Landgraf den Auftrag erteilt, das aufgehobene Zisterzienserkloster Haina und das ehemalige Augustinerchorherrenstift Merxhausen mit den zugehörigen Gütern, Zinsen und sonstigen Einrichtungen als Spitäler einzurichten. Intendiert war, der Landbevölkerung Hospitäler zur Verfügung zu stellen, da die Städte eigene Spitäler hatten.

Haina wurde als Männerhospital eingerichtet, Merxhausen als Hospital für Frauen. 1535 stiftete der Landgraf ein weiteres Hospital in Hofheim und wandelte 1542 das Kloster Gronau in ein Hospital für arme Männer um.

Die Umwandlung von Klöstern in Schulen war schon von Luther als Forderung aufgestellt worden. Die Umwandlung in Landeshospitäler dagegen war neu. So bedeutete die Einrichtung jener Hospitäler eine ungewöhnliche Maßnahme. Die geographische Lage der vier Einrichtungen war so konzipiert, dass sie mit ihrem Einzugsbereich das ganze Land abdecken sollten. Vorgesehen war die Versorgung der Landbevölkerung, der Armen aus den Dörfern. Sie sollten *„um Gottes Willen"* aufgenommen werden, also ohne finanzielle Vorleistung. Eine Übertragung des Vermögens auf das Hospital, um dort als Pfründner den Lebensabend zu verbringen, wie es die städtischen Hospitäler vorsahen, wurde damit ausgeschlossen. Weiterhin sollte die Versorgung kostenlos sein. Voraussetzung der Aufnahme war allein der Nachweis der Armut beziehungsweise der Gebrechlichkeit, die die eigene Versorgung unmöglich machte.

Bei dieser in der Reformationsgeschichte einmaligen Maßnahme konnte der Landgraf an eine genuin hessische Tradition anknüpfen: an die hessisch-thüringische Heilige Elisabeth. Diese war nicht nur eine in der christlichen Welt prominent aufgestellte Heilige, die einst in Marburg ein Hospital eingerichtet hatte, sondern auch eine frühere Landgräfin, deren Enkel Heinrich erster Landgraf von Hessen wurde. Elisabeth, die somit als Stammmutter des Hauses Hessen galt, war Philipps Ahnherrin. Eine Heilige in der Familie – das vermochte keiner der anderen Reformationsfürsten aufzubieten.

So stellte sich der hessische Landgraf zum einen in die Tradition seiner Ahnherrin. Zum anderen überbot er sie; er setzte das konsequenter und planmäßiger um, wofür Elisabeth nur mit ihren begrenzten Mitteln hatte kämpfen können – und er überführte die Armenfürsorge in ein neues sozialpolitisch konzipiertes Modell: Durch die Auflösung der Klöster erfolgte eine strukturelle Veränderung der Armenfürsorge, die im Territorium den *Gemeinen Nutzen* befördern und zum Erhalt der Ehre Gottes dienen sollte.

Die Stiftung der Landeshospitäler stellt einen neuen Typus von Wohltätigkeit dar, die an den Landesherrn gebunden war und zugleich den theologischen Anspruch erhob, die Klostergüter ihrer ursprünglichen Bestimmung zuzuführen: der „wahren Caritas". Die Hospitalgründung des Landgrafen avancierte so zum genuinen Bestandteil des *Gemeinen Nutzens*, der mit der wahren christlichen Nächstenliebe identifiziert und als neues Modell der Armen- und Krankenversorgung im Sinne Elisabeths als wohltätiger Heiligen und Landesmutter vorgestellt wurde. Die bislang auf Einzelne bezogene Fürsorge wurde zur landesherrlichen Fürsorge und zum Ausdruck der wahren *Re-formatio*.

Literatur

Dommer, Arrey von: Die aeltesten Drucke aus Marburg in Hessen 1527–1566 (1892), Reprint. Nieuwkoop 1961.

Urkundliche Quellen zur hessischen Reformationsgeschichte (UQHR), Bd. II, 1525–1547, bearbeitet von Günther Franz.Marburg 1954, Nr. 99, 67.

Schneider-Ludorff, Gury: Der fürstliche Reformator. Theologische Aspekte im Wirken Philipps von Hessen von der Homberger Synode bis zum Interim. Leipzig 2006.

Die lateinische *Biblia Sacra Vulgata*

Zu ihrer Geschichte und ihrer Bedeutung für die reformatorische Bibelübersetzung

Eberhard Zwink

Mit einer effektiven Verwaltung und unter militärischem Zwang vereinigte das riesige Römische Reich die unterschiedlichsten Völkerschaften. Auch seit der Zeit der römischen Reichskirche ließ sich der große Gegensatz innerhalb der am weitesten entwickelten Mittelmeerkulturen jedoch immer weniger überbrücken. Griechisches und Lateinisches strebten auseinander. Zum wirklich großen Bruch der christlichen Kirche kam es im Jahr 1054, veranlasst durch eine winzige strittige Formulierung im Glaubensbekenntnis zur Trinitätslehre.

Hatten die Römer die Hoheit über Verwaltung und Militär, so dominierten die Griechen im Osten mit Literatur und Philosophie. Zunächst kam das Christentum im Gewand des Griechischen in den Westen und assimilierte sich an die römischen Gegebenheiten, bis schließlich sogar der Bischof von Rom, dem römischen Kaiser gleich, den Primat unter allen Bischöfen errang.

Der lateinisch sprechende Westen hatte aber das Problem, die erste Richtschnur für den christlichen Glauben nicht in den Originalsprachen zu besitzen. Die Heilige Schrift war seit der Zeit der Urchristen in griechischer Sprache in Umlauf gekommen.

Das hebräische „Alte“ und auch das griechische „Neue“ Testament entstanden, wie die heiligen Bücher aller Religionen, prozesshaft. Die frühesten Schriften sind die Briefe des Apostels Paulus, der für sein Missionsfeld im Ostmittelmeerraum seine Sendschreiben auf Griechisch verfasste. Die drei Synoptischen Evangelien, Matthäus, Markus und Lukas, haben sowohl inhaltlich, als auch sprachlich eine gemeinsame semitische Grundlage. Sie waren lange Zeit nur mündlich im Umlauf. Überliefert ist uns „nur“ die griechische Verschriftlichung. Das Johannesevangelium jedoch entstammt einer hellenistischen Umwelt, was für Wurzeln außerhalb Palästinas und für eine spätere Entstehung spricht.

Das Hebräische der jüdischen Bibel als Volkssprache wurde im 6. Jh. v. Chr. nach der Besetzung Palästinas durch die Perser von der damals gängigen Version des Aramäischen verdrängt. Zur Zeit Jesu war diese dem Hebräischen eng verwandte semitische Sprache im gesamten Vorderen Orient verbreitet.

So ging im orientalischen Judentum das allgemeine Textverständnis der Hebräischen Bibel verloren. Da aber nach Mt 5,18 die *Tora* (das Gesetz) in keinem „Jota“ (hebräisch: „yod“, dem kleinsten Buchstaben) verändert werden darf, ließ der Rabbi in der Synagoge den hebräischen Lesetexten eine Auslegung in der Volkssprache Aramäisch folgen.

Diese kommentierenden Übersetzungen, „Targume“ genannt, verfestigten sich im Lauf der Zeit zu einer Art nachgeordnetem kanonischen Text. Ähnlich verfuhren die Christen des Mittelalters mit ihrer Glossa ordinaria, den aus Kirchenväterzitaten gezogenen Abschnittskommentierungen (siehe Kat. 131–134). Bis heute gibt es Ausgaben der reinen Hebräischen Bibel und „Rabbinerbibeln“ mit den Targumen, zusätzlich noch mit den Kommentaren mittelalterlicher jüdischer Rabbiner (siehe Kat. 213).

Als Palästina von den Persern erobert wurde, flohen viele in den Mittelmeerraum, besonders nach Alexandria. Die Umgangssprache war dort das nachklassische, hellenistische Griechisch. So blieb es nicht aus, dass es alsbald Übersetzungen der Hebräischen Bibel auf Griechisch gab. Neben einigen weniger beachteten und nahezu wirkungslosen Versionen hat sich die sogenannte *Septuaginta* als griechische Übersetzung bis heute durchgesetzt. Anhand der seit dem 3. Jh. v. Chr. nach und nach entstandenen Septuaginta lässt sich erkennen, dass weitere heilige Schriften des Judentums sukzessive ans Licht kamen. Die griechische, also spätere Version der jüdischen Bibel, enthält zahlreiche Schriften über den hebräischen Kanon hinaus (siehe Tabelle S. 64), so z. B. die Makkabäerbücher oder die Bücher „Weisheit Salomos“ oder „Jesus Sirach“, die sich die hebräischen „Sprüche Salomos“ zum Vorbild nehmen. Die Reformatoren, zuerst in Zürich bei Ulrich Zwingli (1484–1531) der Schweizer Prädikant Leo Jud (1482–1542), dann neben Martin Luther in Wittenberg auch Philipp Melanchthon, Caspar Cruciger

(1504–1548) und Justus Jonas (1493–1555), waren sich des Unterschieds in der Herkunft bewusst. Wegen der fehlenden hebräischen Grundlage (Züricher Bibel seit 1527: *die bücher die bey den alten vnder Byblische gschrifft nit gezelt sind auch bey den Ebrern nit gefunden)* bezeichneten sie dieses literarische Gut als Apokryphen, nahmen es aus der Reihenfolge der kanonischen Schriften heraus und setzten es mit ihren Eindeutschungen zwischen das Alte und Neue Testament (Lutherbibel seit 1534: *Apocrypha. Das sind Bücher: so nicht der heiligen Schrift gleich gehalten: vnd doch nützlich vnd gut zu lesen sind.)* In der katholischen Theologie hingegen werden diese später entstandenen Schriften als „deuterokanonisch" bezeichnet und bleiben bis heute zwischen den kanonischen Büchern eingereiht.

Der Name *Septuaginta*, lateinisch „siebzig", rührt von einer Legende, die beweisen soll, dass dieser griechische Text dieselbe Autorität und Heiligkeit besitze wie das hebräische Original. Zunächst bezog sich die Geschichte nur auf die Fünf Bücher Mose, die *Tora*, das Heiligste, was das nachexilische Judentum unvermindert kennt.

Man erzählte sich, für jeden der zwölf Stämme Israels habe man repräsentativ sechs Rabbiner mit der Übersetzung beauftragt und sie alle voneinander getrennt gehalten. Als sie fertig waren, sollen die 72 Versionen deckungsgleich gewesen sein. Später hat man das komplizierte 72 zu 70 vereinfacht. Diese griechische Übersetzung bezeichneten nicht nur die hellenistischen Juden, sondern auch die Griechisch sprechenden Christen als *Hebdomēkonta* (70). Die Lateinisch sprechenden Christen nannten sie *Septuaginta* (LXX). Sie war also eine Erweiterung der ganzen Hebräischen Bibel um die später entstandenen originalen griechischen Bücher, die auch als kanonisch anerkannt wurden.

Die lateinisch-christlichen Kirchenväter waren nun gezwungen, die biblischen Zitate, die sie in ihren Texten als Schriftbeweise heranzogen, vom Griechischen ins Lateinische zu übertragen. Der erste uns bekannte lateinische Kirchenschriftsteller war Tertullian (nach 150–ca. 220). Der Jurist aus Karthago – heute in Tunesien – verfasste viele theologische Abhandlungen gegen die Häretiker. Selbst vertrat er eine scharfe, ja überzogene Moral. Sein Schüler war Cyprian (200/210–258), der Bischof von Karthago. Beide Autoren verwendeten in ihren Werken umfangreiche übersetzte lateinische Bibelzitate. Dass dabei über die Generationen hin fertige und verfestigte Versionen entstanden, liegt auf der Hand. So bildete sich in Nordafrika und in Italien durch eine mehr oder minder einheitliche Übersetzung eine lateinischen Bibel heraus, die man später als *Itala* bezeichnete.

Die Liturgie, die das tägliche, ja sogar alle paar Stunden stattfindende Lesen und Beten von neu entstandenen Texten, aber auch Bibeltexten verlangte, hatte sich aus der griechischen Vorlage schon bald einen eigenen Kanon geschaffen. Die Psalmenversion, die in Rom und Italien gebetet wurde, das *Psalterium Romanum*, überdauerte neben allen späteren Übersetzungen.

Lange blieb es bei individuellen Bibelversionen, wirkten doch im folgenden 4. Jh. die bedeutendsten und fruchtbarsten lateinischen Kirchenväter, wie Ambrosius (339–397), Hieronymus (347–420) und Augustinus (354–430).

So bildete die „Altlateinische Bibel" (*Vetus Latina*) viele Varianten aus. Sie sind meist harmlos, oft der Nachlässigkeit geschuldet. Aber an manchen Stellen ist Absicht offenkundig. Einheitlichkeit in der Heiligen Schrift, für spätere Jahrhunderte ein nicht vorstellbarer Zustand, war dringend notwendig.

Diese Einheitlichkeit wollte Papst Damasus I. (305–384) erreichen und beauftragte im Jahr 382 den mit ihm befreundeten Theologen Hieronymus, für eine neue und einheitliche Version der lateinischen Bibel zu sorgen. Nun hat der berühmt gewordene Kirchenvater dieses Werk nicht alleine und schon gar nicht in einem Zug und ohne Brüche zustande gebracht. Die Apokryphen blieben teilweise in der altlateinischen Form bestehen. Auch die Evangelien, die in den Lesungen auszugsweise als „Altkirchliche Perikopen" bei der Messe gebraucht wurden, hat Hieronymus nur bearbeitet. Es dauerte mehrere Jahrhunderte, bis sich eine einheitliche Version, der nun *Vulgata* genannten Bibel durchgesetzt hatte. Ihren Namen erhielt sie, als die „im Volk verbreitete und vom Volk verstandene" auch deshalb, weil sie nun in der Umgangssprache des ausgehenden Altertums und des frühen Mittelalters abgefasst war.

Den wichtigsten Beitrag zur Vulgata lieferte Hieronymus durch seine Übersetzung des hebräischen Alten Testaments. Er hatte sich, als Papst Damasus gestorben war, nach Bethlehem begeben, erlernte dort die hebräische Sprache und machte sich dabei auch zum zweiten Mal an eine lateinische Version der Psalmen, genannt *iuxta Hebraeos* („nach dem Hebräischen"). Gegen Ende des Jahrtausends hatte sich aber dann von Gallien ausgehend die frühere Version, die aus der *Septuaginta* gewonnen und von Hieronymus nur revidiert worden war, als *Psalterium Gallicanum* durchgesetzt.

Auch die Vulgata war nicht gefeit vor Änderungen, Einschüben oder im Einzelfall einer weniger zutreffenden Übersetzung.

Im 2. Buch Mose / Exodus, Kapitel 34 heißt es seit Hieronymus: *cumque descenderet Moses de monte Sinai tenebat duas tabulas testimonii et ignorabat quod cornuta esset facies sua ex consortio sermonis Dei* („und als Mose vom Berg Sinai herabstieg, hielt er zwei Gesetzestafeln [in der Hand] und wusste nicht, dass sein Gesicht gehörnt war aufgrund des Gesprächs mit Gott"). Man liest oft, Hieronymus habe das falsch übersetzt. Der hebräische Konsonantentext, für den es erst etwa 600 Jahre später die klärenden Vokalzeichen gab (s. u.), lässt gerne mehrere grammatische Formen und damit einen Bedeutungsspielraum zu. So hat sich Hieronymus bei dem hebräischen קרן (*qrn*) für ein Substantiv (*qeren*) entschieden und es als „Horn" übersetzt. Dann wären die Hörner Symbole von Stärke und Durchsetzungsfähigkeit gewesen. Man kann die drei Buchstaben aber auch als Verb im Perfekt (*qāran*) auffassen: „er, sie, es hat gestrahlt". Das liegt näher. Auch die Septuaginta hätte das inhaltsgleich vorgegeben: Das Gesicht des Mose war verklärt, und es strahlte so stark, dass er vor dem Volk sein Antlitz mit einem Tuch abdecken musste. Der „gehörnte Mose" hat aber über das Mittelalter hinweg in vielen Bilderhandschriften, Tafelbildern und Bibeldrucken (siehe Kat. 162) bis zur Renaissance sein „Gesicht bewahrt". Künstlerischer Höhepunkt ist die Marmorstatue von Michelangelo in der Kirche *San Pietro in Vincoli* in Rom.

Die Juden haben erst gegen Ende des ersten Jahrtausends den nur mit Konsonanten und einigen Vokalandeutungen überlieferten hebräischen Bibeltext mit Vokalzeichen in Form von Strichen und Punkten versehen und so eindeutig gemacht. Die Punktation war das Werk der sogenannten Masoreten (Ausleger). Traditionsverlust sowie Falschauslegung und Missbrauch durch die Christen waren der Grund. Deshalb wurden auch bis auf wenige Exemplare alle vormasoretischen Handschriften vernichtet. Unter anderem erhielten die Psalmen auf Grund der synagogalen Lesepraxis eine neue Einteilung. Aber die Zahl von 150 wurde bewahrt.

Die Reformatoren verfolgten das humanistische Prinzip *ad fontes!* („zu den Quellen!") und griffen selbstverständlich bei ihren Übertragungen des Alten Testaments auf den masoretischen Text zurück. Und wieder gab es Unterschiede bei den Psalmen. Die Katholiken zählten weiterhin nach der Vulgata und den liturgischen Psalterversionen, die Protestanten hielten sich an die hebräische Vorlage, weshalb auch im vorliegenden Katalog bei Psalmennummern stets angegeben wird, aus welcher Quelle das Beispiel stammt.

Ein dogmatisch bedingter Einschub, den nur ein paar späte, unbedeutende griechische Handschriften, aber nicht die frühen Kirchenväter kennen, taucht erste gegen Ende des 4. Jhs. in lateinischen Übersetzungen auf. Das 5. Kapitel im 1. Johannesbrief handelt von den beiden Sakramenten Taufe und Abendmahl. Der Geist komme durch das Wasser und das Blut. Und Geist, Wasser und Blut, diese drei seien eines. Das Neue Testament spricht aber nirgends ausdrücklich über die Einheit der drei „Personen" in der Trinität. Im letzten Kapitel des Matthäusevangeliums wird nur die Taufformel ohne Bezug auf Dreiheit und Einheit eingeführt.

Die Stichworte *tres* und *unum* („drei" und „eins") waren so verführerisch, dass hier ein trinitarischer Satz eingefügt wurde, der heißt: *... pater verbum et spiritus sanctus et hi tres unum sunt* („der Vater, das Wort [= Christus] und der Heilige Geist und diese drei sind eins").

Zunächst ergaben sich in den Randgebieten Irland, Spanien etc. eigene Versionen der Vulgata, bis schließlich Alkuin (735–804), der Hofgelehrte von Karl dem Großen, eine Vereinheitlichung des Textes bewerkstelligte, der nun wirklich in der Christenheit gültig war. Schließlich konzentrierte sich die Hoheit über den Vulgatatext an der Sorbonne in Paris. Und eine Pariser Bibel war es auch, die Gutenberg für seinen ersten Bibeldruck (siehe Kat. 121) als Vorlage diente.

Inmitten aller widersprüchlichen Richtungen der mittelalterlichen Theologie und Philosophie behauptete sich nun die lateinische Vulgata als unbestrittene Heilige Schrift und theologische Grundlage.

Aus Italien kommend breitete sich eine neue Geistesströmung über ganz Europa aus: die Renaissance und der Humanismus. Die Wiedergeburt der Antike in der Kunst und die Rückbesinnung auf das positive Menschenbild im klassischen Altertum drangen in das Glaubens- und Lehrgebäude der Kirche ein und relativierten ihre Inhalte.

Auf der Seite der Lebens- und Glaubenspraxis machten die Armutsbewegungen – etwa der Franziskaner – der etablierten Kirche ebenso zu schaffen wie die radikalen Häretiker der Waldenser, die unter anderem zum ersten Mal wagten, schon Ende des 12. Jhs. aus der Vulgata in ihre provenzalische Sprache zu übersetzen. So waren beispielsweise die Bibelstellen für die Laien offengelegt, die dem kirchlichen Gepränge und der Machtentwicklung von Rom widersprachen. Ende des 14. Jhs. war John Wyclif in England der nächste, der seine Abwendung mit der Übersetzung der Bibel ins Englische untermauerte. Schnell wurde – mit Schärfe in England – kirchenrechtlich das Übersetzen der Vollbibel in die Volkssprachen verboten oder nur mit Einschränkung zugelassen. In Böhmen gab es von den Anhängern des Jan Hus eine tschechische Bibelübersetzung, die 1488 und 1489 trotzdem gedruckt wurde.

Seit 1466 kamen im deutschen Sprachraum sogar 14 hoch- und vier niederdeutsche Vollbibeln im Druck heraus (siehe Kat. 141–162). Sie allerdings haben einen vermutlich um 100 Jahre älteren oberdeutschen Text als Grundlage. Die horrende Verbreitung zeigt aber, dass Bedarf bei den gebildeten Laien, besonders aber in den Bruderschaften und Frauengemeinschaften bestand. Alle diese volkssprachlichen Übertragungen beruhten auf der Vulgata.

War den Renaissancepäpsten die neue Kunstströmung zu weiterer Prachtentfaltung höchst willkommen, mühten sich nun vom Humanismus geprägte Theologen und Literaten, dem Ursprung des Bibeltextes jenseits des Lateinischen auf die Spur zu kommen, nachdem sie Griechisch und sogar Hebräisch erlernt hatten.

Der humanistische Aristokrat des Geistes Erasmus von Rotterdam (1467/69–1536) hatte sich einige Zeit in England aufgehalten, wo er mit dem dortigen humanistischen Theologen Thomas Morus griechische neutestamentliche Handschriften studierte und sich über die Differenz zur Vulgata kundig machte. In Basel, wo er dann wirkte, standen ihm nur sehr späte griechische und deshalb nicht immer zuverlässige Manuskripte des Neuen Testaments zur Verfügung.

Das hinderte ihn aber nicht, aus diesen Quellen eine neue klassisch-lateinische Übersetzung anzufertigen, die er zusammen mit der griechischen Vorlage hastig im Jahr 1516 in Basel bei Johannes Froben veröffentlichte (siehe Kat. 221). Ihm fehlte sogar für die sechs letzten Verse der Offenbarung eine griechische Vorlage. Der Gelehrte hat dann aus dem Lateinischen rückwärts übersetzt und sein Elaborat als griechischen Grundtext verbreitet.

1519 erschien eine wesentlich bessere und fehlerbereinigte Auflage (siehe Kat. 222). Erasmus war bekannt geworden, dass auch im spanischen Alcalá eine große polyglotte (vielsprachige) Bibeledition geplant war, wobei man mit dem wichtigen Neuen Testament auf Griechisch und dem Latein der Vulgata anfing (siehe Kat. 225 und 226). Die Spanier hatten allerdings den Vorrang, aus der Vatikanischen Bibliothek die damals bedeutendste Quelle für den griechischen Text, den *Codex Vaticanus Graecus 1209*, leihweise erhalten zu haben. Erasmus gelang es aber, Papst Leo X. zu überzeugen, dass er alleine die Genehmigung zur Veröffentlichung bekam, zumal die Spanier den berühmt gewordenen Codex nicht rechtzeitig zurückgaben.

In seiner auch separat erschienenen Vorrede *Paraclesis*, griech. „Ermahnung, Aufforderung", ging es Erasmus zunächst weniger um eine Verbesserung der Fehler und auch Fälschungen in der Vulgata, als um ihren manchmal schlechten und wenig gefälligen lateinischen Stil, ist sie doch in der sog. „Silbernen Latinität" am Ende des Altertums entstanden und entbehrt oft der klassischen Schönheit und Eleganz. Den klassischen Stil eines Cicero suchte Erasmus wiederzubeleben, in der humanistischen Annahme, durch gehobene Sprache bilde sich auch die Moral des Lesers, wie denn Erziehung zur Sittlichkeit die erste Priorität im Christentum habe. So konnte er gleich seine feine, häufig zwischen den Zeilen versteckte Kritik am Zustand des Klerus üben. Den Papst sparte er diplomatisch aus.

Die Erziehung zu Moral und Bildung könne aber nur gelingen, wenn die Heilige Schrift den Laien in ihrer Sprache zugänglich würde. Seine Ermahnung galt also den Theologen, eine volkssprachige Übersetzung weltweit in Angriff zu nehmen.

Utinam haec in omnes omnium linguas essent transfusa, ut non solum a Scotis et Hybernis, sed a Turcis quoque et Saracenis legi cognoscique possint („Wenn doch [die Schriften der Bibel] in sämtliche Sprachen übertragen würden, dass sie nicht nur von den Schotten und Skandinaviern, sondern auch von Türken und Sarazenen gelesen und verstanden werden könnten").

Und über die Abstinenz der Theologen von der Bibel und damit vom Ursprung Christus heißt es weiter: *Evangelicos et Apostolicos libros, ne legerint quidem unquam in omni vita. Mahumetaei sua tenent dogmata. Judaei et hodie ab ipsis cunabulis suum edicunt Mosen. Cur nos non idem prestamus Christo?* („Die Bücher der Evangelien und der Apostel haben sie in ihrem ganzen Leben nicht einmal gelesen. Die Mohammedaner bewahren sich ihre Lehren. Die Juden halten auch heute noch von Anfang an fest an ihrem Mose. Warum sollten nicht auch alle Christen von Christus selbst lernen?").

Erasmus fügte seiner Edition einen umfangreichen Kommentar bei, die sog. *Annotationes* („Anmerkungen"). Dort erklärte er seine Übersetzung und rechtfertigte auch die Varianten zur bekannten Vulgata (siehe Kat. 223).

Bleibt die Frage, wie Luther selbst zu dem Angebot gestanden ist, sich mit dem Griechischen des

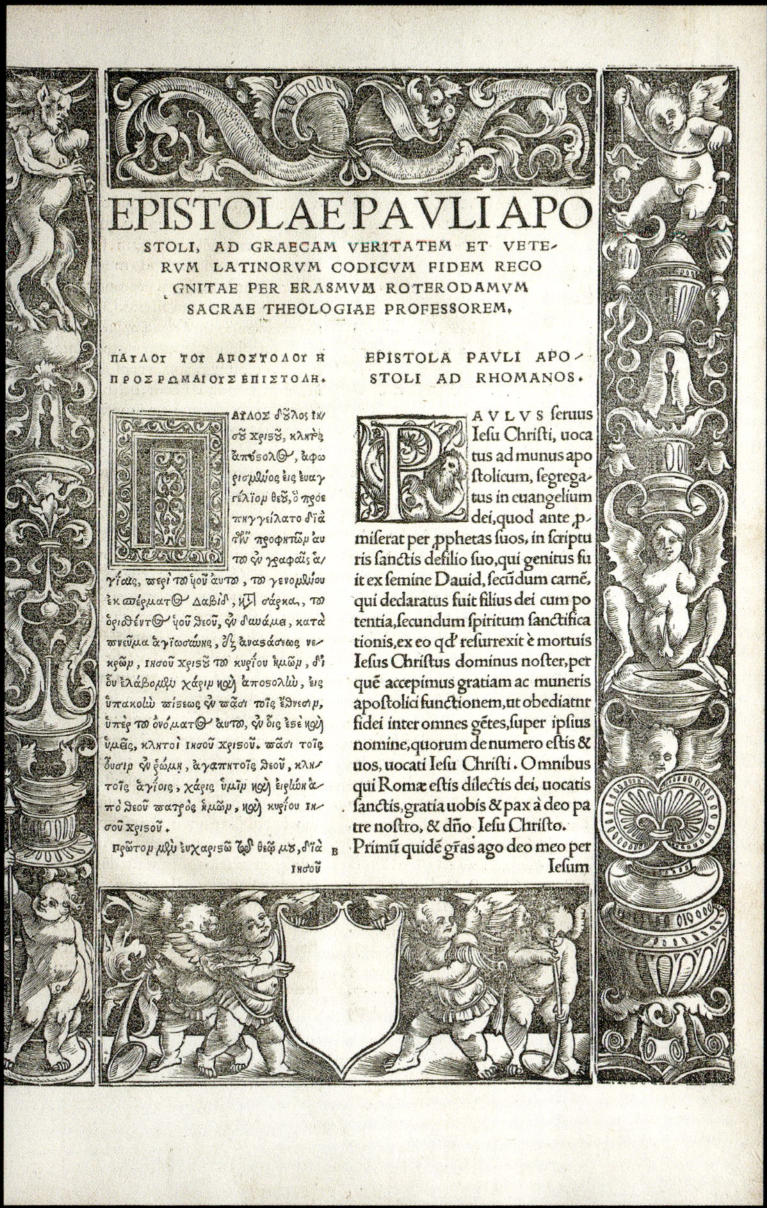
EPISTOLAE PAVLI APO
STOLI, AD GRAECAM VERITATEM ET VETE-
RVM LATINORVM CODICVM FIDEM RECO
GNITAE PER ERASMVM ROTERODAMVM
SACRAE THEOLOGIAE PROFESSOREM.

ΠΑΥΛΟΥ ΤΟΥ ΑΠΟΣΤΟΛΟΥ Η ΠΡΟΣ ΡΩΜΑΙΟΥΣ ΕΠΙΣΤΟΛΗ.

ΠΑΥΛΟΣ δοῦλος Ἰησοῦ Χριστοῦ, κλητὸς ἀπόστολος, ἀφωρισμένος εἰς εὐαγγέλιον θεοῦ, ὃ προεπηγγείλατο διὰ τῶν προφητῶν αὐτοῦ ἐν γραφαῖς ἁγίαις, περὶ τοῦ υἱοῦ αὐτοῦ, τοῦ γενομένου ἐκ σπέρματος Δαβὶδ, κατὰ σάρκα, τοῦ ὁρισθέντος υἱοῦ θεοῦ, ἐν δυνάμει, κατὰ πνεῦμα ἁγιωσύνης, ἐξ ἀναστάσεως νεκρῶν, Ἰησοῦ Χριστοῦ τοῦ κυρίου ἡμῶν, δι' οὗ ἐλάβομεν χάριν καὶ ἀποστολὴν, εἰς ὑπακοὴν πίστεως ἐν πᾶσι τοῖς ἔθνεσιν, ὑπὲρ τοῦ ὀνόματος αὐτοῦ, ἐν οἷς ἐστὲ καὶ ὑμεῖς, κλητοὶ Ἰησοῦ Χριστοῦ. πᾶσι τοῖς οὖσιν ἐν Ῥώμῃ, ἀγαπητοῖς θεοῦ, κλητοῖς ἁγίοις, χάρις ὑμῖν καὶ εἰρήνη ἀπὸ θεοῦ πατρὸς ἡμῶν, καὶ κυρίου Ἰησοῦ Χριστοῦ. πρῶτον μὲν εὐχαριστῶ τῷ θεῷ μου διὰ B Ἰησοῦ

EPISTOLA PAVLI APOSTOLI AD RHOMANOS.

PAVLVS seruus Iesu Christi, uocatus ad munus apostolicum, segregatus in euangelium dei, quod ante promiserat per prophetas suos, in scripturis sanctis de filio suo, qui genitus fuit ex semine Dauid, secundum carnem, qui declaratus fuit filius dei cum potentia, secundum spiritum sanctificationis, ex eo quod resurrexit e mortuis Iesus Christus dominus noster, per quem accepimus gratiam ac muneris apostolici functionem, ut obediatur fidei inter omnes gentes, super ipsius nomine, quorum de numero estis & uos, uocati Iesu Christi. Omnibus qui Romae estis dilectis dei, uocatis sanctis, gratia uobis & pax a deo patre nostro, & domino Iesu Christo. Primum quidem gratias ago deo meo per Iesum

Zweite Auflage des *Novum instrumentum omne*, die griechische und lateinische Ausgabe des Neuen Testaments durch Erasmus von Rotterdam, 1519. Beginn des Römerbriefs. Siehe Kat. 222.

Neuen Testaments zu befassen. Er hat es getan – auf der Wartburg innerhalb von netto neun bis zehn Wochen – vermutlich unter Drängen seines Freundes, des Gräzisten Philipp Melanchthon (1497–1560). Letztlich ist zu prüfen, wo sich Varianten aus der Vulgata erhalten haben und wo sie durch den lateinischen Erasmus bzw. die griechische Edition verdrängt wurden. Das sind Nuancen, die sich nicht einfach aufspüren lassen. Die sogenannte „Reformatorische Wende", nämlich die Erkenntnis Luthers, der Mensch werde nur aus Glauben gerecht (Hab 2,4; Rm 1,17; Rm 3,28; Gal 2,16 u. ö.), wollen Kirchenhistoriker schon auf einige Jahre vor dem Thesenanschlag 1517, neuerdings erst auf 1518 datieren. Jedenfalls gründet sich dieses fundamentale Ereignis auf Luthers langjähriges Studium der Vulgata. Das Griechische ist ihm nicht vor 1521 bekannt geworden, als Nikolaus Grebel ein handliches griechisches Neues Testament mit dem Erasmustext in Quart herausgab und Luther ein Exemplar zukommen ließ (siehe Kat. 224). Man weiß, dass sich Luther dann mit diesem griechischen Text intensiv beschäftigte. Inwieweit Melanchthon den aus der Wartburgzeit mitgebrachten Entwurf einer Übersetzung des Neuen Testaments noch weiter an die neuerdings bekannt gewordene griechische Vorlage anglich, ist nicht nachzuvollziehen, da jede Art von Quelle fehlt.

Wie in der Ausstellung erörtert und mit einigen Exponaten bezeugt, hat Luther auf der Wartburg die bereits vor seiner Schutzhaft begonnene lateinische Übertragung und Kommentierung der Perikopen, also der Auswahl aus Evangelien- und Apostelbriefen für Lesung und Predigt, fortgeführt. Er ließ aber dann die Zwischenstufe über das Lateinische bleiben und übersetzte gleich ins Deutsche. Was dann als *Wartburgpostille* zu den Adventssonntagen und zur Weihnachtszeit (siehe Kat. 311) im Frühjahr 1522 gedruckt wurde, ist eine sprachliche Vorstufe für das gesamte deutsche Neue Testament.

Der württembergische Religionspädagoge Sören Widmann hat in seiner kirchengeschichtlichen Dissertation 1968 und 1997/99 in der Diskussion um die noch zu nennende „Stuttgarter Vulgata 1519" den Übersetzungsprozess der Wartburgpostille akribisch nachvollzogen. Dabei konnte er für die Perikopentexte herausarbeiten: *Luther folgt in 37 Fällen dem griechischen Text und befindet sich damit in Übereinstimmung mit der Übersetzung und den Annotationes des Erasmus, entscheidet sich aber gegen die Vulgata. In 14 Fällen übersetzt Luther den griechischen Text exakt entsprechend dem Vorschlag der Annotationes und folgt weder der lateinischen Übersetzung des Erasmus noch der Vulgata. In 16 Fällen übersetzt Luther den griechischen Text genauso wörtlich wie die Vulgata und folgt nicht den Vorschlägen der Übersetzung bzw. der Annotationen des Erasmus. In 5 Fällen schließt sich Luther eng an den griechischen Urtext an und folgt nicht den freieren Übertragungen seiner beiden lateinischen Vorlagen.* (Widmann 1999, S. 64 f.)

In 40 anderen Fällen weicht Luther vom griechischen Grundtext ab und hält sich an die Vulgata oder übersetzt frei oder verdeutlicht den Sinn, wie in Rm 3,28, wo das „allein aus Glauben" den Widerspruch der Altgläubigen auslöste.

Daraus ergibt sich schon weitblickend, dass sich Luther nicht einer einzigen Textautorität zuordnen lässt und die Abhängigkeit nicht als Schwarzweiß-Gemälde darzustellen ist. Auf alle Fälle spielt nun das Griechische eine große Rolle. Aber die Vulgata ist nicht ausgeschlossen. Die dauernde Verbesserung der Übersetzung von den ersten Versuchen der Adventspostille bis hin ins Jahr 1544 (siehe Kat. 433 ff.) zeigt, dass es für Luther keine eindeutige, feste Entsprechung von Originalwort und Übersetzungswort gab, sondern dass bei seiner Übertragung der Grundsatz, „was Christum treibet", oberstes Gebot war: Die Bibel handle entweder von Sünde und Schuld oder von der gnadenhaften Erlösung des Glaubenden (vgl. Georg Rörers typographische Kategorisierung in Kat. 441).

Der Vorwurf der Altgläubigen, Luther habe die Vulgata verlassen, trifft demnach nur bedingt zu.

Doch die Polarisierung wurde Programm. Hieronymus Emser ließ 1527 auf dem Titelblatt seiner Version gegen Luthers Neues Testament (siehe Kat. 451) hinzufügen: *Das naw testament nach lawt der Christlichen kirchen bewerten text corrigirt.* Und Johann Dietenberger, der 1534 eine Vollbibel gegen Luther (siehe Kat. 452) übersetzen musste, schrieb*: nach alter, inn Christlicher kirchen gehabter Translation.*

Umgekehrt lockten reformatorische Übersetzungen mit dem Vorzug der Grundsprachen.

Schon 1521 hatte der Erfurter Ordensbruder Luthers, der Augustiner-Prior Johannes Lang (ca. 1487–1548), ein Matthäusevangelium herausgebracht. Dort heißt es: *aus Kriechsersprach vnd bisweilen aus des hochgelerten hern Erasmi von Roterdam translacion.* Auch dies war Ansporn für die Wittenberger, sich ebenfalls dem griechischen Grundtext zuzuwenden. In süddeutschen Nachdrucken begegnen Formulierungen wie: D*as new Testament gantz / ietz klärlich ausz dem rechten grund teutscht* (Basel 1523); *Ausz Ebreischer vnd Griechischer Spraach* (Frankfurt 1534). Die schon 1531 erschienene Zürcher Vollbibel formuliert: *der vrsprünglichen Ebraischen vnd Griechischen waarheyt nach.*

In den Wittenberger Ausgaben wird jedoch auf sämtlichen Titelblättern nirgends die Grundsprache erwähnt. Luther habe nie gesagt, er habe aus dem Griechischen übersetzt, sondern immer nur ins Deutsche (Riedinger 1992, S. 330).

Am 1. März 1522 kehrte Luther nach Wittenberg zurück und hielt vom Sonntag Invocavit an seine klärenden Predigten gegen die Spiritualisten. Bis dahin hatte er gerade mal noch vier Wochen, nach den Evangelien auch den Rest des Neuen Testaments von der Apostelgeschichte bis zur Apokalypse zu übersetzen. Es liegt nahe, dass er sich jetzt eher auf

Die sog. *Stuttgarter Vulgata 1519*. Randglossen eines unbekannten Vorbesitzers, die auf Luther hindeuten. Beginn des Galaterbriefs. Siehe Kat. 444.

das Gewohnte, die Vulgata, verließ als auf die neuen Texte und die Kommentare des Erasmus. Riedinger (1988) will nachgewiesen haben, dass z. B. der Hebräerbrief, den Luther in seinen Ausgaben nach hinten ohne Zählung (siehe das Inhaltsverzeichnis von Kat. 312) verbannte, auf weite Strecken der Vulgata verpflichtet sei.

1995 ist die Frage nach der Vulgata bei Luther brisant geworden. In der Württembergischen Landesbibliothek mit einer der größten Bibelsammlungen weltweit wurden die lateinischen Bibeln katalogisiert und intensiv erschlossen. Ein Oktavexemplar einer Vulgata (Lyon 1519) war an den Rändern und auf jeder freien halben oder ganzen Seite mit unzähligen Glossen, Kommentaren und Sprüchen vollgeschrieben (siehe Kat. 444). Teilweise standen die Sprüche in der ersten Person und verwiesen auf *D. M. L.* („Doctor Martinus Luther"), z. B.: *1483 natus ego* („ich bin 1483 geboren"). Die Einträge auf dem schmalen Rand, sowohl deutsch, als auch lateinisch, wiesen eine verblüffende Ähnlichkeit mit den Glossen Luthers und seiner Übersetzung im Septembertestament auf. Auch die Handschrift ähnelte sehr der Luthers. Als die Hypothese vorzeitig bekannt wurde, es handle sich um ein Autograph Luthers oder sogar um die „Wartburgbibel", lösten Entsetzen und massive Ablehnung auf lutherischer Seite einen ungeheuren Streit aus. Er konnte erst nach zwei Jahren durch eine Tagung der Württembergischen Landesbibliothek geglättet, aber nicht beigelegt werden.

Immerhin gab es aufgrund paläographischer Befunde ein Ergebnis: Der Schreiber war ein einziger, jedoch nicht Luther. Der unbekannte Vorbesitzer musste im Umfeld seines Idols Luther gelebt haben, da auch ein Text über die Gründung einer Bruderschaft bisher nicht bekannt war. Widmann (1999) hielt das Exemplar eher für ein Protokoll eines am Rande Beteiligten, der 1522 die Durchsicht des Wartburg-Manuskripts mit Melanchthon begleitete. Wegen des weltweiten Aufsehens sprach man von der „Stuttgarter Vulgata 1519".

Ende des 19. Jhs. verwies Pfarrer Johann Paul Kaiser aus Halle/S. auf eine seltsame großformatige Vulgata in der Königlichen Bibliothek zu Stockholm. Das Buch war im Dreißigjährigen Krieg durch den sog. Prager Kunstraub zusammen mit der berühmten gotischen Silberbibel des Wulfila nach Schweden gelangt. Der Theologe Johannes Belsheim hatte in einer norwegischen theologischen Zeitschrift angenommen, die handschriftlichen Glossen stammten aus Luthers Hand und dieses Exemplar müsse er besessen haben. Johann Paul Kaiser war von 1884–1890 Hauptpastor der Deutschen St. Gertrud Gemeinde in Stockholm und hatte so die Gelegenheit, am Original die einzelnen Einträge zu überprüfen, kam aber schnell zu dem Ergebnis, dass von Inhalt und Form her diese Bibel niemals in Luthers

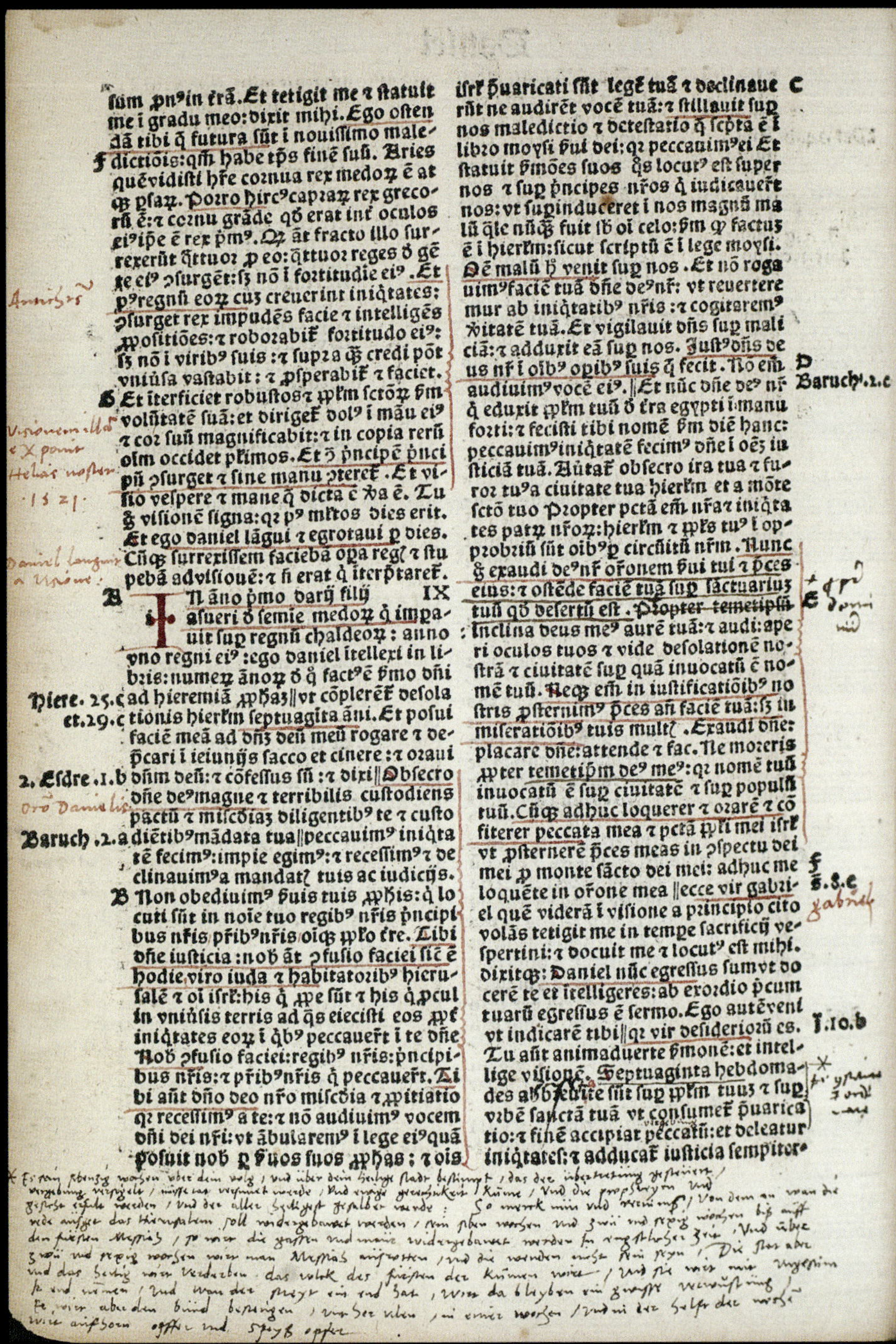

Eine handliche lateinische Bibelinkunabel im Oktavformat, 1495. Das Exemplar war u.a. im Besitz des württembergischen lutherischen Reformators Erhard Schnepf. Einträge in Daniel 8 und 9. Siehe Kat. 443.

Händen gewesen sein könne. Trotzdem muss die „Stockholmer Vulgata" in der Reihe der besonderen Vulgata-Exemplare im Zusammenhang mit Luther erwähnt werden.

Inzwischen sind ähnliche reich annotierte Exemplare bekannt geworden: Ein Exemplar der Vulgata-Inkunabel im kleinen Oktavformat von 1495 (siehe Kat. 443) gehörte längere Zeit dem württembergischen, lutherisch ausgerichteten Reformator Erhard Schnepf (1495–1558). Von ihm stammen zahlreiche Einträge, die ebenso auf intensives Studium schließen lassen, wie die Glossen in einer kürzlich in der Forschungsbibliothek Gotha entdeckten lateinischen Bibel (Lyon 1514), einer früheren Auflage der „Stuttgarter Vulgata 1519". Sie war im Besitz des Gothaer Reformators Friedrich Myconius (1490–1546).

Es liegt nahe, zu resümieren, dass die Theologen, die noch vor den reformatorischen Ereignissen die traditionelle mittelalterliche Theologie studiert hatten, nur mit ihrer vertrauten lateinischen Bibel umgehen wollten, unerachtet der Nuancen und Abweichungen. Griechisch und Hebräisch waren noch nicht konsequent gelernt worden, und das Deutsche war zunächst der Verkündigung in Predigt und Katechismusunterricht vorbehalten.

Dem Ansinnen, das vertraute Latein für das Studium und das theologische Denken zu bewahren, wollte man in Wittenberg dadurch gerecht werden, dass man eine eigene Vulgata-Ausgabe (siehe Kat. 445) plante, die nach den Grundtexten verbessert sein sollte. 1529 erschienen erste Teile des Alten und das Neue Testament. Weiter ist das Unternehmen nicht gediehen, weil die Zeitumstände – die Türken vor Wien, die Krankheit Luthers und die Notwendigkeit, endlich die fehlenden Propheten und Apokryphen ins Deutsche zu übersetzen – andere Prioritäten verlangten. Die *Wittenberger Vulgata* blieb Stückwerk.

Unter den Ereignissen der Reformation und deren Bemühungen um Bibelübersetzung und wegen des Rückgriffs auf die Originalsprachen entschloss sich schon 1546 die Römische Kirche auf dem großen Konzil von Trient (1545–1563), die Vulgata zu bewahren, aber ebenfalls zu revidieren. Unter Papst Clemens VIII. kam 1590 eine verbesserte Version der Vulgata heraus, die *Clementina*. Sie wurde unter Papst Sixtus V. noch einmal verbessert, erschien schon 1592 und hieß fortan *Sixto-Clementina*. Trotz damaliger Kenntnisse der originalen Bibeltexte sind der gehörnte Mose und das sogenannte Comma Johanneum, der trinitarische Einschub im 1. Johannesbrief, beibehalten. Die moderne Vulgata-Edition von Robert Weber verbannt diesen Vers in den „Textkritischen Apparat" mit den verschiedenen Lesarten.

Erst nach dem Zweiten Vatikanischen Konzil (1962–1965) entstand eine sog. *Nova Vulgata*, die den Forschungsergebnissen der historisch-kritischen Bibelwissenschaft eher entgegen kommt. Jetzt strahlt das verklärte Gesicht von Mose, und die Trinität ist Angelegenheit der altkirchlichen Dogmatik.

Literatur

Biblia sacra iuxta Vulgatam versionem. Recensuit Robertus Weber OSB. Bonifatius Fischer OSB. Ed. 5. praep. Roger Gryson. – Stuttgart: Deutsche Bibelgesellschaft 2007. „Stuttgarter Vulgata".

Die Psalmen in zwei Versionen: *iuxta LXX* – nach der Septuaginta (Psalterium Gallicanum) und *iuxta Hebraeos* (engere Übersetzung aus dem Grundtext durch Hieronymus).

Martin Brecht / Eberhard Zwink (Hrsg.), Eine glossierte Vulgata aus dem Umkreis Martin Luthers. Untersuchungen zu dem 1519 in Lyon gedruckten Exemplar in der Bibelsammlung der Württ. Landesbibliothek Stuttgart. Arbeitsgespräch vom 20. bis 22. Februar 1997 (= Vestigia bibliae 21), Bern u. a.1999. (Mit Beiträgen von Herrad Spilling, Manuel Santos Noya, Stefan Strohm et al.).

Kaiser, (Johann) Paul, Die Stockholmer Vulgata, eine angebliche Lutherbibel, in: Zeitschrift für Kirchengeschichte 13 (1892), S. 126–130.

Kathrin Paasch, Zur Vulgata von Friedrich Myconius: http://www.uni-erfurt.de/cz/studienstaette-protestantismus/studienstaette-protestantismusarchiv/ausstellungen/ausstellung-aus-erster-hand/die-bibel-im-protestantismus (Stand: 30. 04. 2014).

Rudolf Riedinger, Nach welcher Vorlage übersetzte Martin Luther den Hebräerbrief für das Septembertestament von 1522?, in: Römische historische Mitteilungen 30 (1988), S. 93–112.

Rudolf Riedinger, Welchen Grundtext übersetzte Martin Luther für seine Deutsche Bibel?, in: Jahrbuch der österreichischen Byzantinistik 42 (1992), S. 325–330.

Stefan Strohm, Biblia integra. – Basel 1495. [Eine Vulgata aus dem Besitz von Erhard Schnepf], in: Eberhard Zwink, Die Bibel und Württemberg. Ausstellung der Württ. Landesbibliothek. Stuttgart 2009, S. 33–35.

Stefan Strohm / Eberhard Zwink, Ursprung der Biblia Deutsch von Martin Luther. Ausstellung in der Württembergischen Landesbibliothek 1983, Stuttgart 1983.

Sören Widmann, Von der Wartburgpostille bis zum Septembertestament 1522. Luther als Übersetzer des Neuen Testaments. Beobachtungen zu seiner Methode unter Einbeziehung von Glossenmaterial der „Stuttgarter Vulgata 1519", in: Brecht / Zwink 1999, S. 61–93.

Luthers Bibelübersetzung – ein Meilenstein in der Geschichte religiöser Bildung

Bernd Schröder

„Es gibt schlechterdings niemanden, der ihr den Respekt verweigert und sie nicht als eine überragende Kulturleistung anerkannt hätte […]. Die Geschichte der protestantischen Frömmigkeit kennt keine Schrift, die eine auch annähernd vergleichbare, in Jahrhunderten zu bemessende Wirkung gezeitigt hätte. Jedoch ist Luther mit seiner Bibelübertragung auch außerhalb von Theologie und Kirche am nachhaltigsten hervorgetreten."

(Albrecht Beutel, 1999).

Die Übersetzung der Bibel in die deutsche Sprache durch Martin Luther (1483–1546) war weder die erste Übersetzung dieser Art noch die letzte. Unbeschadet dessen, kommt ihr im Panoptikum der deutschen Bibelübersetzungen unstrittig herausragende Bedeutung zu – in theologischer, literarischer, sprach- und kulturgeschichtlicher Hinsicht sowie, auch wenn dies nicht selten in Vergessenheit zu geraten droht, im Blick auf die Geschichte religiöser Bildung.

Denn es ist zwar von den jüdischen Wurzeln des Christentums und dem Lehrer-Sein Jesu her angelegt, dass dieses sich als „Bildungsreligion" entfaltet, doch erst die Reformation war es, die diesem Strukturelement durch die Publikation entsprechender Schriften, durch die Bereitstellung von Medien und durch die Freilegung von Argumentationssträngen auf breiter Front Raum gegeben hat. Die Bibelübersetzung Luthers spielt für diesen Impuls, dem Christentum als Bildungsreligion Geltung zu verschaffen, eine grundlegende Rolle.

Luthers Bibelübersetzung als historisches Dokument der Bildungsgeschichte

Luthers Übersetzung der gesamten Bibel erschien erst 1534. Bereits zwölf Jahre zuvor, 1522, war das Neue Testament, das sog. „Septembertestament" veröffentlicht worden. (siehe Kat. 432) Auch wenn sich die Gelegenheit zu intensiver Übersetzungstätigkeit während der Zuflucht auf die Wartburg für Luther lediglich aus der damaligen biografischen Gemengelage ergab (und nicht Ausdruck langgehegter Planungen ist), so steht die Übersetzung der Heiligen Schrift doch sachlich in engem und unlösbarem Zusammenhang mit den Einsichten, die Luther in seinen sog. reformatorischen Hauptschriften aus dem Jahr 1520 und in seinen Schulschriften aus der Zeit zwischen 1520 und 1530 veröffentlicht hat.

Die Bibelübersetzung und ihre Verankerung in Luthers Hauptschriften

In seinen reformatorischen Hauptschriften – dazu zählen „Von der babylonischen Gefangenschaft der Kirche" (lateinisches Original: *De captivitate Babylonica ecclesiae praeludium*), „Von der Freiheit eines Christenmenschen" und „An den christlichen Adel deutscher Nation" – brachte Martin Luther Überzeugungen, die für das Selbstverständnis des Protestantismus prägend werden sollten, darunter diejenige vom „Priestertum aller Getauften".

Luther entdeckte sie charakteristischerweise in biblischen Texten (1. Petr 2,9 i. V. mit Ex 19,6); er unterstrich, dass *„alle Christen … warhafftig geystlichs stands"* sind, denn allein *„die tauff, Euangelium vnd glauben […] machen […] geistlich vnd Christen volck"; „szo werden wir allesampt durch die tauff zu priestern geweyhet"* (An den christlichen Adel 1520).

Diese Sätze richten sich kritisch gegen die vermeintliche Unterscheidbarkeit der geistlichen Qualität von Klerikern und Laien; sie dienen zugleich konstruktiv dazu, alle Getauften in den Dienst des Evangeliums zu nehmen. Kraft ihrer Taufe sollen und dürfen sie darüber urteilen, ob Predigt, Sakramentspraxis und Kirche insgesamt evangeliumsgemäß gehandhabt werden; mehr noch, sie werden selbst zu Zeugen des Evangeliums gegenüber der nicht-christlichen Welt wie auch gegenüber der ‚falschen' Konfession. Doch um dem Priestertum, das ihnen durch die Taufe zugesprochen wird, Genüge zu tun, brauchen die Getauften insofern Unterricht, als sie ihren eigenen Glauben erst einmal selbst zu verstehen haben. Sie sollen immer wieder neu glauben lernen, was Gott ihnen in der Taufe zuspricht: *„Darümb hat ein iglicher Christen sein Leben lang gnug zu lernen und zu uben an der Taufe …“* (Der große Katechismus 1529).

Exemplarisch wird hier eine klare gedankliche Linie Taufe – Lernen – Priestersein gezogen. Die Gedankenbewegung führt direkt von der theologischen Denkfigur vom ‚Priestertum aller Getauften' zu Luthers bildungsrelevanter Frage: *„Solt nit billich ein yglich Christen mensch bey seinen newn odder zehn iaren wissen das gantz heylig Euangelium da sein namen vnd leben ynnen stet“* (An den christlichen Adel 1520) und damit zur Übersetzung der Bibel, durch die diese für Menschen ohne formale, humanistische Bildung überhaupt erst zugänglich, memorierbar und verständlich wird.

Um den Rang der Bibelübersetzung zu ermessen, ist es wichtig sich eben diesen Gedankengang vor Augen zu führen: Das Aneignen der Schrift durch jeden Christen (und jede Christin) wird hier nicht als Kür verstanden, auf die ohne Weiteres verzichtet werden könnte, sondern als sachliche, theologisch hergeleitete Notwendigkeit: Wer sich nicht der Heiligen Schrift, dem Wort Gottes selbst zuwendet und nicht versteht, was verkündigt wird und was aller kirchlichen Verkündigung in der Heiligen Schrift zugrunde liegt, der saugt nicht den Honig aus der Taufe, den er schmecken könnte.

Aneignen und Verstehen der Schrift wiederum sind in einer Zeit, in der formale Bildung das Privileg einer verschwindend kleinen Minderheit ist, nur dann möglich, wenn das Bildungsgut nicht in der Sprache der gebildeten Elite, im Lateinischen (oder gar im Griechischen oder Hebräischen), sondern in der Muttersprache derer vorliegt, die aneignen und verstehen sollen.

Schließlich: Auch das berühmte sog. vierfache *solus*, mit dessen Hilfe die Essenz reformatorischer Theologie seit dem 19. Jh. bis heute auf den Punkt gebracht wird (vgl. „Rechtfertigung und Freiheit. 500 Jahre Reformation 1517“), – *sola scriptura, solus Christus, sola gratia, sola fide* – lässt sich der Sache nach bereits in Luthers reformatorischen Hauptschriften erkennen: Alle vier Grundsätze basieren auf dem Verstehen und dem je eigenen Zugang zur Bibel – deren Übersetzung in eine Sprache, die jedermann verstehen kann, erweist sich somit als elementar für die Multiplikation reformatorischer Einsichten.

Luthers Schulschriften

Die Implikationen seiner reformatorischen Entdeckungen für ein Ethos des Lernens, für Schule und Bildung hat Martin Luther in seinen drei sog. Schulschriften entfaltet. Es sind dies – in chronologischer Reihenfolge – die bereits erwähnte und zitierte ‚Adelsschrift' („An den christlichen Adel deutscher Nation von des christlichen Standes Besserung“; 1520; WA VI, 404–465) sowie sein Schreiben „An die Ratsherrn aller Städte deutsches Lands, dass sie christliche Schulen aufrichten und halten sollen“ (1524; WA XV, 27–53) und „Eine Predigt, dass man Kinder zur Schulen halten solle“ (1530; WA XXX/2, 517–588).

In ihnen argumentiert Luther bei verschiedenen Gelegenheiten für zweierlei, nämlich dafür, dass Eltern Erziehungs- und Unterrichtsverantwortung für ihre Kinder wahrnehmen, und dafür, dass die (evangelisch gewordenen) Obrigkeiten sie darin unterstützen oder auch – „subsidiär“ – an ihre Stelle treten, wo Eltern ihre entsprechende Verantwortung nicht wahrnehmen (können).

Als notwendig erscheint Luther diese Erziehungsarbeit aus verschiedenen Gründen:

- Sie genügt einem Gebot Gottes (und bedarf insofern keiner weiteren Begründung).
- Sie wehrt dem Teufel, indem sie Menschen im Glauben stärkt und verständig macht: *„alszo ists war […], das[s] die eltern, ob sie sonst nichts zuthun hetten, mogen sie an yhren eigen kindern selickeit erlangen, an wilchen szo sie die zu gottis dienst recht zihen“*, d.h. *„sie leren got trawen, glauben vnd furchten vnd yhr hoffnung in yhn setzen, seinen namen ehren …“*. Wo dies unterbleibt, wo also etwa *„die eltern yhre kind mehr tzihenn der welt zu lieb dann got“*, heißt das nichts anderes als *„sein eygen kindt dem abgot opffern vnnd vorbrennen“* – *„weltlich […] zihen heysz ich das, szo sie leren nit mehr suchen dan lust, ehre vnd gut odder gewalt disser welt“* (Martin Luther, Von den guten Werken; 1520; WA VI, 202–301).
- Sie sorgt für Nachwuchs bei der Wahrnehmung des weltlichen wie des geistlichen Regiments, für die Bildung einer protestantischen Elite. Denn diejenigen, die Gott in Anspruch nimmt für den Dienst seiner Weltregierung brauchen Bildung, um ihre Geschäfte sachgemäß führen zu können – die Pfarrer als Funktionsträger des *„geystliche[n] … regiments“* brauchen profunde Kenntnis der Heiligen Schrift und der Sprachen, in denen sie verfasst ist (Griechisch und Hebräisch); um das *„welltlich regiment zu füren“* brauchen die Menschen v.a. Kenntnisse der freien Künste, dazu Geschichte und Mathematik. Die Zwei-Regimente-Lehre steht etwa im Hintergrund, wenn Luther sich an die „Ratsherrn aller Städte“ wendet und sie um Engagement für Schulen bittet.

Was den Gegenstand des Unterrichts angeht, so stand im Mittelpunkt *„das gantz heylig Euangelium“*: *„dan viel bucher machen nit geleret, vil leszen auch nit, szondern gut ding und offt leszenn, wie wenig sein ist, das macht geleret in der schrifft und frum datzu“* (An den christlichen Adel, 1520). Auch jenseits unterrichtlicher Zusammenhänge bestand

Luther darauf, dass ein Christ *„ditz buch teglich ym brauch haben"* (Weihnachtspostille, 1522) solle.

Bildungsmedien mit reicher Wirkungsgeschichte: Lieder – Katechismen – Deutsche Bibel

Doch als Pfarrer und Theologieprofessor hat Martin Luther nicht nur zugunsten religiöser Bildung argumentiert, sondern er hat auch das Wissen zusammengestellt bzw. zugänglich gemacht, das er als *Vademecum* von Christen für unabdingbar hielt: den Kleinen und Großen Katechismus (beide 1529), die deutschen Lieder (insgesamt 37 Choräle, viele davon etwa im „Babstschen Gesangbuch" von 1545 dokumentiert) und eben die deutsche Übersetzung der Heiligen Schrift. Alle drei hängen miteinander zusammen und die Übersetzung lässt sich als ihr Kern identifizieren:

- In seinen Liedern hat Martin Luther vorzugsweise Psalmen und andere biblische Texte verarbeitet – die Rubrik „Biblische Gesänge" im Evangelischen Gesangbuch legt bis heute Zeugnis ab von der Wichtigkeit dieser Übersetzung von Bibel in Musik (die freilich nicht nur Luther geleistet hat, sondern neben und nach ihm viele andere evangelische Komponisten und Liederdichter).
- Seine Katechismen hat Martin Luther stets als Zusammenfassungen der Bibel verstanden, wörtlich als *„eine Summa ...[dessen], was der Christen Lehre, Leben, Weisheit und Kunst sei, wovon sie reden und handlen und womit sie ümbgehen"* (Großer Katechismus 1529), ja, als *„ein Unterricht für die Kinder und Einfältigen [...], so ein iglicher Christ zur Not wissen soll, also daß, wer solchs nicht weiß, nicht künnde unter die Christen gezählet [...] werden"* (ebd.).

Alle drei Medien waren von herausragender Qualität und haben die Bildungsgeschichte nicht nur der Reformationszeit, sondern der folgenden Jahrhunderte entscheidend mitbestimmt.

Titelblatt des „New deudsch Psalter" in der Übersetzung Martin Luthers, Separatausgabe Wittenberg 1528. Siehe Kat. 422.

Bildungsgeschichtliche Wirkungen der Bibelübersetzung Luthers

Wurde bislang die historische Bedeutung der Bibelübersetzung Luthers für das Nachdenken über religiöse Bildung sowie für deren Praxis umrissen, so ist dies nur eine Seite der Medaille. Der zweiten Seite der Medaille wird man ansichtig, wenn die Wirkung dieser Schrift auf Unterricht und Bildung ins Bewusstsein tritt.

Diese Wirkung lässt sich wiederum in verschiedenen Hinsichten beschreiben: erstens als Erfolgsgeschichte der Bibelübersetzung Luthers als solche, also als Geschichte ihrer Auflagen, Revisionen und Lektüren bis auf den heutigen Tag; zweitens als Geschichte ihrer Bearbeitung speziell für schulische und didaktische Zwecke, also als Geschichte der Schul- und Kinderbibel; und drittens als Geschichte ihrer inspirierenden, weitere Übersetzungen und didaktische Anstrengungen stimulierenden Wirkung.

In der Tat hat der von Luther so wirkmächtig angestoßene Prozess der Bibelübersetzung bis heute kein Ende gefunden. Dies dürfte dem Richtungssinn seines eigenen „Dolmetschen" entsprechen, das er nicht als ‚ein für allemal abgeschlossen' ansah – im Gegenteil: *„Luther selbst hat unaufhörlich, bis zu seinem Tod, an seiner Übersetzung gebessert"* (Albrecht Beutel, 1999) [vgl. am Beispiel der Psalmenübersetzung (siehe Kat. 422)]; viele Andere haben daran angeknüpft (siehe Kat. 433). Das permanente Feilen an der Bibelübersetzung und das Ringen um ihre Angemessenheit kann als Ausdruck protestantischer Bibelbasiertheit und Selbstvergewisserung in der Schrift gelten. In diesem Sinne gehört die neuerliche Überarbeitung der Lutherbibel zum Reformationsjubiläum 2017 ebenso zu den legitimen Erben von Luthers Bibelübersetzung wie die „Bibel in gerechter Sprache", die „Volkxbibel", die „BasisBibel" oder multimediale Verarbeitungen der Bibel, selbst wenn Luthers Übersetzung darin in Wortlaut und Eigenart kaum mehr zu erkennen ist und die Intention und Qualität solcher Neuübersetzungen strittig ist.

Wie bedeutsam und wirksam Luthers Weichenstellung hin zur Bibelübersetzung ist, kann ein interreligiöser Vergleich erhellen: Der Koran gilt in den großen Strömungen des Islam nur in arabischer Sprache als Offenbarung – folgerichtig zielt Religionsunterricht traditionell auf den Erwerb entsprechender Sprachkenntnisse; auch der Tenach wird in der Synagoge wie im Unterricht – jedenfalls im orthodoxen Judentum – in hebräischer Sprache gelesen. Übersetzungen in die Muttersprachen von Muslimen und Juden gelten nicht als gebotene theologische Leistung.

Die ambivalente Geschichte von Luthers Übersetzung im Kontext von Schule und Unterricht

Luthers Bibelübersetzung ist als ganze oder in Teilen, namentlich das Neue Testament oder die Psalmen, ungezählte Male – mit offizieller Genehmigung oder als Raubdruck – gedruckt worden, allein schon im Laufe der ersten fünfzig Jahre nach Erscheinen wohl an die 100.000 Male (Albrecht Beutel, 2006). Doch wegen der hohen Kosten blieb sie für Schülerinnen und Schüler unerschwinglich – auch die Lehrer insbesondere des sog. niederen Schulwesens, die bis ins 18. Jh. hinein kaum selbst über formale Bildung und zudem nur über ein geringes Einkommen verfügten, hatten keine Bibel zur Hand. Schon diese ökonomisch-soziale Konstellation erschwerte bzw. vereitelte ihren Einsatz im Unterricht. Der Umstand, dass die Ingebrauchnahme der Bibel selbst dann, wenn sie ins Deutsche übersetzt war, voraussetzungsreich blieb, tat ein Übriges: Um die Bibel zu verstehen, brauchte es gute Lese- und Memorierfähigkeit, Ausdauer, Neugier und Interesse sowie ausgeprägte intellektuelle Fähigkeiten.

Deshalb wurde nicht die Bibel bzw. die Übersetzung Luthers das wichtigste Medium schulischer Unterweisung, sondern statt seiner die Lieder Luthers und anderer evangelischer Liederdichter sowie der Katechismus als *summa* der Bibel, die u. a. ausgewählte memorierbare biblische Sprüche enthielt.

Erst mit dem Aufkommen von illustrierten, auf ausgewählte eingängige Geschichten konzentrierten Bibelausgaben, etwa Johann Hübners „Zweymahl zwey und funffzig auserlesene biblische Historien" (1714), und von Paraphrasen biblischer Geschichten, etwa Johann Peter Millers „Erbauliche Erzählungen der vornehmsten biblischen Geschichten" (1753), konnte die Bibel allmählich an Gewicht in unterrichtlichen Zusammenhängen gewinnen. Doch bis die Bibel im Mittelpunkt des Religionsunterrichts zu stehen kam und man meinte, dies wiederum einer kritischen Revision unterziehen zu müssen (Hans Bernhard Kaufmann), sollte es bis ins 20. Jh. dauern.

Die – alles in allem: zögerliche und verzögerte – Rezeptionsgeschichte der Bibelübersetzung Luthers im Zusammenhang von Schule und Unterricht unterstreicht somit, dass es mit der Übersetzung allein didaktisch nicht getan war und ist. Es bedarf darüber hinaus einer an den Adressaten orientierten Auswahl biblischer Texte, einer Methode ihrer Erschließung und einer Fokussierung dessen, was genau verstanden werden soll. Der theologischen Hermeneutik, die bei Martin Luther bestimmt war von dem, *„was Christum treibet"*, muss somit eine didaktisch-hermeneutische Reflexionsleistung korrespondieren.

Schul- und Kinderbibeln als Fortschreibung von Luthers Bibelübersetzung

Als eine Reaktion auf die Komplexität und die hohen Verstehensvoraussetzungen auch einer Bibel, die brillant ins Deutsche übersetzt worden war, ist es zu verstehen, wenn recht bald nach Luthers Übersetzung und in wachsender Zahl Kinder- bzw. Schulbibeln erarbeitet wurden. Sie sind dadurch charakterisiert, dass sie für Kinder bzw. Heranwachsende geschrieben werden und eine – im Einzelnen durchaus unterschiedlich beschaffene – didaktisch motivierte Auswahl bzw. Umarbeitung des biblischen Stoffes bieten. Eine einschlägige Untersuchung (Christine Reents / Christoph Melchior) zählt in den ca. 475 Jahren zwischen 1534 und 2007 etwa 900 deutschsprachige Kinder- und Schulbibeln verschiedener konfessioneller Provenienz!

Darunter fallen namentlich vier Gattungen: biblische Spruchbücher, Auswahlbibeln, freie oder paraphrasierende Erzählungen und Bilderbibeln, etwa Matthäus Merians „Icones Biblicae" (1625–1627) oder Julius Schnorr von Carolsfeld „Die Bibel in Bildern" (1860).

Erst beginnend mit den 1960er Jahren (!) differenziert sich die Gattung der Kinderbibel weiter aus: Die Ausgaben zielen nun auf verschiedene Altersgruppen: Bibeln für kleine und größere Kinder kommen neben Bibeln für Jugendliche zu stehen (etwa die „Volxbibel", 2012); der Stil der Bebilderung wird variantenreicher und experimentierfreudiger, er verliert in der Regel seinen bloß illustrativen Charakter (etwa in „Bibelcomics"). An die Stelle der Übersetzung, die sich wesentlich vom übersetzten Original her erklärt, tritt zumeist die Erzählung, deren Ausgestaltung sich von ihren Adressaten her erschließt.

Die reiche Geschichte der Kinderbibeln zeigt somit auf ihre Weise, welch fruchtbaren Impuls (nicht nur) Luthers Übersetzungsarbeit im Laufe von Jahrhunderten freigesetzt hat: *„dem Volk aufs Mauls zu schauen"*, so Martin Luther im „Sendbrief vom Dolmetschen" (siehe Kat. 425), verlangt eben, die Bibel fortdauernd bzw. immer wieder neu auszulegen, in

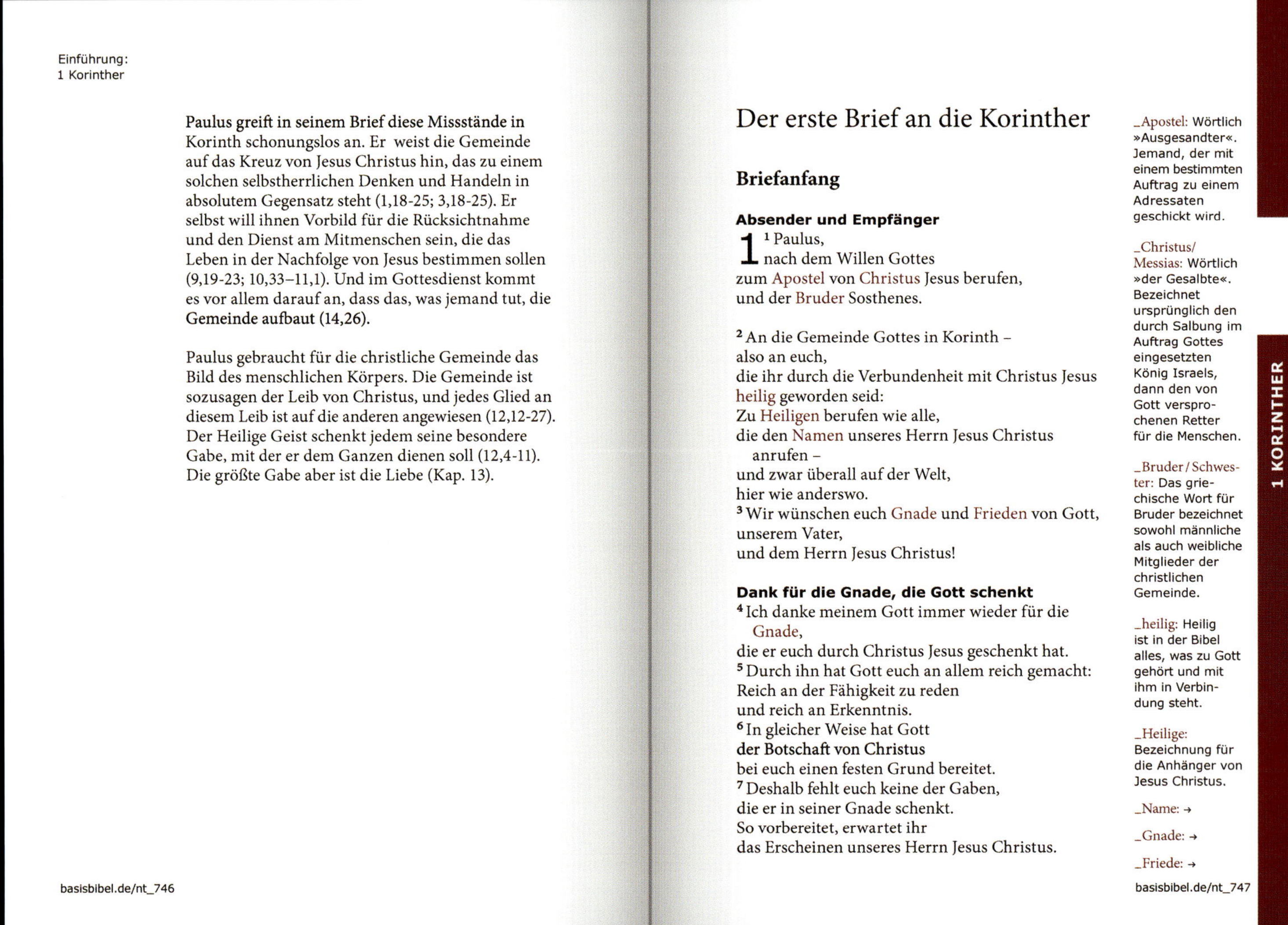
Einführung:
1 Korinther

Paulus greift in seinem Brief diese Missstände in Korinth schonungslos an. Er weist die Gemeinde auf das Kreuz von Jesus Christus hin, das zu einem solchen selbstherrlichen Denken und Handeln in absolutem Gegensatz steht (1,18-25; 3,18-25). Er selbst will ihnen Vorbild für die Rücksichtnahme und den Dienst am Mitmenschen sein, die das Leben in der Nachfolge von Jesus bestimmen sollen (9,19-23; 10,33–11,1). Und im Gottesdienst kommt es vor allem darauf an, dass das, was jemand tut, die **Gemeinde aufbaut (14,26).**

Paulus gebraucht für die christliche Gemeinde das Bild des menschlichen Körpers. Die Gemeinde ist sozusagen der Leib von Christus, und jedes Glied an diesem Leib ist auf die anderen angewiesen (12,12-27). Der Heilige Geist schenkt jedem seine besondere Gabe, mit der er dem Ganzen dienen soll (12,4-11). Die größte Gabe aber ist die Liebe (Kap. 13).

basisbibel.de/nt_746

Der erste Brief an die Korinther

Briefanfang

Absender und Empfänger
1 1 Paulus,
nach dem Willen Gottes
zum Apostel von Christus Jesus berufen,
und der Bruder Sosthenes.

2 An die Gemeinde Gottes in Korinth –
also an euch,
die ihr durch die Verbundenheit mit Christus Jesus
heilig geworden seid:
Zu Heiligen berufen wie alle,
die den Namen unseres Herrn Jesus Christus
anrufen –
und zwar überall auf der Welt,
hier wie anderswo.
3 Wir wünschen euch Gnade und Frieden von Gott,
unserem Vater,
und dem Herrn Jesus Christus!

Dank für die Gnade, die Gott schenkt
4 Ich danke meinem Gott immer wieder für die
Gnade,
die er euch durch Christus Jesus geschenkt hat.
5 Durch ihn hat Gott euch an allem reich gemacht:
Reich an der Fähigkeit zu reden
und reich an Erkenntnis.
6 In gleicher Weise hat Gott
der Botschaft von Christus
bei euch einen festen Grund bereitet.
7 Deshalb fehlt euch keine der Gaben,
die er in seiner Gnade schenkt.
So vorbereitet, erwartet ihr
das Erscheinen unseres Herrn Jesus Christus.

_Apostel: Wörtlich »Ausgesandter«. Jemand, der mit einem bestimmten Auftrag zu einem Adressaten geschickt wird.

_Christus/ Messias: Wörtlich »der Gesalbte«. Bezeichnet ursprünglich den durch Salbung im Auftrag Gottes eingesetzten König Israels, dann den von Gott versprochenen Retter für die Menschen.

_Bruder / Schwester: Das griechische Wort für Bruder bezeichnet sowohl männliche als auch weibliche Mitglieder der christlichen Gemeinde.

_heilig: Heilig ist in der Bibel alles, was zu Gott gehört und mit ihm in Verbindung steht.

_Heilige: Bezeichnung für die Anhänger von Jesus Christus.

_Name: →

_Gnade: →

_Friede: →

basisbibel.de/nt_747

1 KORINTHER

Die „Basisbibel" – ein Übersetzungsprojekt der Deutschen Bibelgesellschaft, das den Rezeptionsmustern des digitalen Zeitalters Rechnung zu tragen versucht; sie erscheint schrittweise seit 2008. Basisbibel. Neues Testament und Psalmen, ©2012 Deutsche Bibelgesellschaft, Stuttgart. www.basisbibel.de

den zeitgenössischen Kontext einzuzeichnen und zu übersetzen – und zwar nicht nur in die Sprache der Gegenwart, sondern auch in das Medienrepertoire der Zeit und, explizit oder implizit, in den sachlichen Verstehenshorizont der Zeitgenossen, die nach Alter, Bildungsvoraussetzungen, Interessen, Stilpräferenzen, Geschlecht usw. verschieden sind.

Luthers Bibelübersetzung als Auftakt und Impuls zur fortgesetzten Verdolmetschung und Hermeneutik der Schrift

Luthers Bibelübersetzung war nicht zuletzt deshalb ein solch gewaltiger Erfolg beschieden, weil ihre Publikation in die Zeit einer medientechnischen Revolution fiel: Der Buchdruck, der sich mit der Gutenberg-Bibel von 1452/53 eindrücklich für die Reproduktion der Heiligen Schrift als geeignet erwiesen hatte, ermöglichte deren Vervielfältigung in einer Zahl und Geschwindigkeit, die zuvor außerhalb menschlicher Vorstellungskraft lag – dazu noch zu einem relativ günstigen Preis. (siehe Kat. 121)

Ohne die Vielzahl der zwischenzeitlichen Innovationen bei Herstellung und Verbreitung von Printmedien ignorieren zu wollen, lässt sich sagen: In der Gegenwart sind wir Zeugen einer zweiten medientechnischen Revolution, der Digitalisierung. Sie ermöglicht nicht nur, Texte in bester Druckqualität bereitzustellen oder aber auf den Druck gänzlich zu verzichten; sie stellt darüber hinaus Texte raum- und zeitlos zur Verfügung und ermöglicht multimediale Aufbereitung und interaktive Nutzung.

Es liegt angesichts des Zusammenspiels von Technik und Hermeneutik bereits im Falle der Luther'schen Bibelübersetzung nahe, dass auch die Rezeption und Verarbeitung dieses neuerlichen medientechnischen Paradigmenwechsels bibelhermeneutische Anstrengungen verlangt und befördert – die „BasisBibel" der Deutschen Bibelgesellschaft ist ein Versuch der Übersetzung *„für das Zeitalter der elektronischen Medien [...]: mit klarer Sprache – neuer Übersetzung – optimierter Struktur – klarer Leserführung – frischem Design – crossmedial vernetzt und Hintergrundwissen im Web"* (https://www.die-bibel.de/online-bibeln/basisbibel/).

Die häusliche bzw. private Bibellektüre ist ausweislich der Kirchenmitgliedschaftsuntersuchungen der EKD nur mehr Angelegenheit einer Minderheit. Auch wenn unbenommen ist, dass viele Menschen andernorts, etwa in Filmen, in Literatur oder Kunst, auf biblische Inhalte und Texte aufmerksam werden (können), bleiben Schule und Gemeinde doch de facto die wichtigsten Lernorte der Bibel. Mit Blick darauf kommt indes zur Übersetzung stets die didaktische Reflexion als jeweils wieder neu notwendiger Erschließungsschritt hinzu: Die Bibel wurde und wird ja in Lehr-Lern-Settings nie als ganze gelesen. Selbst einzelne biblische Bücher, wie etwa das Markus-Evangelium, kommen nur selten als sog. Ganzschriften zum Einsatz. Vielmehr greift man um einzelner biblischer Zusammenhänge oder um bestimmter Themen willen auf einzelne biblische Geschichten zurück. Die Fragen nach den Kriterien ihrer Auswahl, nach einer wechselseitigen Erschließung von Lerngegenstand und Lernenden, nach didaktischen Arrangements und Methoden, nach der zu verwendenden Übersetzung und Gestalt der Bibel sind ihrerseits von Fall zu Fall zu beantworten, um Kindern und Jugendlichen *„Schlüssel zur Bibel"* (Peter Müller) in die Hand geben zu können.

Die – in der Praktischen Theologie verbreitete – Rede von der *„Kommunikation des Evangeliums in der digitalen Gesellschaft"* (Christian Grethlein) zeigt die Komplexität dieser Aufgabe.

Nicht unähnlich zu Luthers Bibelübersetzung erfordert die Bearbeitung dieser Aufgabe neben dem theologischen Ringen um Bedeutung und Kraft des Evangeliums

- die kritische Analyse von Kirche und Gesellschaft,
- hermeneutisches Vermögen und
- sprachkünstlerische, medial-expressive Begabung.

Schlussbemerkung

Luthers Bibelübersetzung ist eine historische Leistung im doppelten Sinne: Sie war zu ihrer Zeit herausragend und hat durch ihre Wirkung Geschichte geschrieben. Die Würdigung dieser Leistung ist nie fehl am Platz. Doch sie darf nicht darüber hinwegtäuschen, dass die expressive, theologische und hermeneutische Anstrengung, der sich Martin Luther mit solchem Erfolg unterzog, mit ihm nicht ein- für allemal abgegolten ist, sondern der Fortschreibung bedarf – davon vermag auch etwaig unzureichendes Vermögen oder mangelnder Erfolg entsprechender Bemühungen nicht zu entbinden. Vielmehr ist es eine Gnade, wenn Übersetzung und Mitteilung der Bibel auf Gehör und Resonanz stoßen.

Literatur

Albrecht Beutel, Luthers Bibelübersetzung und die Folgen, in: Evangelische Theologie 59 (1999), 1, 13–24.

Ders., Martin Luther. Eine Einführung in Leben, Werk und Wirkung, München 1991, Leipzig 2., verb. A. 2006, v. a. 98–107.

Christoph Kähler, Die Durchsicht der Lutherbibel 2017, in: Reformation – Bild und Bibel. Das Magazin zum Themenjahr 2015, Hannover 2014, 56 f. (www.reformation-bild-und-bibel.de).

Kirchenamt der EKD (Hrsg.), Rechtfertigung und Freiheit. 500 Jahre Reformation 2017, Gütersloh 2014.

Rainer Lachmann / Bernd Schröder (Hrsg.), Geschichte des evangelischen Religionsunterrichts in Deutschland. Ein Studienbuch, Neukirchen-Vluyn 2007.

Peter Müller, Schlüssel zur Bibel. Eine Einführung in die Bibeldidaktik, Stuttgart 2009.

Christine Reents / Christoph Melchior, Die Geschichte der Kinder- und Schulbibel: evangelisch – katholisch – jüdisch, Göttingen 2011.

Stefan Scholz, Bibeldidaktik im Zeichen der Neuen Medien: Chancen und Gefahren der digitalen Revolution für den Umgang mit dem Basistext des Christentums, Berlin / Münster 2012.

Bernd Schröder, „Was Hänschen nicht lernt ..."? Bibel und Religionsunterricht – ein Beitrag zur Kultur (nicht nur der Gegenwart), in: Michael Hüttenhoff / Wolfgang Kraus / Bernd Schröder (Hrsg.), Die Bibel und die Kultur der Gegenwart, St. Ingbert 2007, 221–266.

Ders., Religionspädagogik, Tübingen 2012.

Mirjam Zimmermann / Ruben Zimmermann (Hrsg.), Handbuch Bibeldidaktik, Tübingen 2013.

Die Wormser Propheten von 1527

Eine vorlutherische Teilübersetzung der Bibel

Ulrich Oelschläger

Die Wormser Propheten im Rahmen der Bibelübersetzungen ins Deutsche vor und in der Reformationszeit.

Vor Luthers Septembertestament von 1522 gab es bereits 14 vollständige hochdeutsche Bibeldrucke. Häufig waren die Übersetzungen jedoch fehlerhaft, zudem stieg im Zeitalter des Humanismus der Wunsch nach einer neuen Orientierung am hebräischen und griechischen „Originaltext". Hinzu kam, dass sich eine Mundartgrenzen überschreitende deutsche Schriftsprache erst langsam entwickelte. Diesen neuen Anforderungen stellten sich die Übersetzer der Reformationszeit. Luther hat diese Entwicklung wie kein anderer vorangetrieben. Dennoch wurde auch er im hochdeutschen Sprachraum nicht immer verstanden. So kommt den süddeutschen Übersetzungen und Drucken ebenfalls eine wichtige Bedeutung für die Kommunikation mit den Rezipienten zu. Mag deren Einfluss auf die Entwicklung einer neuhochdeutschen Schriftsprache vergleichsweise gering sein, ihre Bedeutung für den Aneignungsprozess der Bibel durch Laien ist in einer Zeit, in der sich die Schriftsprache erst langsam durchsetzte, wohl nicht zu unterschätzen. Geschäftstüchtige Drucker und Verleger stürzten sich geradezu auf fertiges Material, griffen zum Teil in die Texte ein und übten Termindruck auf die Übersetzer aus. Sobald ein biblisches Buch übersetzt war, wurde es gedruckt, sodass, bevor die erste vollständige „evangelische" Bibel im Jahre 1529 in Worms durch Peter Schöffer erschien (siehe Kat. 414), schon eine ganze Reihe von Teilübersetzungen vorlag. Luther hatte das Neue Testament in recht kurzer Zeit übersetzt, es erschien am 21. September 1522 und musste bereits im Dezember nachgedruckt werden. Umgehend machte er sich an die Übersetzung des Alten Testamentes, bereits 1523 lag der Pentateuch als Separatdruck vor. Zu Beginn des Jahres 1524 erschien „Das Ander teyl des alten testaments", der die historischen Bücher von Josua bis Esther umfasste (siehe Kat. 412), und im Oktober die poetischen Bücher (Hiob, Psalmen, Sprüche, Prediger, Hohes Lied) als dritter Teil. Die Übersetzung der prophetischen Bücher jedoch ließ auf sich warten. Die Ereignisse der folgenden Jahre, die Auseinandersetzungen mit den Täufern und „Schwärmern", mit Erasmus von Rotterdam über die Freiheit des Willens, der Bauernkrieg sowie die Differenzen mit Zwingli über die Abendmahlslehre, vielleicht auch sprachliche Schwierigkeiten, ließen die Arbeit ins Stocken geraten. So kamen 1526 lediglich Jes 9, 1–6, Jona und Habakuk, jeweils mit Auslegung, auf den Markt. Erst Ende 1527 / Anfang 1528 folgte Sacharja.

Die humanistisch außerordentlich gebildeten Täufer und Spiritualisten Hans Denck und Ludwig Hätzer konnten so 1527 mit ihrer Übersetzung, den Wormser Propheten (siehe Kat. 454–455), eine Marktlücke füllen. Das ist umso bedeutsamer, da doch gerade die Prophetenbücher aus christlicher, vor allem auch aus lutherischer Sicht neben den Psalmen den wichtigsten Teil des Alten Testamentes darstellen. Nach der zügigen Übersetzung der ersten drei Teile des Alten Testamentes durch Luther wartete man vergeblich darauf, dass „seine" Propheten bald folgten. So entstanden in Konkurrenz zueinander drei Prophetenübersetzungen: in Worms 1527, in Zürich 1529, in Wittenberg – vollständig – erst 1532.

Die Wormser Propheten – eine Teilübersetzung des Alten Testamentes vor Luther

Der Drucker Peter Schöffer

Peter Schöffer wurde 1460 in Mainz geboren und trägt den gleichen Namen wie sein Vater, der als Drucker mit Johannes Gutenberg in Mainz zusammenarbeitete. Seine Mutter war Christine Fust. Peter der Jüngere trat zusammen mit seinem Bruder Johann in die Fußstapfen des Vaters und wirkte als Drucker in Mainz, bevor er 1518 nach Worms zog und dort seine Druckerwerkstatt betrieb. Elf Jahre war er in Worms tätig und produzierte in dieser Pionierzeit des Buchdrucks eine Anzahl bedeutender Drucke. Spätestens seit 1523 hat Schöffer Schriften Luthers und der evangelischen Bewegung gedruckt.

Offensichtlich war er selbst Anhänger geworden. Zeitweise hatte er vermutlich sogar den Täufern nahegestanden. 1524/25 übernahm Schöffer den Auftrag, die englische Bibelübersetzung von William Tyndale zu drucken, der auf der Flucht vor der Inquisition nach Worms kam. Zuvor hatte er bereits ein Neues Testament nach Luthers Übersetzung von 1522 herausgebracht. 1525/26 druckte er ein lateinisches Werk von John Wyclif. Die Arbeiten des Wormser Druckers stehen an Schönheit und Präzision denen Gutenbergs in nichts nach. Er gehörte zu den ersten Druckern, der Noten mit beweglichen Metalltypen druckte. Deshalb unternahm er auch 1525 die Herstellung einer zweiten Auflage des „Geistlichen Gesangbüchleins" von Johann Walter, des ersten evangelischen Chorgesangbuchs, zu dem Luther die Vorrede schrieb. Krönender Abschluss seiner Tätigkeit in Worms, bevor er im Herbst 1529 nach Straßburg übersiedelte, war die „Wormser Bibel" von 1529, die erste gedruckte „Vollbibel" dieser Zeit, in der Schöffer die bereits erschienenen Teile der Lutherbibel mit der seit 1529 ebenfalls vorliegenden Zürcher Prophetenübersetzung verband. Schöffers Druckerei ist, nachdem er wegen seiner Nähe zu den Täufern in Zusammenhang mit deren Ausweisung Worms in Richtung Straßburg verlassen musste, in den Besitz des Druckers Wolfgang Köpfl übergegangen. Schöffer starb 1547 nach vorübergehendem Aufenthalt in Venedig in Straßburg.

Jesaia.

Allden kompts darzů/ das eyner eyn junge kalbern vñ zwey schäflin erzie/
hen wirt/ vnd wirt gar oft melcken/ das er doch butter zů essen hab/ dañ al
le die im land vberbleiben/ werden butter vnd hönig essen * Vnd am selbi
gen tag wirt eyn iedes ort in dem tausent rebstöck seind/ tausent silberling
werd geschätzt/ dañ es alles distel vnd dorn wirt sein/ dohin man nun mit
pfeiln vnd bogen gehen můß. Vrsach/ das gantz land wirt zů distel vñ do
ren/ also/ das du auch die berg nit wandlen wirdst mögē/ die man doch ietz
mit hawen vm̃hackt/ vor grawen der disteln vnd dorēn/ Aber ochsen wirt
man drein schlahen/ vnd die schaf werdens zůrtretten. * Er wil sprechen/
Zů so großer armůt werden sie kommen/ das sie nichts dañ allerschlechteste speiß zů essen haben
werden.

Das viij. capitel.

DEr HERR sprach zů mir: nim dir eyn gros bůch/ vñ schreib
drein mit eyns mensch griffel/ das er flux eile zů beuten. Fürd
dich zům raub. Vñ ich nam zwen warhafftige zeugen zů mir
Vria den priester/ vnd Sechar Ja/ den sun Jeberech Ja/ vnd
thet mich zůr prophetissiñ/ sie ward schwanger vnd gebar eyñ
sun. Do sprach der HERR zů mir: heyß jn/ Flux beüt/ Eil raub. Dann
ehe der knab wirt können růffen: mein vatter/ mein můtter/ so wirt er den
gwalt Damascon/ vnd den raub Samaria in beiweisen des künigs aus
Assyrien/ auffheben.

Weitter redt der HERR zů mir/ sagende: Darumb das dises volck dz
stillrinnend wasser Siloah außgeschlagen/ vnd sich mit Rezin vnd mit
dem sun Remal Ja erfrewet hat/ So wirt der Herr vil vñ starcke wasser
deß fluß * vber sie füren/ nemlich/ den künig aus Assyrien mit aller seiner
macht/ vnd diser fluß wirt vber alle jre bäch vnd gestad auffgehen.
Er wirt inn Juda rinnen/ er wirt vber vnd durch lauffen/ vnd bis an den
halß hinauff reychen/ Vnd o ImanuEl seine außgestreckte flügel werden
dein land/ so weit es ist/ erfüllen. * Deß fluß/ das ist der Euphrates.

O jr völcker schlahet drein vnd verhergt/ vnd jr alle von frembden lan/
den/ merckt auff/ rüstet euch vñ verhergt/ rüstet euch vnd verhergt. Rath
schlagt was jr wölt/ so wirts doch zů nicht/ bocht wie euch lust/ so wirt den/
nocht nichts draus. Vrsach * ImanuEl. * Das ist/ Gott ist mit vns.

Also redt der HERR mit mir/ als ob er mich bei der hand fasset/ vnd
vnderwise mich/ das ich in des volcks weg nit gieng/ sagende: Jr solt nitt
sprechen: Verbündtnuß/ wie dañ das volck mit allen menschen redt/ ver/
bündtnuß. Förchtet euch nit/ wie es thůt/ vnd seind vnerschrocken. Den
HERRN Zebaoth den solt jr heyligen/ er sei ewer forcht vnnd ewer schre/
cken/ Dann er wirt zů eyner heyligung/ vnnd zů eym steyn des anstossens/
vnd zů eym strauch velßen beyden heusern Jsraels/ zů eym strick vnd netz
dem inwoner zů Jerusalem. Vnd vil vnder jnen werden strauchlen/ fal/
len/ zůrmalen/ verstrickt vnd gefangen werden.

Verbinde du dise gezeugnuß/ versigel das gesatz an meinen jungern/
ich wird aber auff den HERRN warten/ der sein antlitz vor dem hauß
Jacob verbirgt. Jch wil auff jn harren. Nim war/ hie bin ich/ vnd die
kind die mir der HERR von dem HERRN Zebaoth der auff dem ber/
ge Zion wonet/ zů eynem zeychen vnnd wunder inn Jsrael geben hat.
Wenn sie

Jesaia. vij.

Weñ sie aber zů euch sprechen würdē: forscht die warsager/ die zeychen deu
ter/ die auf vogelgeschrey achtē/ od' die beschwerer. Sol nit eyn volck seinē
Gott forschen? Sol man die todten für die lebendigen forschen? Zům ge/
satzt vnd zůr zeugnuß: vnd so sie nit auff dise weis reden würden/ so werdē
sie keyn morgenrötte haben. Vnnd es wirt eyn verstockter vnnd eyn hun/
geriger durchs land ziehen/ vnd so ihn hungern wirt/ wirt er sich erzürnen
vnd vber sich wenden/ wider seinen künig vñ Gott flůchen. Er wirt auch
vndersich auffs erdtrich sehen/ vnnd sihe trübsal vnd finsternuß/ dann er
ist mit angst verfinstert/ vnd im tunckel verstossen. So in dem land dem
vor angst was/ keyn finsternuß mer sein wirt/ als im land Zebulon vnnd
Nephtali/ welchs er vormals geringert/ vñ darnach herrlich machet am
wege des mers/ jensid dem Jordan inn Galilea [a] der heyden/ sonder das
volck das im finsternuß wandelt/ sihet eyn groß liecht/ vñ es scheint häll
vber die im finstern land hausen/ Vñ dweil du die heyden merest/ [b] so ma/
chest auch der freuden vil/ dañ sie werden sich ja wol vor dir erfrewen/ wie
man sich in der ernd frewet/ vnd als man gůts můts ist/ so man die beutē
außteylt. Vrsach/ Das joch ires lasts/ vnd die růt irer schulter/ vnnd den
stab ires treibers hastu zůrbrochen/ alß zůn tagen Midian. Dann aller
krieg mit vngestüme/ vnd blůtig kleyd/ wirt verbrant vnnd durchs feur
verzert werden. Dann vns ist eyn kind geborn/ vns ist eyn sun geben/ deß
herrschafft auff seiner schulter ist/ vnnd er heyst wunderbar/ rath/ starck/
held/ allweg vatter/ fridfürst/ damit sein herrschafft groß werde/ vnd sein
frid vnentlich/ auff dem thron Dauids vnd seinem künigreiche/ das erß
zůrichte vnd stercke mit gericht vñ grechtigkeyt/ von ietzt an biß in ewig
keyt. Diß wirt der eifer deß HERRN Zebaoth thůn.
a Das ist/ grentz. b Der text mag auch also gelesen werden:
Vñ die weil du die heyden merest/ so minderst du die freud/ rc. mir gefellt die ander lection baß.

Das Neündt capitel.

DEr HERR hat eyn wort auff Jacob gesandt/ vnd ist auff
Jsrael gefallen/ vnd alles volck das in Ephraim vnd Sa
maria wonet wirts erfaren/ welchs in hoffart vnd in stoltz
ires hertzen spricht: Ziegel seind abgefallen/ so wöllen wir
nun mit ghawenen steynen bawē. Wilde feigenbeum seind
außgereütet/ ietz wöllen wir cederbeum an die statt pflan/
tzen. Aber der HERR wirt die krieger Rezin wider sie stercken/ vnd ire
feind zůsamen rotten/ die Syrier vornen/ die Philistiner dahinden/ vnnd
werden Jsrael eyns mals verschlinden. Noch ist ihm sein zorn in disem al
lem nit hin/ sonder sein hand ist noch außgestreckt. So hat sich das volck
auch nit zů dem der sie geschlagen hat/ bekert/ vnd nach dem HERRN
Zebaoth nit geforscht.

Vnd der HERR wirt kopff vnd schwantz/ stock vnd zweig eyns tags
von Jsrael abstümlen. Der alt/ vñ der eyns grossen ansehens/ ists haupt/
Der falschlerend prophet ist der schantz. Die weiser dises volcks seind ver
weiser worden/ vnnd die gewißnen seind gestürtzt/ der wegen wirt sich der
Herr seiner auserleßnen nit frewen/ vnnd sich seiner witwen vnnd weyß/
lin nit erbarmen/ dann das volck ist gar vnd gantz miteynander heuch/
B

Die sog. *Wormser Propheten*. Erste Übersetzung der Prophetenbücher aus dem Hebräischen durch Ludwig Hätzer und Hans Denck. Erster Druck in Folio vom April 1527 bei dem Wormser Drucker Peter Schöffer. Jesaja 7–9. Siehe Kat. 454.

Die Übersetzer

Die geistigen Väter der Wormser Prophetenübersetzung waren Hans Denck und Ludwig Hätzer. Das Motto Hätzers *„O Gott, erlös die Gefangenen"* ist Erkennungszeichen aller seiner Schriften und ziert auch die ersten beiden sowie weitere Ausgaben der Wormser Übersetzung. Beide, Denck und Hätzer, waren Randfiguren der frühen Täuferbewegung, die auch in Worms präsent war. In der kurzen Zeit des Aufenthalts der beiden in der Stadt erhielten die Täufer möglicherweise auch von ihnen Impulse. Beide hatten bei ihrer Ankunft in Worms bereits ein bewegtes Leben hinter sich.

Hans Denck, ca. 1500 in Heybach in Bayern geboren, studierte von 1517 bis 1519 in Ingolstadt und verschrieb sich dort den humanistischen Ideen. Auf Empfehlung des Reformators von Basel, Johannes Oekolampad, war er ab 1523 als Schulrektor in Nürnberg tätig. Beeinflusst durch Andreas Bodenstein von Karlstadt und Thomas Müntzer wurde er schon früh zum Kritiker der Reformation Luthers, die in seinen Augen zu wenig die innere Wandlung des Menschen förderte. So wurde er 1525 aus Nürnberg ausgewiesen, kam nach Sankt Gallen und lernte dort das Täufertum kennen. Danach führte ihn der Weg nach Augsburg, wo er Hans Hut taufte. Er wiederholte also die Taufe, die an diesem als Säugling schon vollzogen worden war, und qualifizierte sich damit als „Wiedertäufer". Seine geistige Strömung entsprach wohl eher dem Spiritualismus, der humanistische und mystische Einflüsse miteinander verband. Er war hochgebildet und seine Toleranz war seiner Zeit weit voraus. Von Augsburg ging er 1526 nach Straßburg, wo er vermutlich Ludwig Hätzer begegnete und möglicherweise schon mit den Vorarbeiten zur Prophetenübersetzung begann. Am 24. Dezember wurde Denck aus Straßburg vertrieben und kam über Bad Bergzabern und Landau Ende Januar 1527 nach Worms. Auch dort konnte er nicht lange bleiben. Bald nach dem Anschlag der Sieben Thesen des Predigers Jacob Kautz an die Tür der Dominikanerkirche am 9. Juni 1527 erfolgte die Ausweisung der Täufer, die neben Kautz und anderen auch Denck und Hätzer betraf. 1528 und 1529 wurden die inzwischen reichsweit erlassenen Verfügungen gegen die Täufer konsequent durchgesetzt. Denck setzte sein Wanderleben durch Süddeutschland und die Schweiz fort und starb noch im Jahr des Erscheinens der Wormser Propheten, im November 1527, in Basel an der Pest. Die Aufenthaltsgenehmigung in Basel hatte er nur durch einen Widerruf erwerben können.

Ein ebenso bewegtes Leben führte **Ludwig Hätzer**. Er wurde um 1500 in Bischofszell geboren und erhielt ebenfalls eine vorzügliche humanistische Ausbildung, die auf ein intensives Studium in Basel, einschließlich eines Hebräisch-Studiums, schließen lässt. 1523 hatte Hätzer in Zürich Kontakt zum Umfeld Zwinglis. Radikaler als Denck, verfasste er im selben Jahr eine Schrift gegen die Bilder in der Kirche gemäß dem alttestamentlichen Bilderverbot. Bald kam es in Zürich zu Auseinandersetzungen über die Kindertaufe. Hätzer fühlte sich von Zwingli verraten. Schließlich hatte dieser ihn durch die Einsetzung als offizieller Protokollant der zweiten Zürcher Disputation vom 26.–28. Oktober 1523 gefördert. Im Rahmen des Bilderstreits erfuhr Hätzer als Autor der wirkungsvollen Bilderschrift so eine besondere Auszeichnung. 1525 wurde er jedoch ausgewiesen. Sein Weg führte ihn durch Süddeutschland. Immer wieder hatte er auch Kontakt zu „anerkannten" Reformatoren, wie erneut Zwingli, Oekolampad oder Bucer und Capito. In Augsburg und Straßburg begegnete er Hans Denck. Die Freundschaft und Zusammenarbeit der beiden begann und führte sie nach ihrer Ausweisung aus Straßburg in Worms zusammen. Nach Denck traf Hätzer im Februar 1527 dort ein. Als sie Worms im Juni verlassen mussten, trennten sich ihre Wege. Auch Hätzer durchwanderte Süddeutschland. 1529 wurde ihm der Prozess wegen Unzucht und Bigamie gemacht. Er wurde zum Tode verurteilt und am 4. Februar in Konstanz enthauptet. In wie fern die Anklage auf Tatsachen beruht, lässt sich aus den Quellen nur schwer ermitteln. Die unterschiedlichen Bewertungen hängen, wie häufig im Bereich Täufertum, vom eigenen Standort ab. In Luthers Tischreden ist gar von 24 Fehltritten die Rede. Dass man mit dem Sittlichkeitsprozess ein probates Mittel gefunden hatte, einen unliebsamen Abweichler loszuwerden, ist aber wahrscheinlich. Hätzer stand der Täuferbewegung zwar nahe, einer ihrer typischen Vertreter war er sicher nicht. Im Gegensatz zu Denck, ist von ihm nicht bekannt, dass er an einem Erwachsenen die Taufe vollzogen hätte.

Die Wormser Prophetenübersetzung

Geschichte und Verbreitung

Am 13. April 1527 erschien bei Peter Schöffer in Worms die erste Ausgabe dieser Teilübersetzung unter dem Titel: „Alle Propheten nach Hebraischer sprach verteutscht", und zwar zunächst im Oktav-, dann, mit Wiederholung des gleichen Datums, im Folioformat. Schöffer druckte die Übersetzung im gleichen Jahr, und zwar am 7. September, noch ein drittes Mal im Sedezformat, ca. 6 x 9 cm, also im Taschenformat, das allerdings dadurch sehr dick wurde. Das Folioformat war 152, das Oktavformat 328, das Sedezformat 439 Blatt stark. Die Wormser Stadtbibliothek besitzt zwei Exemplare, das Oktav- und das Sedezformat. Die ersten beiden Ausgaben enthalten eine auf den 3. April datierte Vorrede Ludwig Hätzers sowie sein Motto „O Gott erlöß die gefangnen". Die Septemberausgabe lässt sowohl Vorrede als auch Motto weg.

Die Wormser Propheten wurden dann innerhalb der ersten beiden Jahre, 1527 und 1528, in zehn separaten Ausgaben veröffentlicht, bis 1531 sind es zwölf. Am 4. Februar 1529 ist Hätzer in Konstanz hingerichtet worden, fast drei Jahre danach, am 4. November 1531 erschien der letzte Einzeldruck. In Wolfgang Köpfls 1530 in Straßburg gedruckter Mischbibel werden die Prophetenteile, die Luther noch nicht übersetzt hatte, aus den Wormser Propheten ergänzt. Selbst die Köpflschen Ausgaben von 1535/36 benutzen noch die Wormser Prophten. Ähnlich der oben beschriebenen raschen Verbreitung der Teildrucke der Lutherbibel fanden auch die Wormser Propheten guten Absatz, sonst wären sie nicht in so kurzer Zeit so oft verlegt worden. Dabei erlaubt die dichte Folge von Nachdrucken in dem ersten Jahr nach Erscheinen (13. 4. 1527 – 25. 6. 1528) wohl einen Rückschluss auf besonders große Nachfrage in der Zeit unmittelbar danach. Wie viele Exemplare im Umlauf waren, ist schwer zu sagen. Für Luthers Septembertestament wird eine Auflagenhöhe von ca. 2000 angenommen. Eine Übertragung auf die Wormser Propheten wird durch die zu beobachtende regionale Beschränkung zumindest der Druckorte erschwert. Die Teilbibel wird in Worms (4-mal), Augsburg (7-mal von 2 Druckern) und Hagenau (1-mal) gedruckt. Hinzu kommt die Verwendung in Mischbibeln aus Straßburg und Basel. Bekannt ist auch eine Zensurmaßnahme in Nürnberg. In der Stadt, aus der Hans Denck 1525 ausgewiesen wurde, wurde im Mai 1527 der Verkauf dieser Übersetzung verboten. Kalkuliert man Verkehrs- und Nachrichtenwege im frühen 16. Jh. mit ein, lässt das einerseits auf die hohe Geschwindigkeit der Verbreitung der ersten Ausgabe schließen, zeigt andererseits aber, dass Denck und Hätzer als Übersetzer aufgrund ihrer Nähe bzw. Zugehörigkeit zum Täufertum partiell schon früh auf Ablehnung stießen. Letzteres zeigt auch der Wegfall von Motto und Vorrede in sechs Ausgaben seit 1527. Gleichwohl scheint die Annahme einer Verbreitung der Wormser Propheten vornehmlich im süddeutschen Raum wohl mehr als berechtigt.

Sprachlich ist eine größere Nähe der Wormser Propheten zu Zwinglis Zürcher Bibel als zu Luther festzustellen. Obwohl die Übersetzung in Worms gedruckt wurde, war Hätzers oberdeutsche bzw. alemannische Sprache dem oberdeutschen Zürcher Dialekt näher als Luthers ostmitteldeutscher Sprache. So verwenden Worms und Zürich „bühel“ anstelle von „hügel“ bei Luther (Jes 2,2), das Flächenmaß „Juchart“ in der Wendung „zehen juchart reben“ (WO), „zehen juchart raeben“ (Z) statt 1528 bei Luther gebrauchtem „zehen ackers weinberges“. Die Vermutung einer starken Verbreitung der Wormser Propheten in der Schweiz wird öfter ausgesprochen, ebenso die, dass in Amerika – bedingt durch die Migration der Täufer – noch heute Exemplare zu finden seien. In der Literatur wird von 80–100 Exemplaren gesprochen, die heute noch vorhanden seien. Beachtet man die unterschiedlichen Formate der Ausgaben, von denen die siebte mit Losung / Motto und Vorrede gar als Folioprachtausgabe bezeichnet wird, die vierte hingegen im Taschenformat gedruckt wurde, wird man eine gewisse soziale Streuung in den Käuferschichten vermuten dürfen. Allein, dass Schöffer unter dem gleichen Datum in unmittelbarer Folge zwei verschiedene Formate druckt, lässt Vermutungen in diese Richtung zu. Schon im September 1527 lässt Schöffer die Vorrede und das Erkennungszeichen Hätzers weg. Das am 22. Juni 1527 bei Silvan Ottmar in Augsburg gedruckte Exemplar enthält beides, wie auch die Exemplare vom 14. Dezember 1527 und vom 24. Februar 1528, von Heinrich Steiner in der gleichen Stadt gedruckt. Die beiden am 25. Juni 1528 und am 19. Mai 1530 bei Steiner gedruckten Exemplare enthalten immerhin noch die Losung „O Gott, erlöß die gefangnen“ als untrügliches Kennzeichen des Übersetzers. Erst in seiner Ausgabe vom 4. November 1531, nahezu drei Jahre nach der Hinrichtung Hätzers, lässt auch er die Losung weg. Dass Schöffer bereits in seiner dritten Ausgabe vom September 1527 und erst recht in der vom 19. Juni 1528 beides weglässt, ist wohl auf Unruhen in Worms in diesen Jahren, vor allem 1527 und in der Täuferszene, zurückzuführen: Denck und Hätzer hatten bei ihrer Ankunft in Worms im Januar bzw. Februar 1527 möglicherweise bereits eine Täufergemeinde vorgefunden oder Impulse zur Bildung einer solchen gegeben. Wenn auch anzunehmen ist, dass sich beide in der Öffentlichkeit zurückhielten, um in Stille ihre Arbeit an der Prophetenübersetzung zu vollenden, geraten sie wohl doch in die Auseinandersetzungen der Täuferszene hinein. Am 9. Juni führte der seit 1524 in Worms tätige lutherische Prediger Jacob Kautz durch den Anschlag von sieben Disputationsthesen, die in etwa die theologischen Positionen Hans Dencks wiedergaben, die Ausweisung der Täufer in Worms herbei. Der Vorgang zog sich lange hin. Kautz hatte schon im März eine Mahnung erhalten, die Thesen schließlich riefen die Straßburger Reformatoren auf den Plan, die den Stadtrat auch vor Denck warnten. Im Verlauf des Julis wurden wohl die meisten Täufer, wenn nicht alle, aus der Stadt getrieben. Denck und Hätzer hatten die Stadt zu diesem Zeitpunkt schon verlassen. Vor diesem Hintergrund ist Peter Schöffers Entscheidung, seine dritte und vierte Ausgabe ohne jegliches Erkennungszeichen der Übersetzer zu drucken, leicht zu erklären, zumal er sowieso im Verdacht stand, den Täufern nahe zu stehen. Dies trug auch zu seiner Vertreibung im Jahre 1529 bei. Für Schöffer war es wohl eher eine Maßnahme der Vorsicht denn der wirklichen Distanzierung. Noch 1528 erwarb er eine Ausgabe der „Theologia Deutsch“, die am Ende die sogenannten „etlichen Hauptreden“ enthält, die auf Denck oder Hätzer zurückzuführen sind, sowie Hätzers Losung. Andererseits verwendet Schöffer bei der Herausgabe der ersten vollständigen Bibelausgabe, die 1529 in Worms erscheint, nicht die Wormser Propheten, sondern er kombiniert die drei von Luther übersetzten Teile des Alten Testamentes mit der Zürcher Prophetenübersetzung. 1530 wird bei Köpfl in Straßburg Leonhard Brunners Kon-

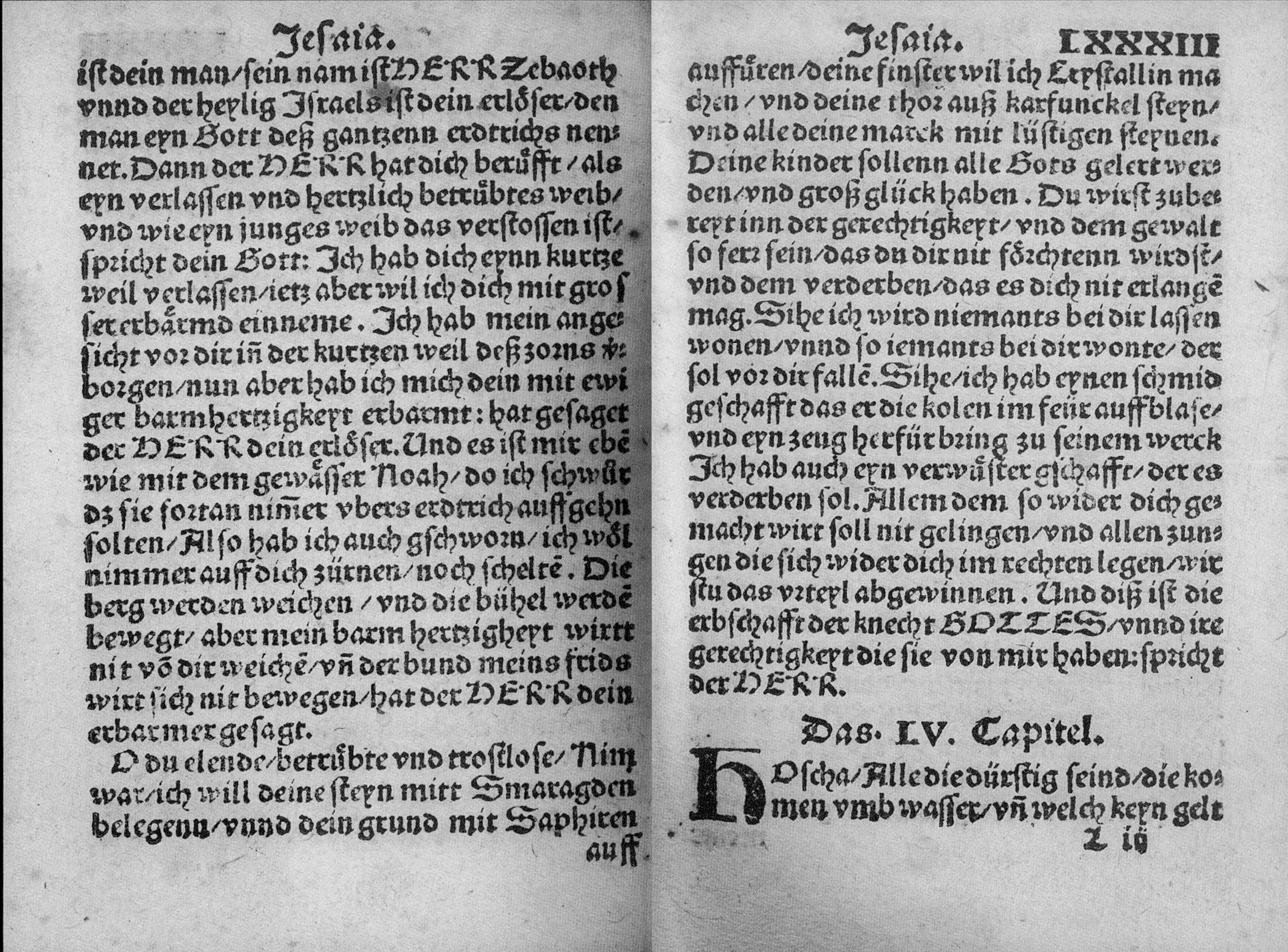

Jesaia.
ist dein man/sein nam ist HERR Zebaoth
vnnd der heylig Israels ist dein erlöser/den
man eyn Gott deß gantzenn erdtrichs nen-
net. Dann der HERR hat dich berüfft/als
eyn verlassen vnd hertzlich betrübtes weib/
vnd wie eyn junges weib das verstossen ist/
spricht dein Gott: Ich hab dich eynn kurtze
weil verlassen/ietz aber wil ich dich mit gros
ser erbärmd einneme. Ich hab mein ange-
sicht vor dir iñ der kurtzen weil deß zorns ver-
borgen/nun aber hab ich mich dein mit ewi
ger barmhertzigkeyt erbarmt: hat gesaget
der HERR dein erlöser. Und es ist mir ebē
wie mit dem gewässer Noah/ do ich schwůr
dz sie fortan nim̃er vbers erdtrich auffgehn
solten/Also hab ich auch gschworn/ich wöl
nimmer auff dich zürnen/noch scheltē. Die
berg werden weichen / vnd die bühel werdē
bewegt/ aber mein barm hertzigkeyt wirt
nit vō dir weichē/vñ der bund meins frids
wirt sich nit bewegen/hat der HERR dein
erbarmer gesagt.
O du elende/betrůbte vnd trostlose/ Nim
war/ich will deine steyn mitt Smaragden
belegenn/vnnd dein grund mit Saphiren
auff

Jesaia. LXXXIII
auffüren/deine finster wil ich Crystallin ma
chen/vnd deine thor auß karfunckel steyn/
vnd alle deine marck mit lüstigen steynen.
Deine kinder sollenn alle Gots gelert wer-
den/vnd groß glück haben. Du wirst zube-
reyt inn der gerechtigkeyt/vnd dem gewalt
so ferr sein/das du dir nit förchtenn wirdst/
vnd dem verderben/das es dich nit erlangē
mag. Sihe ich wird niemants bei dir lassen
wonen/vnnd so iemants bei dir wonte/der
sol vor dir fallē. Sihe/ich hab eynen schmid
geschafft das er die kolen im feür auffblase/
vnd eyn zeug herfür bring zu seinem werck
Ich hab auch eyn verwůster gschafft/der es
verderben sol. Allem dem so wider dich ge-
macht wirt soll nit gelingen/vnd allen zun-
gen die sich wider dich im rechten legen/wir
stu das vrteyl abgewinnen. Und diß ist die
erbschafft der knecht GOTTES/vnnd ire
gerechtigkeyt die sie von mir haben: spricht
der HERR.

Das. LV. Capitel.

HOscha/Alle die dürstig seind/die ko-
men vmb wasser/vñ welch keyn gelt
L iij

Die *Wormser Propheten*. Kleinformatige Sedezausgabe vom September 1527. Jesaja 54–55. Siehe Kat. 455.

kordanz gedruckt. Er war der erste 1527 in Worms offiziell bestellte lutherische Prediger und kam aus Straßburg. Lange sah man in Brunner den Kompilator der seltenen Wormser Bibel von 1529, jedoch ist das kaum möglich, denn Brunners Angaben bezüglich der Propheten beziehen sich auf die Übersetzung Dencks und Hätzers, die ja in dieser Ausgabe nicht verwendet wurde.

Auch bei anderen Drucken ist nach Schöffer die Tendenz vorhanden, Hätzers Visitenkarte wegzulassen. Dass Heinrich Steiner in Augsburg erst 1531 sowohl Motto als auch Vorrede Hätzers weglässt, mag sowohl an der Konvention seiner Druckerei liegen als auch an der im Vergleich zu Schöffer geringeren persönlichen Gefahr. Erstaunlich bleibt, dass trotz der Zuordnung zur Täuferszene und der dadurch bedingten Zensurmaßnahme in Nürnberg zehn Separatausgaben gedruckt werden und bis 1531 zwölf Einzelausgaben vorliegen. Dass die Wormser Übersetzung bis 1536 zur „Auffüllung" der Straßburger Mischbibeln Verwendung findet, unterstreicht die Bedeutung dieser Übersetzung . Es zeugt von der großen Nachfrage nach deutschen Bibeln, dem wirtschaftlichen Interesse der Drucker und der mehr oder weniger objektiven Würdigung einer Übersetzung, die zwar ursprünglich eine „täuferische" Visitenkarte enthielt, aber hauptsächlich eine philologisch-humanistische Arbeit war. Gemäß humanistischer Tradition waren Denck und Hätzer vor allem um den „Wortsinn" der Schrift bemüht. So sind denn die nicht selten angebrachten Fußnoten zu einzelnen Stellen vor allem philologische Erläuterungen. Die streng philologische Arbeit, vor allem die – heutigen wissenschaftlichen Anmerkungen vergleichbaren – „Fußnoten", finden nicht nur Beifall.

„Es sind Juden dabei gewest.“

Die Anmerkungen Dencks und Hätzers scheinen insbesondere bei Luther den Verdacht einer Zusammenarbeit der Übersetzer mit Juden zu stützen. Luthers hermeneutischer Schlüssel für das Alte Testament, *„was Christum treibet“*, scheint auch seine spätere Beurteilung der Wormser Propheten geleitet zu haben. Im Zusammenhang der Auslegung der letzten Worte Davids (Ps 89, 29, 35, 40) äußert sich Luther wohl zum letzten Mal zu dieser Übersetzung. Er führt aus, dass wie in der gesamten Bibel Christus ihm auch hier Mittelpunkt all seiner Arbeit war. Darin weiß er sich von aller rein philologisch orientierten Bibelübersetzung geschieden. Als Beispiel einer Übersetzung, die Luther ablehnt, nennt er dann eine Stelle, an der sein Text von dem der Wormser Propheten charakteristisch abweicht. Denn dort berufen sich Denck und Hätzer auf ihre bei Rabbinern geholte Auskunft. Luther aber sagt, er wolle stattdessen lieber *„St. Augustin und der Väter Verstand“* wählen, weil diese Christus folgten. Der Augustinermönch Luther, der sich gern „allein auf die Schrift“ beruft, steht hier ganz in katholischer Tradition und setzt auf die Kirchenväter und besonders auf den Schutzpatron seines Klosters, den heiligen Augustinus (354–430). Die Wormser Propheten sind ihm wegen ihrer – wir würden sagen ‚wissenschaftlichen‘ – Anmerkungen verdächtig: *„Ich ließe die Juden mit ihrem Verstand und Buchstaben zum Teufel fahren und führe mit St. Augustinus Verstand ohne ihre Buchstaben zum Himmel.“* (Luther) Danach steht Luther, dem man in seiner exegetischen Arbeit über die Vermittlung von Nikolaus von Lyra durchaus eine Abhängigkeit vom jüdischen Gelehrten Raschi attestiert, bei aller philologischen Modernität doch sehr in kirchlicher Tradition. Bei Denck und Hätzer ist direkte jüdische Mithilfe wahrscheinlich. Für Luther hingegen hätte eine solche nicht zur Diskussion gestanden. In einer Anekdote über Luthers zehntägigen Aufenthalt in Worms 1521 wird erzählt, dass zwei Juden Luther in seiner Herberge besucht, ihm sogar Wein geschenkt und mit ihm über hebräisch-deutsche Übersetzungsprobleme diskutiert hätten, über die sich die Juden zerstritten hätten. Im „Sendbrief vom Dolmetschen“ (siehe Kat. 425) schreibt Luther1530: *„Ah es ist dolmetzschen ja nicht eines iglichen kunst, wie die tollen Heiligen meinen. Es gehoeret dazu ein recht, frum, trew, vleissig, forchtsam, Christlich, geleret, erfarn, geuebet hertz, Darum halt ich, das kein falscher Christ noch rottengeist trewlich dolmetzschen koenne; wie das wol scheinet inn den prophetenn zu Wormbs verdeutschet, darinn doch warlich großer vleis geschehen, und meinem deutschen fast nach gangen ist. Aber es sind Jueden dabei gewest, die Christo nicht grosse hulde erzeiget haben, sonst were kunst und fleiß genug da.“* Die Mitarbeit von Juden an der Übersetzung von Denck und Hätzer scheint für Luther geradezu ein Ablehnungsgrund für deren Arbeit zu sein. Auch Zwingli äußert sich negativ über die Wormser Propheten. In seiner Vorrede zu den Zürcher Propheten von 1529 geht er auf die bisherigen Übersetzungen ein, zunächst auf die Wormser Propheten. Philologische Einwände gegen die *„fleißig und wortgetreu aus dem Hebräischen übersetzten“* ‚Wormser Propheten‘ vermag er nicht vorzubringen. Seine Ablehnung begründet er theologisch. Insbesondere die antitrinitarische Tendenz bei Hätzer, der die Gottheit Christi leugnete, Dencks Allversöhnungslehre, die Einstellung gegenüber der Obrigkeit, eine neue Werkgerechtigkeit und andere Elemente waren für Zwingli Stein des Anstoßes: *„Wär wolt jaa sölichen getrüwen [= (zu)trauen], daß sy die ort in den propheten, die vonn Christo, dem behalter der welt, waarem menschen unnd gott, lutend unnd gewyssaget sind, getrüwlich handletend, so Christus vonn inenn gott sin unnd für aller menschen sünd genuog gethon und bezalt haben, verneynt wirdt?“* Von der Mitarbeit von Juden ist hier nicht die Rede. Allerdings ist auffällig, dass er die dogmatischen Vorbehalte auch mit der „häretischen Trinitätslehre“ der Übersetzer, ohne indes ihre Namen zu nennen, begründet und ihnen nicht zutraut, die christologisch relevanten Prophetenstellen korrekt zu übersetzen. Das trifft sich ja durchaus mit einem der Vorbehalte Luthers, die letzterer allerdings auf jüdischen Einfluss zurückzuführen scheint. Überhaupt war der Vorwurf des Judaisierens verbreitet und wurde Reformatoren gern gemacht. Zum Erlernen des Hebräischen war die Zusammenarbeit mit Juden, oft mit konvertierten, wichtig. Ludwig Hätzer nimmt1523 von Silvan Ottmar den Auftrag an, die Schrift: *„Quod // Judaei Messiam / Qui // venit ceu venturum / temere // expectent Libellus sane // doctus Rabi Samuelis“* [„Ain Beweisung /Daß der wahre Messias gekommen sei.“] zu übersetzen. Die Schrift war 1085 von dem in Toledo konvertierten Rabbi Samuel Maroccanus verfasst und von dem Dominikaner Alfons Bonihominis aus dem Arabischen ins Lateinische übersetzt worden. Ist dies vielleicht ein Hinweis auf die Kontakte, die Denck und Hätzer mit Juden pflegten? Die neuere Literatur geht eher davon aus, dass eine solche Mithilfe stattgefunden hat. Hans Volz geht in der dritten Abteilung der Weimarer Lutherausgabe, „Die Deutsche Bibel“, in seinem Exkurs: „Hat Luther bei seiner Prophetenübersetzung die Wormser Propheten von 1527 benutzt?“ auf diese Frage ein: *„Daß Hätzer und Denck tatsächlich jüdische Rabbiner als Helfer herangezogen haben, ergibt sich aus den öfters in Anmerkungen zitierten (jüdischen) Lesarten („Ettliche lesen …“; vgl. z. B. zu Jes. 3,12; 19,6; 30,8 u. 20; 48,10; Jer. 5,8; 49,20; Hes. 28,23; 34,16; 40,43; Hos. 10,10; Joel 1,17; 4,26; Am. 7,14; Nah. 2,4;); vgl. auch die Anm. zu Hes. 21,23: „Die Juden verstehn hie bei die Ammoniter …“.* Bei näherer Untersuchung des mir vorliegenden von Schöffer 1527 gedruckten Foliobandes sind in der Tat die Anmerkungen auffällig. Die aus Mischna und Talmud geläufige Auflistung alternativer Positionen findet sich auch in rabbinischen Bibelkommentaren.

Die zu Beginn des 16. Jhs. gedruckten Rabbinerbibeln, die Complutensis, die von Daniel Bomberg 1524 in Venedig gedruckte hebräische Konkordanz und möglicherweise auch Oekolampads lateinische Jesaja- und Danielkommentare und Reuchlins 1506 erschienenes Lehrbuch „De rudimentis Hebraicis“ könnten zu den Hilfsmitteln Dencks und Hätzers gehört haben. Für uns besonders bedeutsam sind die Ausgaben der Rabbinerbibeln. Zunächst druckte Daniel Bomberg 1516/17 die des Felix Pratensis, die bereits in Handschriften vorlag. Im Druck wurden zum ersten Mal für die Propheten und Verfasser von Heiligenleben (Hagiographen) der Targum (die aramäische Übersetzung der Tora) und zu einzelnen Büchern bis dahin ungedruckte Kommentare beigegeben, ebenso gibt diese Ausgabe bereits Hinweise auf abweichende Textzeugen. Bedeutender ist sicher die zweite von Bomberg gedruckte Rabbinerbibel, die 1525 (siehe Kat. 214) erschien. Hier konnte er Jakob ben Chajim ibn Adonija für die Mitarbeit gewinnen, den Grammatiker Elias Levita und andere jüdische Gelehrte. Jakob ben Chajim hat für diese Ausgabe den masoretischen Text so hergestellt, wie er noch in der Gegenwart in der Biblia Hebraica von Rudolf Kittel zugrunde lag. Mit dem Bibeltext waren hier der Targum Jonathan sowie zu den Propheten die Kommentare von Raschi und Abraham ibn Esra abgedruckt. Eine größere Nähe von Denck und Hätzer am hebräischen Text im Vergleich zu Luther ist im Einzelnen auch anhand der mittelalterlichen Kommentare nachweisbar. Jedenfalls spricht manches dafür, dass Denck und Hätzer die jüdische Auslegungstradition gekannt und auch sonst gelehrte Vorarbeit geleistet haben.

In der Vorrede Hätzers finden sich einige Andeutungen, die eine längere Beschäftigung mit dem Gegenstand vermuten lassen. Nach einer Einleitung, in der sich Hätzer, nachdem er allen Menschen *„ware erkantnuß des vatters durch Jesum Christum den sun“* gewünscht hat, als Vollstrecker des göttlichen Willens bezeichnet, informiert er über die Vorarbeit und über die Hilfe von Hans Denck. So ist zu vermuten, dass die beiden Übersetzer wohl schon in Straßburg Kontakt aufgenommen und schon etwas an geleisteter Vorarbeit im Gepäck hatten. Hätzer hatte 1526 das Buch des Propheten Maleachi aus der lateinischen Übersetzung des Basler Reformators Oekolampad samt dessen Auslegung ins Deutsche übertragen. Mit der Übersetzung des Propheten Jesaja aus dessen Vorlage hatte er begonnen und das 36. und 37. Kapitel waren 1526 bei Silvan Ottmar in Augsburg gedruckt worden. Ein Vergleich zwischen der ersten Übersetzung des Propheten Maleachi aus dem Lateinischen und dem Propheten Maleachi in den Wormser Propheten zeigt, dass die erste Übersetzung aus dem Lateinischen durch Hätzer hier wohl lediglich nach dem hebräischen Text redigiert wurde. Die Veränderungen haben auch zu der Bewertung geführt, Denck komme der größere Anteil an dem Werk zu. Möglicherweise kommt ihm der Verdienst zu, den Impuls gegeben zu haben, Jesaja einschließlich Kapitel 36 und 37 neu aus dem Hebräischen zu übertragen. Bei Maleachi, dem letzten Propheten des Alten Testaments, hat man sicher unter Zeitdruck gestanden, da das Buch rechtzeitig zur Frühjahrsmesse fertig sein sollte, und sich deshalb mit einer Überarbeitung begnügt und zum Beispiel das polemische Wort „Pfaffe“ in der endgültigen Übersetzung durch das philologisch nüchternere „Priester“ ersetzt. Denck ist allerdings mit Arbeiten an den Propheten im Gegensatz zu Hätzer vor 1527 nicht hervorgetreten. Außerdem hat Hätzer schließlich durch Vorrede und Motto das Buch als sein Werk ausgegeben. Letztlich bleibt festzustellen, dass die Anteile der Beiden nicht ganz auseinanderzuhalten sind.

Das bisher Dargestellte bestätigt Hätzer im weiteren Text. Der Anstoß, Jesaja zu übersetzen, war gegeben. Es sollte eine philologisch korrekte Übertragung werden ohne Auslegung. Der Impuls, in Folge alle Propheten zu übersetzen, war offenbar nicht nur ein innerer, sondern wurde von außen verstärkt. Wer „die vielen anderen Brüder“ waren, die die Beiden laut Vorrede zusätzlich motivierten, darüber kann man nur spekulieren. Der spätere gute Absatz des Werkes legt die Vermutung nahe, dass es nicht nur Freunde aus der Täuferszene waren. Im für die Frage nach jüdischer Beratung wichtigsten Abschnitt der Vorrede weist Hätzer auf die Akribie der gemeinsamen Arbeit hin. Jede mündliche Auskunft war willkommen, nichts wurde verachtet, kein Lesen unterlassen. Dies mag meines Erachtens ein Hinweis auch auf die Konsultation jüdischer Gelehrter sein. Doch scheint Hätzer die oben zitierten dogmatisch motivierten Vorbehalte Luthers und Zwinglis in allgemeiner Form vorausgesehen zu haben, wenn er davon spricht, dass er in dieser *„argen Zeit“* mit Leuten rechnet, denen nichts gefällt, es schmecke denn *„nach ihrer eigenen Küche“*. So fährt Hätzer dann in der Vorrede fort mit einem Appell an die Toleranz, nicht über Unbekanntes zu richten, auch anzuerkennen, dass es leicht ist, eine Sache vorschnell zu verdammen, wenn man nicht zu allem ja sagen kann, es zum Nachmachen aber *„warlich mehr schnaufens“* brauche. Dann räumt er ein, dass sie mit ihrer Übersetzung selbst nicht immer zufrieden seien, einmal *„von wegen der verborgen geheymnussen so die propheten ettwan verdeckt anzeygen“*, zum andern *„von wegen der kurtz abgebrochnen art Hebraischer sprach“*. Schließlich bietet er auch an, die eigene Übersetzung beiseite zu legen, wenn es eine bessere geben sollte. So enthält Hätzers Vorrede Hinweise auf eine breit angelegte Forschungsarbeit im Dienste der Übersetzung. Zu den Hinweisen von Hans Volz auf die Anmerkungen in der Übersetzung kann man noch einige aufschlussreiche Ergänzungen anbieten. Als Beispiel kann Obadja Vers 20 dienen: Zarpat und Sefarat (Zarphath und Sepharad) beziehen Denck und Hätzer in einer Anmerkung gemäß der jüdischen Tradition auf Frankreich und Spanien. So ist der Ausdruck „Sephardim" oder „sephardische Juden" im Unterschied zu den Aschkenasischen gebräuchlich geworden. Der Bezug von Sepharad auf Spanien ist im Judentum seit dem 8. Jh. Usus. Früh belegt ist er im Targum Jonathan, was ein Anzeichen für eine Benutzung der zweiten Rabbinerbibel von Bomberg sein könnte. Ein zweites Beispiel soll Sach 9,9 sein. Luther kommentiert die Stelle zwar nicht, aber die ganze Stelle *„Tochter Zion frewe dich seer …"* ist in Majuskeln gedruckt und dadurch wegen ihres für Luther eindeutigen Bezugs auf die Weihnachtsgeschichte hervorgehoben. Denck und Hätzer übersetzen, wo Luther das Wort „Helfer" gebraucht, „Heyland", das sie aus dem Hebräischen folgendermaßen erklären: *„dem geholffen wirt / das ist der mit seinem volck durch gottes krafft bestehn vnd die feind vberwinden wirt."* Philologisch korrekter Analyse wird der Vorzug vor christologischer Interpretation gegeben.

So verdichten sich die Hinweise auf eine Zusammenarbeit von Denck und Hätzer mit Juden immer mehr. Zwar bleiben Denck und Hätzer in der Anordnung der Propheten in der Ordnung christlicher Tradition, in der Daniel zu den ersten vier „großen" Propheten zählt, während er in der jüdischen Tradition zu den „Schriften" zählt. Insbesondere die Anmerkungen lassen – wie schon erwähnt – eine Kenntnis jüdischer Positionen vermuten. Bleibt die Frage, woher sie ihre Informationen hatten, zumal die Annahme, sie hätten alle möglicherweise benutzten Bücher im Reisebesitz als Eigentum mitgeführt, schwer fällt. Die Kontakte zur jüdischen Gemeinde in Worms lassen sich also nicht vollständig ausschließen.

Die Wormser Propheten als Vorlage?

Zwei Jahre nach dem Erscheinen der ersten vollständigen Lutherbibel meldete sich schon 1536 Luthers Zeitgenosse Georg Witzel zu Wort, der mit großer Gelehrsamkeit große Teile des Alten Testamentes scharfer Einzelkritik unterzog und an mehr als 50 Stellen bei den Propheten eine Abhängigkeit Luthers von „Hetzer" feststellen zu können meinte. Witzel war zunächst Parteigänger, dann aber entschiedener Gegner Luthers. Seine Enttäuschung darüber, dass er die angestrebte Stelle als Professor für Hebräische Sprache 1532 trotz seines Lobs dieser, als der Sprache Gottes, selbst nicht bekam, mag dazu beigetragen haben. Luther selbst hat, wie wir gesehen haben, die Wormser Übersetzung sehr wohl gekannt und sich mit ihr auseinandergesetzt. Es gibt von ihm bereits frühe Äußerungen, die zeitlich vor dem bereits zitierten „Sendbrief vom Dolmetschen" (1530) und der von 1543 liegen: Zunächst schreibt er drei Wochen nach Erscheinen der ersten Ausgabe am 4.5.1527 an Spalatin: *„Prophetae omnes Germaniae donati; scilicet omnia praeveniunt, nihil sumus nos."* (Alle Propheten in Deutsch gegeben, man denke nur! sie sind vollständig zuvorgekommen, wir sind nichts!) Er hatte die Ausgabe wohl schon gelesen und man merkt, dass es ihn ziemlich getroffen haben muss, dass man ihm mit der Übersetzung zuvorgekommen war. In einem anderen Brief lobt er die Übersetzung bis auf den eigenartigen Dialekt, gleichzeitig war sie für ihn Anlass, sogleich mit der Vorlesung über Jesaja zu beginnen. Luther hat die Wormser Prophetenübersetzung also gekannt und für gut gehalten, damit ist die Wahrscheinlichkeit groß, dass er sie auch hin und wieder herangezogen hat, sich dann aber nach und nach durch seine Voreingenommenheit gegen die Übersetzer eine dogmatisch begründete Ablehnung ergab, ähnlich wie bei Zwingli. Bezogen auf die Zürcher Bibel ist dies verstärkt zu unterstreichen. Hierzu hat Traudel Himmighöfer den Nachweis geführt, dass beim Propheten Daniel eine vollständige Übernahme der Wormser Übersetzung vorliegt und dass ihre Verwendung bei den zwölf kleinen Propheten über die eines bloßen Hilfsmittels hinausging.

Die Wormser Propheten verloren nach Vorliegen der Wittenberger und der Zürcher Übersetzung rasch an Bedeutung bei einer gewissen Nachwirkung im oberdeutschen Raum. Neben sprachgeschichtlichen Gründen sind die Tatsache, dass es sich nur um eine Teilübersetzung handelt, sowie die dargestellten theologischen Vorbehalte Luthers und Zwinglis sicher dafür ausschlaggebend.

Literatur

Ulrich Oelschläger, Die Wormser Propheten von 1527. Eine vorlutherische Teilübersetzung der Bibel, in: Ebernburghefte 42 (2008), 19–50.

KATALOG

Veit Dinkelaker & Jürgen Schefzyk

Luthers Meisterwerk – das Wunderwerk* der Sprache

Ehre, wem Ehre gebührt**

Für die deutsche Sprache und Literatur ist kein Werk so bedeutend wie die Lutherbibel von 1534. Viele Begriffe und Wortbilder sind noch heute in Gebrauch. Nach Luthers Vorbild entstehen bis heute in allen Teilen der Welt Bibelübersetzungen. Häufig sind das die ersten Bücher in der eigenen Sprache.

Auf der Herbstmesse des Jahres 1522 ist bereits das „Neue Testament deutsch" von Martin Luther ein Bestseller. Es wird „Septembertestament" genannt. Mit unzähligen Kopien dieses Meisterstücks werden die Schriften der Reformationszeit zum ersten Medienereignis Europas. Frankfurt wird für 50 Jahre zur größten Buchmesse der Welt, auch durch den Druck von Bibeln.

Alles hat seine Zeit***

In der Zeit vor 500 Jahren gibt es nur wenige Bücher auf Deutsch. Durch Johannes Gutenbergs Technik des Buchdrucks entwickelt sich ab 1450 ein Buchmarkt in Europa. Die Sprache der Bücher ist damals Latein. Nur wenige Menschen kennen dadurch die Heilige Schrift. Um 1500 gibt es vermehrt gedruckte Bibeln in verschiedenen deutschen Sprachen. Auch Frauen in den Städten und in Klöstern interessieren sich für das Alte und das Neue Testament in ihrer eigenen Sprache. 1516 erscheint das Neue Testament gedruckt in der griechischen Ursprache der Bibel.

Klar und deutlich****

Durch die Umstände gezwungen macht sich ein Mönch im Jahr 1521 in seinem Versteck auf der Wartburg an die Arbeit, das Neue Testament zu übersetzen. In knapp elf Wochen gelingt es Martin Luther, die Bibel in eine Sprache zu übertragen, die alle verstehen. Er verwendet dabei den antiken Urtext. Luther ist davon überzeugt, dass allein die Heilige Schrift jeden Menschen und die Welt rettet und befreit. Er hat eine Idee: jeder Junge und jedes Mädchen soll lesen lernen.

*Psalm 105,5
**Römer 13,7
***Prediger 3,1
****Viertes Buch Mose / Numeri 16,15

Der Buchdruck – eine Revolution

Die Druckerei ist das größte und höchste Geschenk Gottes,
die letzte Flamme vor dem Auslöschen der Welt.

Martin Luther

Die Schwarze Kunst

Vom Holzdruck zum Druck mit einzelnen Buchstaben

Ab ca. 1430 entwickelt sich der Buchdruck rasend schnell. Der Druck mit geschnitzten Holzplatten ist aufwendig. Nur wenige Bücher dieser Art sind erhalten. Johannes Gutenberg erfindet den Druck mit einzelnen Metall-Buchstaben, den Lettern. Eine neue Druckerschwärze erlaubt es, doppelseitig zu drucken. Nun ist es möglich, viele Bücher kostengünstig herzustellen.

Die Bilder in den Bibeln

zeigen die Erschaffung der Welt, das Leben von Jesus und die Offenbarung. Sie bilden die Vorstellung von der damaligen Welt ab. Die Bücher haben eine mehr oder minder prächtige Ausstattung. Die Menschen finden über Bilder einen Zugang zu biblischen Texten.

Die Heilige Schrift der Römischen Kirche ist die lateinische Bibel.

Der Kirchenvater Hieronymus (347–420) übersetzt das Alte und Neue Testament aus hebräischen und griechischen Handschriften. Seine Übersetzung erhält später den lateinischen Namen *Vulgata*, das heißt „für das Volk". In der Römischen Kirche ist diese lateinische Übersetzung maßgeblich.

Um das Jahr 1450

gab es in ganz Deutschland etwa 500.000 Bücher, vor allem Handschriften, aber auch schon erste Druckwerke.

Im Heiligen Römischen Reich Deutscher Nation lebten um 1500 etwa 15–20 Millionen Menschen.

1430–1500 HOLZDRUCK UND BLOCKBUCH

Der Anfang der Druckkunst ist der Holzdruck. Druckstock ist eine geschnittene Holztafel. Am Anfang entstehen nur auf der Vorderseite bedruckte Einblattdrucke. Das wertvolle Blockbuch besteht aus einer Vielzahl von Blättern. Jeweils zwei Blätter werden an ihrer nicht bedruckten Rückseite zusammengeklebt. Anschließend werden diese in der Mitte gefaltet und zum Blockbuch gebunden.

111 Glaubensbekenntnis von Aposteln und Propheten

Holzschnitt, koloriert
um 1480–1485 *Hanns Paur*
WLB: Xyl.inc.10
Einblattdruck, deutsch

Das Blatt ist ein seltenes Beispiel für einen Holzdruck. Die Darstellung zeigt biblische Apostel und Propheten. Die Abschnitte eines erweiterten Glaubensbekenntnisses sind ihnen in deutscher Sprache in den Mund gelegt.

Das einzelne Blatt dient später einem anderen Zweck: Es wird als „Vorsatzmaterial" in einem Bucheinband verarbeitet und mit diesem verleimt. So bleibt dieser frühe Druck erhalten.

112 Heiliger Christophorus und Heiliger Antonius

Holzschnitt, koloriert
1468 *Ludwig Maler ze Ulm*
WLB: Xyl.inc.15
Einblattdruck, deutsch

Dieser Ludwig, der sich „Maler in der Stadt Ulm" nennt, hat 1468 die Vorlage für den Druck geschaffen. Das Werk zeigt den Heiligen Christophorus, der das Jesuskind trägt, und den Heiligen Antonius, dargestellt mit Antoniuskreuz, Schwein und Glöckchen.

Dieser Einblattdruck stammt ebenso als Vorsatzblatt aus dem Einband eines frühen Buches aus dem süddeutschen Kloster Zwiefalten.

Got der herr spricht
Sant Peter
Thomas
Matheus
Andreas
Dauid
Johannes
Philipp
Bartolome
Mathias
Symon zelo
Judas thades
Daniel
Hanns Paur
111

Sancte Cristophere
Sancte Anthonie
ludwig mäler ze vlm 68
112

113

114

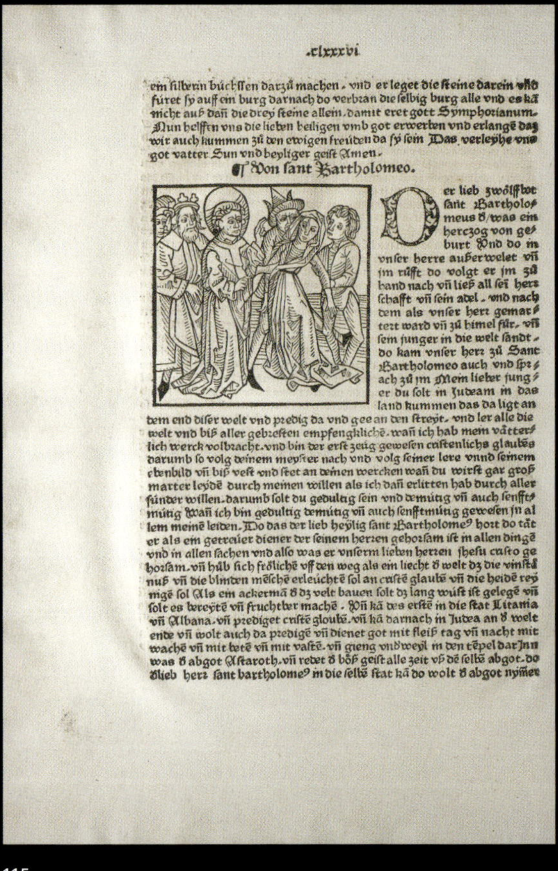

.clxxxvi

ein silbrin büchssen darzů machen. vnd er leget die steine darein vnd füret sy auff ein burg darnach do verbran die selbig burg alle vnd es kã nicht auß dañ die drey steine allein. damit eret gott Symphorianum. Nun helffen vns die lieben heiligen vmb got erwerben vnd erlangẽ das wir auch kummen zů den ewigen freüden da sy sein Das verleyhe vns got vatter Sun vnd heyliger geist Amen.

¶ Von sant Bartholomeo.

Der lieb zwölffbot sant Bartholomeus d' was ein herczog von geburt Vnd do in vnser herre auserwelet vñ im rüfft do volgt er im zů hand nach vñ ließ all sei herschafft vñ sein adel. vnd nach dem als vnser herr gemartert ward vñ zů himel für. vñ sein junger in die welt sandt. do kam vnser herr zů Sant Bartholomeo auch vnd sprach zů im Mein lieber junger du solt in Judeam in das land kummen das da ligt an dem end diser welt vnd predig da vnd gee an den streyt. vnd ler alle die welt vnd biß aller gebresten empfengklichẽ. wañ ich hab mein vätterlich werck volbracht. vnd bin der erst zeüg gewesen cristenlichs glaubẽs darumb so volg deinem meyster nach vnd volg seiner lere vnnd seinem ebenbild vñ biß vest vnd stet an deinen wercken wañ du wirst gar groß marter leydẽ durch meinen willen als ich dañ erlitten hab durch aller sünder willen. darumb solt du geduldig sein vnd demütig vñ auch senfftmütig Wañ ich bin geduldig demütig vñ auch senfftmütig gewesen in allem meinẽ leiden. Do das der lieb heylig sant Bartholome⁹ hort do tät er als ein getreüer diener der seinem herren gehorsam ist in allen dingẽ vnd in allen sachen vnd also was er vnserm lieben herren jhesu cristo gehorsam. vñ hůb sich frölichẽ vff den weg als ein liecht d' welt dz die vinstẽnuß vñ die blinden mẽschẽ erleüchtẽ sol an cristẽ glaubẽ vñ die heidẽ reynigẽ sol Als ein ackermã d' dz velt bauen solt dz lang wüst ist gelegẽ vñ solt es bereytẽ vñ fruchtber machẽ. Vñ kã des erstẽ in die stat Litania vñ Albana. vñ prediget cristẽ gloubẽ. vñ kã darnach in Judea an d' welt ende vñ wolt auch da predigẽ vñ dienet got mit fleiß tag vñ nacht mit wachẽ vñ mit betẽ vñ mit vastẽ. vñ gieng vnd' weyl in den tẽpel dar Jnn was d' abgot Astaroth. vñ redet d' böß geist alle zeit vß dẽ selbẽ abgot. do blieb herr sant bartholome⁹ in die selbẽ stat kã do wolt d' abgot nymer

115

113 **Biblia pauperum,** Armenbibel, deutsch
1470 Nördlingen: Fridrich Walther
und Hans Hurning
WLB: Xyl.inc.4
Holzschnitt-Blockbuch, koloriert

Eine Armenbibel zeigt auf jeder Seite eine Szene aus dem Leben Jesu. Daneben sind passende Bilder aus dem Alten Testament zu sehen. Der Text ist hier deutsch. Die alttestamentlichen Szenen enthalten Verheißungen. Als Erfüllung dieser Verheißungen gilt die gezeigte Geschichte aus dem Leben Jesu.

Die Darstellung zeigt links Simson, der die Tore in Gaza aufbricht. Rechts bringt der Fisch den Propheten Jona nach drei Tagen an Land. Das mittlere Bild zeigt den auferstandenen Jesus. Bei seiner Auferstehung am dritten Tag bricht er das Grab auf.

114 **Apocalypsis S. Johannis,**
lateinisch
um 1465 Ohne Ort, ohne Namen
WLB: Xyl.inc.1
Holzschnitt-Blockbuch, koloriert

Dieses Blockbuch mit Text und Bild dient Priestern zum Vorlesen und Erklären biblischer Geschichten.

Dargestellt sind Szenen vom Ende der Welt aus dem letzten Buch der Bibel, dem Buch der Offenbarung. Zu sehen ist „der Feuerpfuhl" und „das Himmlische Jerusalem" (Offenbarung 20 und 21).

115 **Jacobus de Voragine: Legenda Aurea,**
deutsch
Der Heiligen Leben
1481 Urach: Konrad Fyner
BSB: 2Inc.c.a.1073-2
Inkunabel Folio

Die Legenda Aurea ist ein weit verbreitetes und beliebtes Volksbuch mit Geschichten über Heilige.

Aufgeschlagen ist die Legende der Heiligen Katharina von Alexandria. Katharina ist eine ägyptische Christin. Der römische Kaiser Maximinus Daia (305–313 n. Chr.) verurteilt sie bei einer Christenverfolgung zum Tode. Sie wird auf einem Rad hingerichtet. Der Holzschnitt zeigt eine Szene aus Katharinas Martyrium.

1454–1457 DIE GUTENBERGBIBEL. DER MAINZER PSALTER

Alle Drucke von 1454 bis 1500, die der Drucktechnik von Johannes Gutenberg folgen, nennt man *Inkunabeln*. Incunabula (lateinisch) bedeutet „Windeln, Wiege, Ursprung". Auf Deutsch heißen sie Wiegendrucke.

Wussten Sie es?

Das erste Druckwerk aus der Werkstatt von Johannes Gutenberg und Partnern war ein lateinischer Ablassbrief. Der Käufer erwirbt ein Formular, in das sein Name eingetragen wird. Ein kirchlicher Ablassbrief bescheinigt die Tilgung von Sündenstrafen. Das erste gedruckte Buch ist eine lateinische Bibel.

121 **Gutenbergbibel**, Band 2,
lateinisch
Biblia Latina Vulgata
1454–1455 Mainz: Johannes Gutenberg,
Johannes Fust und
Peter Schöffer d. Ä.
Inkunabel Folio
UB Frankfurt: Inc.fol.101-2

Die Gutenbergbibel ist das erste im Abendland mit beweglichen Metall-Lettern gedruckte Buch. Von den 180 Gutenbergbibeln des Erstdrucks sind noch 48 erhalten. Sie gelten als die wertvollsten gedruckten Bücher der Welt.

Aufgeschlagen:

September 2015	Erste Seite des 2. Bandes mit Besitzeintrag des Leonhardstifts in der Stadt Frankfurt;
	Schmuck-Initiale am Anfang des Buches der Weisheit Salomos
Oktober 2015	Schmuck-Initiale am Anfang des Lukasevangeliums
November 2015	Schmuck-Initiale am Anfang des Johannesevangeliums
Dezember 2015	Schmuck-Initiale am Anfang des Ersten Korintherbriefes

122 **Mainzer Psalter,** lateinisch
Psalterium cum canticis
1457 Mainz: Johannes Fust und
Peter Schöffer d. Ä.
Inkunabel Folio Pergament
Fragment als Makulaturblatt:
Ps 54,13–24 und Ps 55, 1–11
(abgebildete Seite)
Gutenbergmuseum Mainz: Ink 160

Dies ist die erste Inkunabel mit Angabe der Drucker und dem Erscheinungsjahr.

Es enthält die biblischen Psalmen, die im Gottesdienst gesungen werden, und weitere Texte, des mittelalterlichen Gottesdienstes.

Die roten und blauen Zierbuchstaben sind durch weitere Druckvorgänge eingedruckt. Das ist ein sehr seltenes Verfahren. Die Verzierungen sind von Hand ergänzt.

Johannes Fust und Peter Schöffer drängen Johannes Gutenberg aus dem Unternehmen und führen die Druckerei in Mainz weiter.

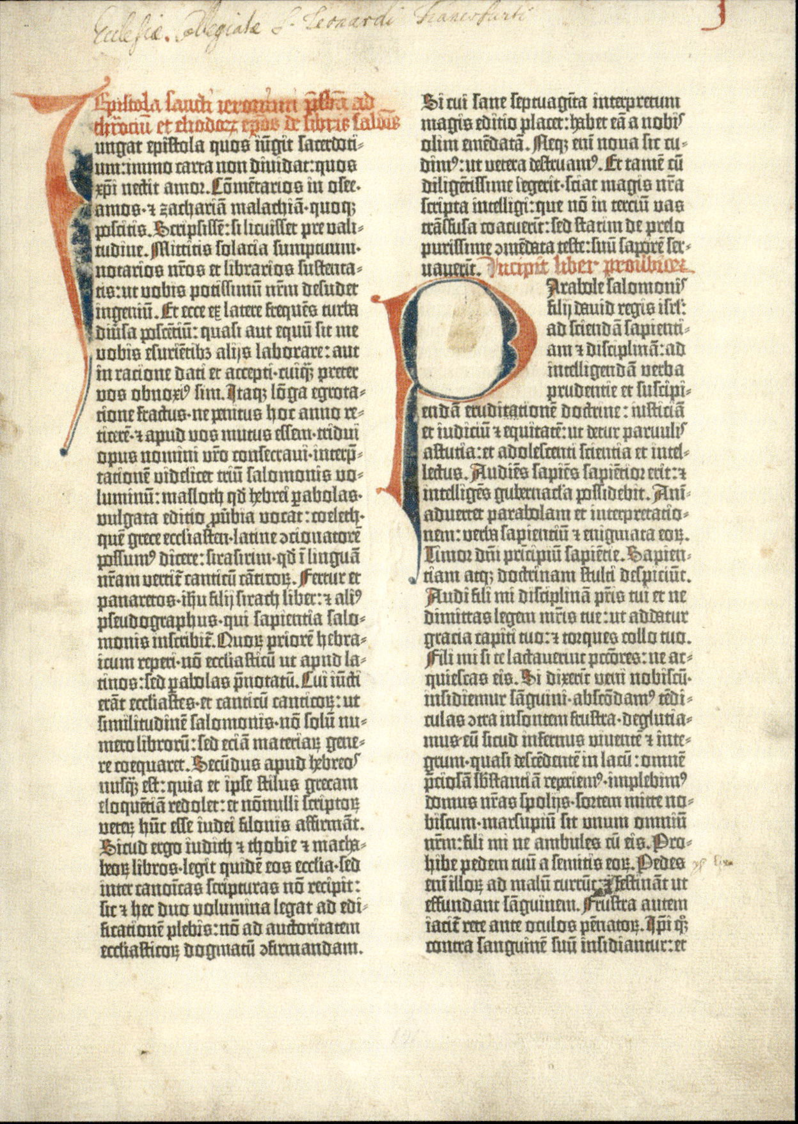
Ecclesie collegiate S. Leonardi Franckfurti
Epistola sancti ieronimi p̄sbr̄i ad
chromaciū et eliodorū ep̄os de libris salomonis
Iungat epistola quos iūgit sacerdoci-
um: immo carta non diuidat: quos
xp̄i nectit amor. Cōmētarios in osee.
amos. et zachariā malachiā. quoq;
poscitis. Scripsissem: si licuisset pre vali-
tudine. Mittitis solacia sumptuum:
notarios nr̄os et librarios sustenta-
tis: ut vobis potissimū nr̄m desudet
ingeniū. Et ecce ex latere frequēs turba
diūsa poscentiū: quasi aut equū sit me
vobis esurientibus alijs laborare: aut
in racione dati et accepti cuiq̄ preter
vos obnoxius sim. Itaq; lōga egrota-
tione fractus. ne penitus hoc anno re-
ticerē et apud vos mutus essem: tridui
opus nomini vr̄o consecraui. interp̄-
tationē videlicet triū salomonis vo-
luminū: masloth qd' hebrei parabolas.
vulgata editio p̄ūbia vocat: coeleth.
quē greci ecclesiasten. latine concionatorē
possumus dicere: sirasirim. qd' in linguā
nr̄am vertit canticū canticorum. Fertur et
panaretos ihesu filij sirach liber: et alius
pseudographus. qui sapientia salo-
monis inscribitur. Quorū priorē hebra-
icum reperi. nō ecclesiasticū ut apud la-
tinos: sed parabolas p̄notatū. Cui iūcti
erāt ecclesiastes et canticū canticorū: ut
similitudinē salomonis. nō solū nu-
mero librorū: sed eciā materiarū gene-
re coequaret. Secūdus apud hebreos
nusq; est: quia et ipse stilus grecam
eloquētiā redolet: et nōnulli scriptorū
veterū hūc esse iudei filonis affirmāt.
Sicud ergo iudith et thobie et macha-
beorū libros. legit quidē eos ecclia. sed
inter canonicas scripturas nō recipit:
sic et hec duo volumina legat ad edi-
ficationē plebis: nō ad auctoritatem
ecclesiasticorū dogmatū confirmandam.
Si cui sane septuaginta interpretum
magis editio placet: habet eā a nobis
olim emēdatā. Neq; enī noua sic cu-
dimus: ut vetera destruamus. Et tamē cū
diligētissime legerit. sciat magis nr̄a
scripta intelligi: que nō in tercium vas
transfusa coacuerit: sed statim de prelo
purissime cōmendata testē suū saporē ser-
uauerit. Incipit liber prouerbiorum
Parabole salomonis
filij dauid regis isrl':
ad sciendā sapientiā
et disciplinā: ad
intelligendā verba
prudentie et suscipi-
endā eruditionē doctrine: iusticiā
et iudiciū et equitatē: ut detur paruulis
astucia: et adolescenti sciencia et intel-
lectus. Audiēs sapiēs sapiencior erit: et
intelligēs gubernacula possidebit. Ani-
aduertet parabolam et interpretatio-
nem: verba sapientū et enigmata eorū.
Timor dn̄i principiū sapientie. Sapien-
tiam atq; doctrinam stulti despiciunt.
Audi fili mi disciplinā p̄ris tui et ne
dimittas legem mr̄is tue: ut addatur
gracia capiti tuo: et torques collo tuo.
Fili mi si te lactauerint peccatores: ne ac-
quiescas eis. Si dixerint veni nobiscū:
insidiemur sanguini. abscōdamus tendi-
culas contra insontem frustra. deglutia-
mus eū sicud infernus viuentē et inte-
grum. quasi descēdentē in lacū: omnē
preciosā substanciā reperiemus. implebimus
domus nr̄as spolijs. sortem mitte no-
biscum. marsupiū sit unum omniū
nr̄m: fili mi ne ambules cū eis. Pro-
hibe pedem tuū a semitis eorū. Pedes
enī illorū ad malū currūt: et festināt ut
effundant sanguinem. Frustra autem
iacit rete ante oculos pennatorū. Ipsi q̄
contra sanguinē suū insidiantur: et

121

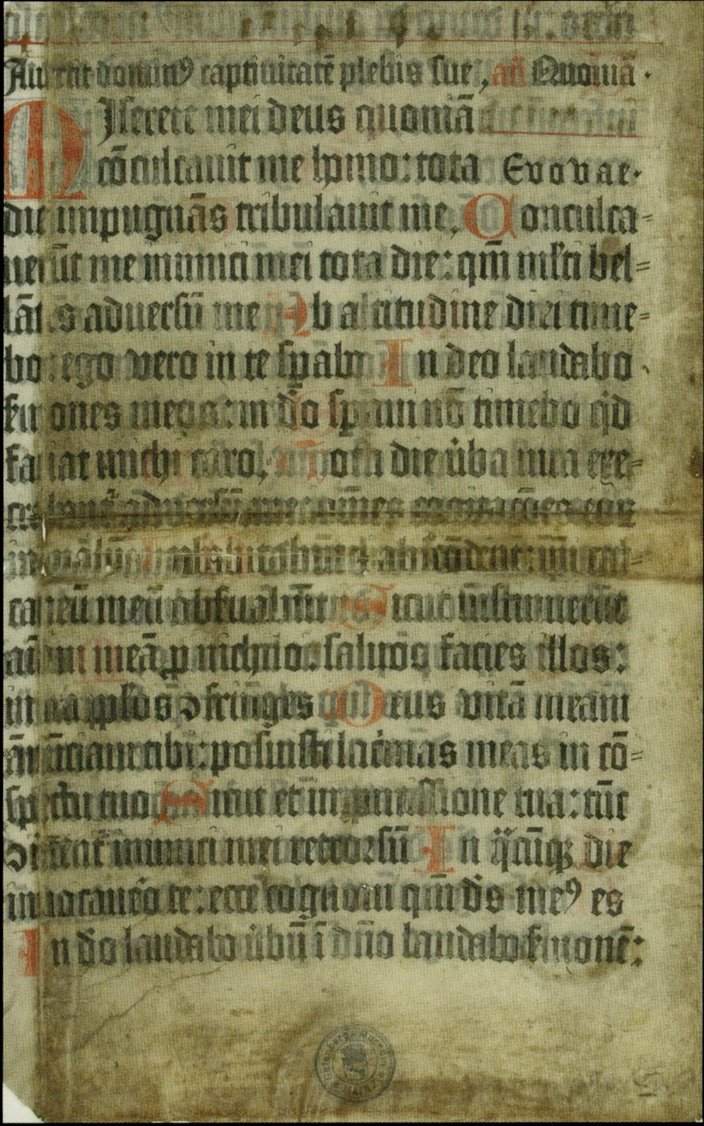
Auertit dominus captiuitatē plebis sue. Quoniā
Miserere mei deus quoniā
cōculcauit me homo: tota Euouae
die impugnās tribulauit me. Conculca-
uerūt me inimici mei tota die: qm̄ multi bel-
lāts aduersū me. Ab altitudine diei time-
bo: ego vero in te sperabo. In deo laudabo
sermones meos: in deo speraui nō timebo qd'
faciat michi caro. Tota die v'ba mea exe-

122

Deuteronomiū C. .I.

Hec sunt verba q̄ locut' est moyses ad omnē israel trans iordanem in solitudine cāpestri ɔtra mare rubrū: īter pha rā ⁊ thophel ⁊ laban ⁊ aseroth

131

133

Wussten Sie es?

In der Römisch-katholischen Kirche ist die lateinische Bibelübersetzung des Hieronymus der maßgebliche Text. Dieser Beschluss stammt vom Konzil von Trient im Jahr 1546. Erst das Zweite Vatikanische Konzil von1962 macht den Gebrauch von muttersprachlichen Übersetzungen auch im römisch-katholischen Gottesdienst möglich.

131 **Biblia Latina cum Glossa ordinaria, Band 1,** lateinisch
um 1480 Straßburg: Adolf Rusch für Anton Koberger
Inkunabel Folio
WLB: Bb lat.1480 01-1

Dies ist eine Bibel mit Anmerkungen. Sie stehen als „Glossen“ am Rand neben den Textspalten. Sie heißen *Glossa ordinaria*, das bedeutet „allgemein üblicher Kommentar“. 1480 erscheint die erste Druckausgabe dieser kommentierten lateinischen Bibel. Der Bibeltext steht in der Mitte der Seite. Zwischen den Zeilen stehen weitere Anmerkungen, die *Interlinearglossen*.

Ein Buchmaler hat den ersten Buchstaben, die Initiale „H“, ergänzt und verziert:

Hec sunt verba / Das sind die Worte ... (Fünftes Buch Mose / Deuteronomium 1,1)

133 **Biblia Latina cum Glossa ordinaria, Band 4**
1480 Inkunabel Folio
UB Würzburg: I.t.f.CL VI-4

Ein Beispiel für ein **Kettenbuch**. Auch im Mittelalter werden Bücher gestohlen. Deshalb haben wertvolle Bücher zum Schutz gegen Diebstahl und Beschädigung eine Kette. Die Kette befestigt das Buch an einer Wand oder einem Lesepult.

132 **Biblia Latina cum Glossa ordinaria, Band 2**
1480 Inkunabel Folio
WLB: Bb lat.1480 01-2

Buch mit Unterschnitt-Titel. Bis etwa zum Jahr 1600 liegen die Bücher gestapelt flach auf dem Lesepult oder dem Tisch. Der lateinische Titel des Buches ist hier auf die Unterseite, den so genannten Unterschnitt geschrieben. Die deutsche Übersetzung der Titel lautet: *Bücher der Könige, der Chronik, des Jeremia, des Esra, der Psalmen und Hiob mit Glossen* (Glossa ordinaria).

134 **Biblia Latina.** mit der **Postille des Nikolaus von Lyra,** Band 1, lateinisch
1481 Venedig: Johann Herbort für Johann von Köln, Nicolas Jenson u.a.
Inkunabel Folio
BSB: 2Inc.c.a.1029-1

Das Werk zeigt eine andere Form mittelalterlicher Bibelkommentierung.

Am Anfang steht ein biblischer Textabschnitt. Danach (lateinisch: *post illa*) folgen die Kommentare. Daraus entsteht der Begriff *Postille* für eine Sammlung von Bibelauslegungen und Predigten zu einem bestimmten Bibeltext, hier die Postille des Pariser Theologen Nikolaus von Lyra.

Die aufgeschlagene Seite zeigt seinen Kommentar zum Fünften Buch Mose / Deuteronomium, Kapitel 1: Mose spricht zum Volk Israel nach 40 Jahren Wanderung durch die Wüste.

135 **Concordantia bibliorum** – Konkordanz zur lateinischen Bibel
1474 Straßburg: Johann Mentelin
Inkunabel Folio
BSB: 2Inc.s.a.328-1

Eine Konkordanz ist ein Stichwortverzeichnis in alphabetischer Reihenfolge zu einem bestimmten literarischen Werk. Eine Bibel-Konkordanz ist ein wichtiges Hilfsmittel zum Studium der Heiligen Schrift.

Eine Initiale mit Blütenranken ist mit Blattgold unterlegt.

Auf der rechten Seite stehen biblische Begriffe mit dem Anfangsbuchstaben A. Das erste Wort in der mittleren Spalte lautet *abba* – aramäisch, liebevoll für „Vater", das im lateinischen Text nicht übersetzt ist. Darunter befinden sich drei Bibelstellen aus dem Neuen Testament.

AB 1466 JENSEITS DER ZENSUR

Druckausgaben deutscher Übersetzungen aus dem Lateinischen

Nur die *lateinische* Bibel gilt in der römisch-katholischen Kirche als Heilige Schrift. Volkssprachliche Übersetzungen mussten vom Apostolischen Stuhl in Rom oder dem zuständigen Bischof genehmigt werden. Ein Grund für eine Ablehnung liegt in der Befürchtung, dass der wörtliche Sinn der Bibel zu Kritik an der Kirche führt.

In den selbstständigen Städten, den Reichsstädten Straßburg, Augsburg und Nürnberg, kann die Kirche den Druck von deutschen Bibelübersetzungen aber nicht verhindern.

Die Zählung der Psalmen – Abweichungen und Unterschiede

In den lateinischen Bibeln (Vulgata) folgt die Zählung der Psalmen der antiken griechischen Tradition (Septuaginta). Die jüdische hebräische Tradition hat eine andere Zählung. Martin Luther – wie die meisten nachfolgenden Bibelübersetzungen – übernimmt die leicht abweichende hebräische Zählung.

Incipit Deuteronomius. Cap. I.

Declaratio sermonū tuoꝝ illuminat: ⁊ itellectū dat puulis. sic dcm̄ fuit i pncipio Exo. lex nō dat ꝓpe vni psone singulari sed cōitati: ⁊ iō datio leg̃ psupponit adunationē plebis cui lex sit danda: ⁊ iō sic fuit dcm̄ i pncipio geñ. lex q̄ cōtiet in q̄nq3 libris moysi sic diuidit: quia pmo in libro geñ dscribit sepatio fidelis ppl'i ab ifideli: ⁊ ei⁹ adunatō sb cltu vni⁹ dei. In Exodo vō ⁊ i alijs duob⁹ libris seq̄ntib⁹ descri bit datio leg̃ pplo iā adunato. In deuteronomio vō dscribit replicatio legis date i ei⁹ explicatōe: de q̄ pōt dici cōpetēt vbū ꝓpositū: Declātio sermonū ⁊c. vñ liber iste ꝓcedit scōz q̄druplicē modū i vbis ꝓpositis cōtētū. s. explicādo obscura: qō nōt cū dī: Declātio. replicādo i alijs libris pdca: qō nōt cū dī: Sermonū tuoꝝ. tīo supplēdo omissa: qō notat ibi Illumiat. quarto applicādo ⁊ addēdo necessaria: quod nōt cū dī: Et itellectū dat paruul'. sic videbit i ꝓcessu libri. Qui q̄dē liber diuidit i ꝓhemiū ⁊ executionē q̄ icipit ibi: Precepitq3 moyses. In ꝓhēio q̄ttuor notant. pmo q̄s scripsit: 2⁰ q̄b⁹: ibi Ad oēm isrl'. tīo vbi scripsit: ibi Trās iordanē. quarto q̄ñ scripsit: ibi Quadragesimo āno. Circa pmū .s. a ¶ Hec sūt verba. sciēduz q̄ aliq̄ dixerūt q̄ moyses ñ scripsit hūc libꝝ: s3 tm̄ ꝓtulit verba vel sniam: que iosue ⁊ alij senes memoriter retinētes i hunc libꝝ cōscripserūt post mortē moysi: ⁊ hoc ꝓbant pmo: eo q̄ dī i pncipio: Hec sūt verba que locutus ē moyses. ⁊ nō dī: q̄ verba scripsit. scdo ex hoc q̄ dī: Trās iordanē: ⁊ sic vī q̄ liber fuerit script⁹ trās iordanē: Moyses āt iordanē nō trāsiuit: vt p3 i fine h⁹ libri. ⁊ in pluribus alijs locl. tertio ex h⁹ q̄ i fine h⁹ libri describit mors ⁊ sepultura ipius moysi quā ipe moyses scribē ñ potuit: sed hoc est manifeste ꝯ id qō hī ifra. xxxj. c. vbi dicit: Scripsit itaq3 moyses legē hāc: ⁊ tradidit sacerdotib⁹ filijs leui: q̄ portabāt archā federl dñi: ⁊ ifra codē. c. Postq̄ aūt scripsit moyses verba leg̃ h⁹ i volumie atq3 cōpleuit: precepit leuitl q̄ portabāt arcam federis dñi dicēs: tollite librum istū ⁊c. ⁊ iō dicūt alij q̄ esdras scripsit pncipiū ⁊ finē huius libri addēdo verbis moysi. sed hoc ē ꝯ illud qō dī i pncipio h⁹ libri: Hec sunt verba que locutus ē moyses. ex q̄ p3 q̄ nō sunt vba esdre sed moysi. Propt̄ qō dicit Rabi sa. ⁊ hebrei alij q̄ tot⁹ iste liber scriptus fuit a moyse excepto vltimo .c. qō scripsit iosue post mortē moysi. Ad illud aūt qō obijcit pmo dicēdū q̄ moyses vba libri h⁹ seu sniam pmo protulit corā pplo p modū exhortatōis: ⁊ q̄tū ad hoc dī: Hec sunt vba q̄ locut⁹ ē moyses. s3 postea scripsit ad memoriā i futurū. Qō āt scdo obijcit mag̃ ē ad oppositum: q2 trās iordanē et citra accipit i sacra scriptura respectu sit⁹ hierlm: et iō illa ps vbi hibabāt due trib⁹ cū dimidia: q̄ fuit acq̄sita āte trāsitū iordāis vocat trās iordanē: q2 inter ipam ⁊ hierlm iordāis ē medi⁹. Ad tīū rnsio p3 ex dcis. Cōseq̄nt oñditur q̄b⁹ scripsit cū dī: b ¶ Ad oēm isrl'. Dic āt Ra. sa. q̄ ad h⁹ vocauit totū pplꝫ: vt q̄l3 hēret locū loq̄ndi si vell3 i aliquo obijcē vbis moysi: vt sic postea null⁹ hēret locū ꝯdicēdi: s3 nō ē visil'e q̄ tot⁹ ppl's posset generalr audire vba moysi loq̄nt: cū nūer⁹ viroꝝ q̄ potant ad bella ꝓcedē absq3 mlierib⁹ ⁊ puulis eēnt sexcēta milia ⁊ mille septingēti trigita: vt hēt Nūeri xxvj. Et iō meli⁹ vī dicēdū q̄ q̄ñ moyses loq̄batur vba libri h⁹ pplo p modū exhortatōis: fuerūt ibi tm̄ capitanei ⁊ pncipales ppli. in q̄bus q̄dāmō tota mltitudo ppli cōtinebatur: Scripsit tm̄ moyses ad oēm isrl' generalit: q2 nō solū illi q̄ erāt tūc pñtes sed ēt absentes ⁊ futuri de pplo illo obligabāt ad ea que fuerūt scripta i hoc li. ⁊ iō fuit reposit⁹ i latere arce vt legēt q̄libet āno septio: vt hī ifra. xxxj. c. Cōseq̄nter oñditur vbi scripsit cū dī:

Incipit liber elleaddaberi q̄ deuteronomiū pnōt Caplm. I.

Hec sūnt verba que locutus ē moyses ād omnē israel trāns iordanem in solitudine cāpestri contrā mare rubruz intēr pharam ⁊ thofel: et laban ⁊ aseroth: ubi auri est plurimum undecim diebus d̄ oreb: pēr viā mōtis seir vsq3 cades barne.

c ¶ Trās iordanē i solitudine cāpestri. añq̄ transirēt iordanem.

d ¶ Cōtra mare rubꝝ. h3 eni hoc mare multos sin⁹: ⁊ vn⁹ illoꝝ ē3 locū illū.

e ¶ Int̄ pharā ⁊ thophel ⁊c. noia sūt locorū circa locū illū vbi moyses explanauit legē.

f ¶ Ubi ē auri plurimū. q2 ibi sūt minē auri.

g ¶ Undeci dieb⁹ de oreb. istud expōit duplr: Uno mō ab aliq̄bus referēdo ad lr̄am p̄cedētē: cū dī hec sūt vba ⁊c. i tali loco. Undeci dieb⁹. i. .xj. dies posuit ad loq̄ndū ista. Sed q̄ñ exponat lr̄a seq̄ns ⁊ cui cōiūgat cū dicitur: Per viā mōtis seir ⁊c. ñ hī ex vbis coꝝ: ⁊ iō alr exponit ab alijs non solū referēdo ad lr̄a3 p̄cedētē: s3 ēt sbsequentē: vt sit sensus: Hec vba locut⁹ ē moyses. xj. dieb⁹. veniēdo. s. de oreb p via3 mōtis seir. ita q̄ i illo vndenario dieꝝ fcā ē legis explanatio: Sed hec expositio ñ vī rōabilis: q2 non est visil'e q̄ moyses eūdo p viā explanaret populo legē: q2 talis explanatio requirit q̄etē doctoris ⁊ auditoꝝ: Et iō Ra. sa. alr exponit dicēs: q̄ i hoc notat spaciū terre iter mōtē oreb ⁊ cades barne: qō scō3 eū ē itieris vndeci dierū: ⁊ tm̄ filij isrl' i recessu suo de oreb post legē datā venerūt illuc i tribus diebus: quod sic ꝓbat: quia anno secūdo egressionis de egypto mēse scdo vicesima die mensis recesserūt ab oreb: vt hī Numeri. x. et eodem anno. xxix. die mensis tertij venerūt i cades barne vñ miserunt exploratores: si igitur ide sbtrahētur. xxx. dies quib⁹ populus mansit i sepulchris cōcupiscētie: q2 ibi comederūt carnes mense integro: vt habetur Numeri. xj. ⁊ iteꝝ. vij. dies quibus māsit populus i aseroth q̄diu maria fuit reclusa: non remanēt nisi tres dies q̄bus fecerūt iter predcm̄: ⁊ hoc posuit moyses scōm eū ad oñdendū filijs israel: qualr deus accelerabat iter populi ad itranduz cito terrā promissionis: nisi peccatum eoꝝ impediuisset quando territi verbis exploratoꝝ murmurauerūt cōtra dñm volentes reuerti i egyptum: ⁊ ideo. xl. ānis fuerunt vagabūdi per desertum. Igitur scōm hāc expositōe3 ē sensus. g ¶ Undeci diebus de oreb. supple itur vsq3 ad cades. eūdo: h ¶ Per via3 mōtis seir. i. q̄ itur de oreb in seir: quia cades est intermedia: ⁊ subintelligitur: quā viā tribus diebus fecistis deo accelerante iter vestrum: ⁊ ita accelerasset residuum: nisi peccata vestra posuissent impedimentū. Aliter etiā exponit referendo li vndecim diebus: ad totū iter filiorum isrl' de oreb vsq3 ad ingressum terre ꝓmissionis: vt sit sensus: Si nō peccauissetis domino: vndecim diebus de oreb venissetis ad igressum terre ꝓmissionis transeundo per cades ⁊ per montem seir: q2 dñs dedisset vobis gratiam i contēptu filioꝝ esau: ⁊ concessissent vobis transitu3 p medium terre sue. Sed propter peccatū vestru3 denegatus est vobis illic transitus: ⁊ circuiuistis montē seir lōgo tempore: vt hī infra eodem ca. ⁊ scōm vtrāq3 expositionē est hic modus loquendi qui apud hebreos vocatur decurtatus vel recisus. s. q̄ñ aliq̄ tacentur: que tm̄ necessario subintelliguntur. Sicut. ij. reg. v. caplo: vbi

... 1663. ex Comenda ... Capellani ...

Quilibet volenti requirere concordācias in hoc libro. vnū est pmitus attēdendum. videlic3 q̄ cū in pmis concordancijs q̄ dicunt concordancie sancti jacobi q̄l3b3 capitlm i. vij. pticulas distingūtur scōm septe3 pmas lr̄as alphabeti. videlicet. a. b. c. d. e. f. g. In isto ope p eūdē modū ⁊ in totide3 ptic'las distinguūtur capitl'a longiora in. vij. ptes eq̄les. Capitula vō breuiora tm̄ i partes q̄tuor distiguūtur. videlicet in. a. b. c. d. vt breuiori capitulo i q̄tuor ptes equales diuiso A. pma3 contineat ptem. B. vō secūdam que a pncipio recedat et vsq3 ad mediū ptendat. C. vō recedat a medio ⁊ ptē terciam cōtineat capituli breuioris. D. vō post terciā pte3 vsq3 in finē capituli ptendat.

A. a. Ieremie .i. a a a dñe de⁹ ecce nescio loq̄. xiiij. b. ꝓphe dicūt eis. Eze. iiii. d. dñe de⁹ anima

xxi.	a	dñe de⁹ ipi mea ñē.
Ioel .i.	c	diei q2 ꝓpe est dies dñi
		¶ Aaron.
Exo. iiij.	c	egredietur i occursū.
vii.	a	erit ꝓpheta tuus.
xvii.	d	et vt sustētabāt man⁹
xxiiij.	d	habetis aarō ⁊ vr vob.
xxviii.	a	applica ad te aaron.
ibi.		vestē scām aarō frī t.
xxix.	a	et filios applicabis ad ostium tabernaculi.
xxxiiij.	d	et filij isrl' cornutam.
Le. ii.	a	deferet ad filios aaron
ibi.		reliquū erit aarō ⁊ filioꝝ. filioꝝ ei⁹.
vii.	d	pectusculū erit aarō et
viii.	d	obtulit aarō ⁊ filios e.
Nūi. iii	g	dabis pecuniam aarō.
iiij.	a	filij aarō deponēt vel'.
viii.	b	offeret aaron leuitas.
xvj.	b	q̄d ē aarō vt murmurē
	c	teneat thuribulum s.
xx.	d	pergat ad ppl'os suos.
Deu. ix.	c	adu's⁹ aarō vehe. ira.
.i. pa. vj.	d	et filij eius adolebant.
xxiii.	b	sepatus vt mistraret.
psal. xcviii.		Moy. ⁊ aarō i sacerdo.
cv.		aaron sanctum dñi.
cxxxii.		in barbā barbā aaron.
cxxxiiij.		dom⁹ aarō bñd. dño.
ecc. xxxvj.	c	fm bñ dcō3 aarō da po.
xlv.	a	excelsum fecit aaron.
j. Ma. vii.	b	hō de seie aarō venit.
Mic. vj.	a	moysē et aarō ⁊ mar.
Luc. i.	a	vxor illi d̄ filiab3 aar.
Heb. v.	a	vocat a deo tāq3 aarō.
vii.	b	nō fm ordie3 aarō di.
ix.	b	virga aarō que frōd.

		¶ Abba pater.
Mr. xiiij	d	omia possibilia sūt t.
Ro. viii.	c	clamam⁹ abba pater.
Gal. iiij.	a	clamātem abba pater
		¶ Abacuc.
Ab. i.	a	onus qō vidit abacuc
Da. xiiij.	f	ꝓpheta in iudea.
		¶ Abadon.
Apo. ix	b	nomē hebraice abadō.
		¶ Abalienare.
Eccle. xj.	d	bit te a vijs ꝓprijs.
.i. Ma. vj.	d	abalienabāt se a nob.
		¶ Abalienatus.
Psa. i.	b	abalienati sūt retrorsū.
Os. ix.	c	ti sunt in confusione.
		¶ Abana.
iiij. Re. v.	b	et farfar flu. damasci
		¶ Abarim.
nūi. xxvii.	c	ascende i mōtē abarī.
		¶ Abaron.
.i. Ma. ii.	a	eleazar q̄ cognō. abarō
		¶ Abarimathia.
Mr. xv.	d	joseph abarimathia.
Luc. xxiii.	g	joseph abarimath.
Io. xix.	g	joseph abar. eo q̄ ess3.
		¶ Abdias.
Abdi. i.	a	visio abdie h̄ dic do⁹.
iii. r. xviii.	a	timebat dominum.
		¶ Abditus.
.i. Re. xiii.	b	abscōd. se i spe. ⁊ i ab.
i. pa. xxviii.	c	cubiculoꝝ in abditis.
Psal. xvj.		catul⁹ leoñ hitāt i abd
		Abducere.
Iudit. ii	d	xit oīs filios madiā
psal. cxxxvj		qui abduxerūt nos.
Act. xx.	f	cant discipl'os post se.
Heb. xiii.	b	doctrinis ⁊c nol'. abduci
		¶ Abductus.
Mee. i.	c	si abducti fueritis ad extrema celi
Sap. xiiij.	c	abducta p speciē opis.
xix.	b	abducti cōcup. postul'.
Nau. ii.	b	miles cap. adduct⁹ ē.
zach. x.	a	abducti sunt q̄si grex.
		Abductio.
ii. es. viii	b	mulcracōe l' abductōe
ec. xxxviii.	c	ne pmanet tristicia.
		Abdicare.
ii. co. iiij.	a	abdicam⁹ occl'. dedecor.
		¶ Abel.
Geñ. iiij.	a	pastor ouiū.
Mt. xxiii	b	a sanguine abel iusti.
Luc. xj.	g	a sanguie abel vsq3 ad
Heb. xj.	a	plurimā hostiā abel.
xii.	f	melius loq̄ntē q̄3 abel.
		¶ Abesse.
Geñ. xliiij.	d	absit a me vt sic agā.
Ios. xxii.	f	absit a nobis h̄ scel⁹.
xxiiij.	d	sit a nob vt reliq̄. do.
j. Re. xii.	d	absit vt cessem orare.
xx.	a	absit a te ñ morieris.
j. pa. xj.	c	absit vt sang̃. viroꝝ.
Iob xxxiiij	b	absit a deo impietas
xxvii.	a	sit a me vt iustos esse
Eccle. xv	b	longe em̄ abest.
xv.	c	ne dicas p deū abest

Sap. ix.	b	si abfuerit ab illo sap.
Mt. xvj.	c	absit a te domine.
		¶ Aberrans.
j. thi. i.	b	tes q̄ūsi sūt i vaniloq̄ū
		¶ Absens. tes.
Geñ. xliiij.	f	illo absente ñ audem⁹
xxxiiij.	a	absentibus filijs ⁊ in.
Sap. xj.	b	et presētes sil'r tor.
j. corin. v.	a	ego q̄d absens corpore
ii. cori. x.	a	confido in vobis.
xiii.	c	h̄ absens scribo.
xiii.	a	et non absens.
Col. ii.	a	si corpe absens sum.
		¶ Absentia.
Phi. ii.	b	mltomag̃ nc in absē.
		¶ Abias.
iij. Re. xv.	a	regnauit sup iudam.
Math. i.	b	genuit asa.
		¶ Abicere.
Geñ. xxj.	b	abiecit pueꝝ subt.
xxxv.	a	abicite deos alienos.
Le. xxvj.	g	abiecerūt iudicia me.
Iud. xvj.	c	et sampsō a se rpellē.
.i. Re. ii	f	q̄re calce abiecisti vic.
xv.	e	iecit te dñs ne sis rex.
iiij. r. xvii.	c	abiecerūt legitia ei⁹.
ii. pa. xj.	c	abiecis3 eos ieroboa3.
.i. es. x.	c	abiciet de cetu trāsmi.
Iudit. i.	d	sine honore abiecerūt.
Sap. iii.	c	sapiam q̄ abicit ifelix.
Psa. v.	f	abiecerūt em̄ legē dñi
xxxj.	d	abiciet homo ydola.
viij.	a	abiecit ppl's iste aq̄s.
Tre. iii.	d	si abiecerit miserebit.
Eze. xx.	b	abiciat offēsiōes ocl'oꝝ
Os. ix.	d	ciet eos dñs de⁹ meus.
Amos. ii	a	abiecerit legē domini.
Ion. iii.	c	abiecit vestimētū suū.
Ro. xiii.	c	am⁹ g⁹ opa tenebraꝝ
		¶ Non.
Le. xxvj.	b	abiciet vos aīa mea.
.i. Re. viii.	b	nō te abiecerūt s3 me.
Iob xxxvj.	a	deus potētes ñ abicit.
Prou. iii.	b	discī. dñi ne abicias.
Eccle. iiij.	a	rogō3 cōtbul'. ne abi.
vj.	c	ne abicias ꝯsiliū me.
Psa. xli.	c	elegi te et ñ abieci te.
Gal. ii.	d	non abicio grām dei.
		¶ Abiciens. tes.
Psa. lxvj.	b	tes ꝓpter nomen m.
Iac. i.	e	cietes omnē imūdiciā.
		¶ Abiciendi.
Ecc. iii.	a	tempus abiciendi.
		¶ Abiectus.
.ii. Re. i.	d	est clipeus fortiū.
xiiij.	d	ne peat qui abiect⁹ ē.
psal. lxxxiii.		esse in domo dei mei.
Ecci. xlviii.	b	abiecti sūt de tra sua.
ysa. xxvii.	b	cū abiecta fuit glific.
liiij.	b	a dol'. abiectā.
eze. xxxiiij.	a	qō abiectū ē ñ reduxistē
Ion. ii.	b	sū ⁊c. veꝝtñ rurs⁹ videbo templū scm̄ tuū.
		¶ Abiectō.
Psal. xxj.		ob pbriū ho. ⁊ abiec.
Eze. xvi.	a	abiectōne anime tue.

Johannes apocalipsis

mit eins ieglichen edeln gestein. Die erst gruntuest iaspis: die ander saphirus. die dritte calcidonius. die vierd schmaragdus. die fünfft sardonix. die. vi sardius. die sibent crisolitus. die. viij. perillus. die ix. topasius. die. x. grisopassus. die. xi. iacinctus. die. xij. ametistus. Vnd. xij. tor: das seint. xij. mergrieslin durch alle. Vnd ein ieglich tor was von eim ieglichen mergrieslin: vnd die gassen der statt reines goldes: als glaß durchleüchtent. Vnd tempel sach ich nit in ir. Wann der herre got als gewaltig er ist der tempel: vñ das lamp. Vnd die stat bedarff nit des sunns noch der menin: daz sy leüchtent in ir. Wann die klarheit gotz entleücht sy: vnd ir leychtuaß ist das lamp. Vnd die leüt gend in irem liecht: vnd die künig der erde bringent ir wunniglich vñ ere in sy. Vnd ir tor werden nit beschlossen durch den tag. Wann die nacht wirt do nit vnd sy tragent die wunniglich vnd die ere der leüt in sy: kein ding entzeübert get in sy das do tůt die verbannenschaft vnd die lug: neur allein die do seind geschriben in dē bůch des lebens vñ des lamps. Capitulum

Vnd er zeygte mir den floß des lebentigen wassers leüchtent als ein cristall: fürgend von dem gesesß gotz vnd des lamps. In mitzt seiner gassē vnd von ietwederm teyl des floß ein holez des lebens bringent. xij. wůcher: durch all monet gebent irē wůcher: vñ die leüber des holtzs zů ď gesuntheit der leut. Vnd alles verflůchs wirt nit von des hin: vnd des gesesse gotz vnd des lamps werdent in ir: vñ sein knecht dienent im Vnd sehent sein antlütz: vnd sein nam an iren stirnen. Vnd die nacht wirt nit von des hin: vñ sy bedürffen nit des liechtz der latern noch des liechts des sunns wann der herre gott der entleücht sy: vnd sy reichsent in werlten der werlt. Vnd ď engel sprach zů mir. Dise wort seind gott gewere vnd getreüwe. Vnd der herre gott der geist der weyssagen der sant seinen engel: ze zeygen sein knechten die ding die do müssen werden getan schier. Vnd sich ich kum schnelliglich. Er ist selig der do behůt die wort der weyssagung ditz bůchs. Ich iohannes ich hort vnd sach dise ding. Vnd do nach do ichs hett gehört vnd gesehen ich viel für die füsse des engels der mir zeygt dise ding das ich anbett. Vnd er sprach zů mir. Sich das du es ichten thůst. Ich bin dein entzampt knecht vnd deiner brůder der weyssagen: vnd der die do behůtent die wort der weyssagung diß bůchs. Anbett gott. Vnd er sprach zů mir. Nit zeichen die wort ď weyssagung ditz bůchs. Wann das zeyt ist nahen. Der do schat der schad noch: vñ der do ist entzeübert der entzeüber sich noch: vñ der gerecht der gerechaftig sich noch: vñ der heilig ď heilig sich noch. Sich ich kum schier: vnd mein lone ist mit mir: eim ieglichen zegeben nach seinen wercken. Ich bin alpha vnd o: der erst vnd der iungst: ein anuang vnd ein ende. Sy seind selig die do waschē ir gewand in dē blůt des lamps: das ir gewalt sey in dem holtz des lebens: vnd gend ein durch die tor in die stat. Auswendig die hund vnd die zauberer vnd die vnkeuschen vnd die manschleger vñ die diener der abgött: vnd ein ieglicher der die lug liebhat vnd sy thůt. Ich ihesus ich sant meinē engel zebezeügen euch dise ding in den kirchē. Ich bin ein wurtzel vnd das geschlecht dauids: ein leüchtender sterne vnd ein morgenlicher. Vnd der breütigam vnd die braute sprechent kum. Der es hört: der sprech kum. Vnd den do dürst der kum: vnd der do will der entphecht das wasser des lebens vergeben. Ich bezeüge eim ieglichen der do hört die wort der weyssagung ditz bůchs. Ob etlicher zůlegt zů disen dingen. gott der legt auff in die wunden geschribē an disem bůch: wann ob etlich mynnernt von den worten der weyssagung ditz bůchs. gott nympt ab seinen teyl von dem bůche des lebens vnd von der heiligen stat: vñ võ den dingen die do seind geschriben an disem bůch. Der do gab gezeüge dirr ding der sprach. Joch. Gewerlich ich kum schier. O herre ihesus ich kum. Die genade vnsers herren ihesu cristi sey mit vns allen Amen.

1466 27 Junio ward diß buch gekaft von ain gopinden vm 12 gald

141

du herr nichten verr dein hilffe von mir: schawe zů meiner beschirmung. O got erledig mein sele von dē waffen: vnd mein einikeit von ď hand des hunds Mach mich behalten von dem mund des lewen: vñ mein demůtigkeit von dē hörnern der einhorn. Ich erkünd deinen namen meinen brůdern: ich lob dich in mitzt der kirchen. Ir do vörcht dē herrn lobt in: aller der samen israhel iacobs wunniglicht in. Aller der samen israhel vörcht in: wann er verschmecht nit noch hat verschmecht die flehung ď armen. Er abkeret nit sein antlütz von mir: vnd do ich rieffe zů im er erhort mich. Mein lob ist bei dir in der michlen kirchen: ich vergilt mein gelübd in der bescheud der die in vorchtent. Die armen essent vnd werden gesatt: vnd die in sůchent die lobent den herrn: vnd ire hertzen die lebent in den werlten der werlt. Alle die end der erd: die werdent gedenckent vnd werdent bekert zů dem herrn. Vnd alle die ingesind der leut die anbetten in seiner bescheud. Wann das reych ist des herrn: vnd er selb wirt herschent der leut. Sy assen alle die veysten ding der erd vnd anbetten: vnd alle die do nider steygent an die erde die vallent in seiner bescheud. Vnd mein sel die lebt im: vnd meī sam dient im. Dem herrn wirt erkunt daz künftig geschlecht: vnd die hymel erkündent sein gerechtigkeit dem volck das do wirt geboren das der herre hat gemacht. Item alius psalmus dauidis

Der herr der richt mich vñ mir gebrast nit: vnd an der stat der weyde do satzt er mich. Er fürte mich ob dem wasser der widerbringung: er bekert mein sel. Er fürt mich aus auf die steig der gerechtikeit: vmb seinen namen. Wañ ob ich ioch gee in mitzt dez schatē dez tods ich vörcht nit die vbeln dinge: wann du bist mit mir. Dein růte: vnd dein stab sy selb habent mich getröst. Du hast bereyt den tisch in meine bescheude: wider die die mich betrůbent. Du hast erveystent mein haubt mit dem öl: vñ mein kelch der macht trunckē wie lauter er ist. Vnd dei erbermbd die nachuolgt mir alle die tag meins lebens. Das auch ich entwele in dem haus des herrn in die leng der tag. Psalmus

Die erd ist des herrn vñ ir erfüllung: ď vmbring der erd vnd alle die do entwelen in im Wañ er selb gruntuestent in vber die wasser: vnd er fürbereyt im vber die floß. Wer steygt auf an dem berge des herrn: oder wer wirt steen an seiner heilgen stat. Der do ist vnschedlicher hend vñ reins hertzen: der nit entphieng sein sele in vppig: noch enschwůr in triekeit seim nechsten. Dirr entphecht den segen vom herrn: vnd die erbermbd von got seim behalter. Ditz ist das geschlecht der die do sůchent den herrn: die do sůchent daz antlütz gotz iacobs. Ir fürsten tůt auf eure tor: vñ die ewigē tor werden erhaben: vnd der künig der wunniglich der geet ein. Wer ist der künige der wunniglich ? der starck herre vnd der gewaltig: herr mechtig an dem streyt. Ir fürsten tůt auf eure tor: vnd die ewigen tor werden auferhaben: vnd der künig der wunniglich der geet ein. Wer ist der künige der wunniglich: der herre der tugent er selb ist ein künige der wunniglich. Item psalmus dauidis

O herr ich hůb auf mein sel zů dir: mein gott ich versach mich an dich ich schem mich nit Mein veind die spottent meī nit: wann all die dich enthabent die werden nit geschemlicht. Sy werden all geschemlichet die do thůn die vngengen ding: vber die vppigen. O herr zeyg mir deinē weg vnd ler mich dein steig. Richt mich in deiner warheit vnd ler mich: wann du bist got mein behalter: vñ ich enthab dich den gantzen tag. O herr gedenck deiner erbermbde: vnd deiner barmhertzigkeit die do seint von der werlt. Nicht gedencke: der missetat meiner iugent vnd meiner misskennung. O herre vmb dein gůte du gedencke mein: nach deiner erbermbd. Der herr ist süß vnd gerecht: vm ditz gibt er die ee den die do sündent an dem weg. Die senftē richt er in dem vrteyl: den miltē lert er seinen weg Alle die weg des herrn seint erbermbd vñ warheit: den die do sůchent seinen gezeug vnd sein gezeuge. O herr vm dein namen erbarmb dich meiner sünd: wann ir ist vil. Wer ist ď mensch der do vörcht den herrn: er schickt im die ee die er hat erwelt. Sein sel wirt wonen in den gůten dingen: vnd sein same ď erbt die erde. Der herre ist ein vestenkeit den die in vörchtent: vnd sein gezeug das er in werd eroffent Mein augen seint zů allē zeyten zů dem herrn: wañ er selb löst mein füß von dem strich. Schau an mich vñ erbarm dich mein: wann ich bin ein einiger vñ arm. Die trůbsal meins hertzen seint gemanigualtige: erlöß mich von meinen gebresten. Sich mein demůtikeit vnd mein arbeyt: vnd vergib all meine missetat. Schau meī veind wann sy seint gemanigualtigt: vnd hassten mich mit vngengē haß. Behůte mein sele vnd erlöß mich: wann ich versach mich an dich ich scham mich sein nit. Die vnschuldigen vnd die gerechten die zůhaften mir: wann ich enthabe dich. O got erlöß israhel: von allen seinen durechten. Item psalmus dauid.

O Got vrteyl mich wann ich bin eingegangē in meiner vnschedligkeit: ich versach mich an den herrn vñ ich ward nit gekrenckt. O herre bewere mich vnd versůch mich: brenn meine lancken vnd mein hertze. Wann dein erbermbde ist vor meinen augen: vnd ich entsampt geuiel in deiner warheit. Ich saß nit mit dē rat ď vppikeit: vñ ich gee nit ein mit dē die do tůn die vngengē ding Ich hasst die samnung ď vbeln: vnd sitz nit mit dē vnmiltē. Ich wasch meī hend vnd die vnschedlichen: vnd o herre ich vmbgib dein alter. Das ich hör die stym deins lobs: vñ erkünd all deī wunder. O herr ich het lieb die gezierd deins haus: vñ die stat ď entwelung deiner wunniglich. O got nit verleuß meī sel mit dē vnmilten: vñ mein lebē mit den mannē ď sünden. Der vngangkeit seint in dē henden: ir zeswen die ist erfüllt mit gabē. Wann ich bin eingegangen in meiner vnschedlikeit: erledig mich vnd erbarm dich mein. Wann mein füß steend in richtung: o herr ich gesegen dich in den kirchen. Ps

Der herre ist mein entleuchtunge vñ mein behaltsam: wen vörcht ich ? Der herr ist ein beschirmer meins lebens: vor wem erschrick

142.1

De profundis clamaui 7c. Von der tieff 7c
Der psalm der zwölfften staffeln.
Domine non est exaltatum 7c. Herre nit ist 7c
Der psalm der dreyzehenden staffeln.
Memento domine dauid 7c. Gedenck herre 7c
Der psalm der vierzehenden staffeln.
Ecce quā bonum 7c. Secht wie wunniglich 7c
Der psalm der fünffzehenden staffeln.
Ecce nunc benedicite 7c. Secht nu gesegent 7c

Disen psalm macht dauid den vngeleübigen heydē wenn sy bekarten sich vñ sich beschneyden hiessen dañ das sy sprechen in dem tempel vnd werden fürbas ir genossē vñ ist sein vberschrifft psalm dauid.
Laudate nomen domini 7c. Lobt den namen 7c

Disen psalm macht dauid zů einer beycht dē volcks vnd wenn man die heiden beschneiden solt so sprachē die den psalm vor als man spricht den gelauben so man die kinder tauffe vñ ist sei vberschrifft psalm dauid.
Confitemini domino quoniā bonus 7c Bekennt 7c
Disē psalm sungen die kinder von isrl' do sy erlöst wurden von dē geuencknüß babilon.
Super flumina babilonis 7c. Auff dem 7c

Die philisten lagen zů einem gezeit vor bethlehem do sprach dauid o wer bringt mir des wassers aus dē brunnen bethlehem der do ist an der phorten das ich trinck. do zugen drei küne mann vnd brachten ims do wolt er sein nit vnd opffert das got. do macht er disen psalm vnd ist sein vberschrifft psalm dauid.

Confitebor tibi domine 7c. Bekennen wil ich 7c

Disen psalm macht do selbs dauid zů einer figurē der vrstend vnsers herrn ihesu cristi. vnd er gehört zů dē vordersten vñ ist sei vberschrifft psalm dauid

Domine probasti me 7c. Herr gebrüfft hastu 7c

Ein man hies syba eī sun bochri ď hůb sein schwert vber dauiden. vnd macht das im alles volck nachzog vñ wurden dauids veind newer die kinder iuda beliben bey dauiden do macht dauid disen psalm rüffent gotz gericht vber in. vnd ist sein vberschrifft psalm dauid.
Eripe me 7c. Erlöß mich von dem 7c
Disen psalm macht dauid do siba dz haubt ward ab geschlagē so sprechē sy in hab gemacht sampsō do in seī weip verriet dalida vnd ist sein vberschrift psalm dauid.
Domine clamaui adte 7c. Herr geschrien 7c

Dauid streyt zů geth mit den philisten. vnder den was ein langer riß der hett an henden vnd an füssen xiiij. vinger dē schlůg ionathas zewo dauids brůď sun do selbs macht dauid disen psalm. vnd ist sein vberschrifft psalm dauid.
Voce mea addominum clamaui 7c. In meiner 7c
Do dauid lag siech vnd sein sun adonias warff sich auf zů künig do kam bersabee salomons můtter vñ viel im zů füsse vnd bat vmb salomon do gelobt er ir das ir sune sölt reychsen. do machet dauid disen psalm in seī siechtum vñ ist sein vberschrift psalm dauid.
Domine exaudi orationem meā 7c. Herr erhör 7c

Do dauid goliam erschlůg vnd im die frawen mer lobs gaben denn sauln. dorumb sůcht in saul zedötē vnd wolt in nit bey im lassen vnd satzt in zů rittermeyster do machet dauid disen psalm. vnd ist sein vberschrifft psalm dauid.
Benedictus dominus deus 7c. Gesegent sey meī 7c

Disen psalm macht dauid. do er sein sun salomon bey lebendigem leyb zů künig machet. vnd ist sein vberschrifft psalm dauid.
Exaltabo te deus meus 7c. Hohe wird ich 7c

Disen psalm macht dauid do man seinen sun salomon krönt zů dem ersten mal zů gyon. vnd ist seī vberschrifft psalm dauid.
Lauda anima mea dominum 7c. Lob meī sel dē 7c

Dauid rüfft allen seinen fürsten zů samen vñ seinē sun salomon. vnd beschied im alle bereytschafft zů dem tempel. do selbs krönten sy salomonem zům andern mal vnd do macht dauid disen psalm. vnd ist sein vberschrifft psalm dauid.
Laudate dominum qm̄ 7c. Lobt den herrn wenn 7c

Do dauid die stat irl'm hett gemawert vnd die tor het angehangen dz er die mocht beschliessen do macht er disen psalm. vñ ist sein vberschrift psalm dauid

Lauda irl'm dominū 7c. Jerusalē lob den herren 7c

Disen psalm macht dauid vor seinem tod vñ wöllen etlich dz im mit dem letztē verß sey ausgegangē sein sel vñ ist seī vberschrifft psalm dauid.
Laudate dominū decelis 7c. Lobet dē herren von 7c
Der neun vnd viertzigest psalm.
Singt got den gesang seiner lob in der 7c
Der hunderst vnd funfftzigest psalm.

Lobt den herrn in seinen heylgen lobt in in der vestnung seiner tugent lobt in in seinen tugenden lobt in nach ď menig seiner größung. Amen.

Explicit liber iste Anno domini millesimo quadringentesimo ~~[illegible]~~ sexagesimosexto formatus arte impssoria p venerabilem viru̅ Johanē mentell in argentina 7c. Dis buch hat Johanes Hamer der apteker geben den erwirdige geistlichen frowen zu sant margretten vnd sant angnesen v ~~[illegible]~~ für korhein in ~~[illegible]~~ frowe

T. 411 vacans

Es ist s[illegible] wissen in der gemain,
Das der edel vnd vest [illegible] von sachsenheim,
Hat geben ain buch ist die bibel genant,
Vnd die uff ainem kammer wagen gen [illegible] gesant,
Des iares dorman zalt für war,
Tusent vier hundert vnd in dem [illegible] viiij iar
1489
Vnd hat die geben siner sch wester margrethe von sachsenheim
Vnd dar zu dem gantzen Conuent gemain,
Vnd er tut bitten mit hohem vliß
Wer in disem buch lese emstlich,
Der wolle sin vmb gottes willen gedencken,
So er sin hertz gegen got tut sencken,
Das wolle er haben zu ton,
Gegen got vnserem herren ihesu crist vnd siner mutter schon,

Item diß bibel ist koufft worden vmb nun guldin

141 **Mentelin Bibel** – Erste deutsche Bibel im Druck
1466 Straßburg: Johannes Mentelin
Inkunabel Folio
BSB: Rar.285
Privatexemplar: Wappen der Augsburger Ratsfamilien Mülich und Conzelmann

Johannes Mentelin in Straßburg druckte 1466 die erste Bibel auf Deutsch. Es handelt sich um eine wörtliche Übersetzung aus dem Lateinischen. Der Text stammt aus einer älteren Handschrift (vor 1400) und ist oberdeutsch-alemannisch. Sie ist nicht erhalten. Durch den Druck von Mentelin ist diese Übersetzung weit verbreitet.

142 **Mentelin-Bibel**
Private Schenkung an ein Straßbuger Nonnenkloster des Dominikanerordens
Inkunabel Folio
WLB: Bb deutsch 1466 01

Aufgeschlagen ist ein Psalm in der oberdeutschen Übersetzung. Nach der griechisch-lateinischen Zählung ist es Psalm 22, nach hebräischer Zählung ist es der 23. Psalm.

Mentelin 1466

DEr herr der richt mich
vnd mir gebrast nit:/
vnd an der stat der weyde do satzt er mich./
Er fürtte mich ob dem wasser der wider=/
bringung er bekehrt mein sel …

Luther 1531

DEr HERR ist mein hirte,/
mir wird nichts mangeln.
Er weidet mich auff einer grünen awen/
vnd fueret mich zum frisschen wasser.
Er erquicket meine seele/

Ende des gedruckten Textes mit handschriftlichen Einträgen: eine Schlussschrift des Rotmalers (Rubrikator), der die roten Farbelemente in den Druck eingetragen hat, mit Hinweis auf den Drucker Johannes Mentelin.

Darunter steht der Schenkungseintrag: Der Apotheker Hammer schenkt die Bibel dem Kloster der Dominikanerinnen in Straßburg, dafür sollen die Nonnen für ihn und seine Ehefrau beten.

Das eingebundene Blatt auf der rechten Seite gehört eigentlich zu der Druckausgabe des Verlagskonkurrenten Eggestein (siehe Kat. 143). Ein Gedicht erwähnt die Schenkung eines Adeligen an seine Schwester, eine Nonne im Prämonstratenserorden in Lauffen am Neckar. Der erwähnte Preis von neun Gulden entspricht dem Jahreslohn eines Handwerksgesellen: *Item diß bibel ist kauft worden umb nün guldin.*

142.1 Mentelinbibel 1466, Psalm 22 (Vulgata) = Psalm 23 (Hebr. / Luther).

142.2 Mentelinbibel 1466, Nachschrift: Quelle für das Druckjahr 1466. Schenkungseintrag von Apotheker Hammer.

142.3 Mentelinbibel 1466, hier falsch eingeklebter Schenkungseintrag für die Eggesteinbibel (siehe Kat. 143).

143 **Eggestein-Bibel** – Zweite deutsche Bibel im Druck
1470 Straßburg: Heinrich Eggestein
Inkunabel Folio
WLB: Bb deutsch 1470 01

Nachdruck des Textes der Mentelin-Bibel durch dessen Konkurrenten in Straßburg Heinrich Eggestein. Zu sehen ist die erste Seite einer Vorrede mit dem Wappen der Adelsfamilie von Sachsenheim bei Stuttgart mit der Jahreszahl 1472.

Jörg von Sachsenheim schenkte die Bibel seiner Schwester, einer Nonne im Kloster der Prämonstratenserinnen in Lauffen am Neckar. Die Schenkung ist durch hübsche Verse dokumentiert. Leider wird das Blatt mit dem Gedicht vor über hundert Jahren versehentlich in das Stuttgarter Bibelexemplar von Mentelin eingebunden (siehe Kat. 142).

144 **Zainer-Bibel** – Vierte deutsche Bibel im Druck
1475 Augsburg: Günther Zainer
Inkunabel Folio
BSB: 2Inc.s.a.194-2

Der Verleger und Buchdrucker Günther Zainer überarbeitet die oberdeutsch-alemannische Sprache der Mentelin-Bibel und lässt diesen Text 1475 und 1477 drucken.

Zu sehen ist das Ende des biblischen Buches *Hohelied Salomos* und der Beginn des Buches *Weisheit Salomos* mit einer Darstellung des weisen Königs Salomo im Anfangsbuchstaben (Initiale). Die Initiale zu Beginn des Buches *Weisheit Salomos* darüber stammt aus dem „Maiblümchen-Alphabet" des Druckers Zainer.

Die Epistel sancti Jheronimi zu paulinum

Die hebt sich an die Epistel oder vor rede des hailigen priesters sant Iheronimi zu paulinu von allen gotlichen historie und der biblen das erst Capitel.

Brůder Ambrosius der hat uns bracht ein cleine gab. Do mit hat er auch bracht die aller sůsten brieffe die vō dē angang d' freüntschaft dez glaubē yetzund dez bewerten glaubens vñ auch alter freüntschaft hab wir ausgesprochē Wañ worum das ist ein wore notturftikeit ·und ist zůsamen gefůgt mit dē leym cristi·die nit heimlichkeit der ding·noch gegenwirtikeit· allein der leichnā vorsetze noch betrieglich noch zůschmeichendt zůblausung·sunder gottes forcht ·vñ d' fleiß götlicher schrifft versönet. Wir lesen in den alten hystorien·das etzlich haben umgangen das land und habent besůcht newes volck·und haben ubergangen das mer·auff das das sy möchten vor in gesechen·was sy bekantē aus den bůchern. Vñ also hat durchgangen pictagoras die menphiticos phates·vñ plato egiptum·und architam tarentinum·vñ auch die port ytalie·die vor zeitē ist geheissen die gros grecia ·und hat die gar schwerlich ubergangen ·also deñ do vor was ein meister zů athenis und was eins yetlichen lerers mechtig·und das in der heidnischen schůle achademie uber all sein lere hat den laut·der ward dornach ein pilgarim und ein iunger·und wolt vil lieber fremd kunst mit schame lernen·weñ sein eigne kunst on scham ausgebē. Vñ do er nu die schrift het durchechtet zegleicherweys als sy flüchtig were in aller welt. Dornach ward er gefangen von dē merraubern. Und auch ward er verkaufft eim grausamē wůtrich und dem ward er gehorsam·vñ gefangē zůgefůrt·und ward do ein gefasselter knecht. Jedoch daz er waz ein natürlicher meister so was er in dē gemůt grösser weñ er was. Wir lesen das etlich edel leut von dem eüssern teil hyspanie und auch vō den enden galliarum·seint kummen zů tyto liuio·vñ des gesprech flos als ein michel bach vñ die menschen die gen rom nit mochtē geziechen·zů ir bescheüdlickeit die fůrt zů ir eines menschen leümůt. Vñ das alter hat ein ungehortes und ein offenbars wund aller d' welt·also dz sy warē engegen gegangen in ein sölich gros stat·das sy noch etwas sůchtē aus der stat appolonius. Aber der zaubrer nach dem gesprech des popels·oder d' natürlichen menschen·als das veriechen die pictagorici·und er gieng ein in persas ·er durchgieng caucasum dē berg·das wasser albanos·satas·massagetas ·vñ durchgieng die reichsten landt in india·also kam er zů letzstē an das aller breitest wasser physon·das ubergieng er nit·sund' er kam hin in bragman·auf das dz er würd hören hyarcam der do saß auff dem guldin stůl · und was lerend und von dē brunnen tantali wie man den trinckē sol·und der hat wintzig iunger· die lerte er von der natur und sitten und von dem lauf des tags und der gestirn. Und dornach wandert er durch elamiten·und durch die babilonier·vñ die caldeos·medos·vñ assirios·partos·siros·phenicis·arabes·palestinos·und kert wider zů allexandriam·und durchwandert moren land ·auff das das er würd sechen in d' heidnischen schůlen den tisch der sunnen der wol verleümůt was·und dan wolt er sehen in dem sand. Und fand d' man an allen stetten was er lernet·und also nam er alweg zů und was alweg pesser uber sich selber. Und er hat geschriben uber das förderlich acht bůch der natürlichen kunst.

Das red ich von weltlichen menschen·sint einsmals das paulus d'·xij·bott: dz vaß der auserwelung·und der meister d' heidē·der d' von gewissen eins sölichen gasstes·in im also hat geredt. Was sol dz sein·dersůcht ir d'forschung das in mir redt cristus. Dornach hat er besůcht damascum und arabiā: dornach steig er uff gen iherusalē das er wolt sechen petrum vñ beleib bey im·xv·tag. Und dise siben vñ acht bedeüten geistlichē das er sol sein ein zůkünftiger prediger der heiden vñ die zůunderweisen. Aber anderweid nach·xiiij·iaren do nam er mit im barnaba ·und tyto·vñ leget aus das ewangelium mit den·xij· botten ·das er villeicht ycht lieff od' het gelauffen vergebens oder umb sunst. Es hat und ich weys nit waz verborgne krafft: vñ wirckung dz werck lieplicher stym : wirt ausgegossen in die oren des iungern :so sy stercklich lautent aus dē mund dz meisters. Und dorumb und do eschineus ellend was zů rodi·vñ do man las daz gedicht demostenis das er hat gehabt wider in. Vñ do sy sich dz alles gewunderten vñ lobtē: vñ do erseüftzte er vñ sprach. Was hetten sy getan· hetten sy gehort daz ein tier soliche wort het ausgedönt.

Dise ding sprich ich nicht·dorumb daz icht des gleichen in mir sey· so das du mügst gelernen von mir·aber das du mügst gehören von mir: besunder dem hitz vñ fleys zů der lernung·sol bewert werden auch an uns. Wann lerlichs gemůt und synne einer ler ist lobes wert Wir mercken nit was du findest: sunder was du sůchst. Ein weiches wachs vñ das gering ist und gebeügt zů den formen :auch ob nu die hend des meisters vñ des werckers aus nören :jedoch ist es gantz in seiner kraffte was doraus werden mag. Paulus der·xij·bot d' gendet do von das er daz gesetz moysi und propheten hab gelernet : zů den füssen gamaliels·vñ daz er also geharnischt was mit den geistlichen pfilen·vñ do vō sprach er hin nach sicherlich. Die waffen unser ritterschaft sind nit fleischlich· sunder d' gewalt des herrn·zůstörē alle höch die sich erhebt uber die kunst gotz: und wir sein vachend alle vernunfft und verstentlichkeit gehorsam sein zů cristo: vñ wir sein bereit underteinig zůmachē all ungehorsamkeit. Er schreibt

1472

geschmack deins munds als der roten öpffel·dein kel ist als der böst wein. Wirdig zetrincken meim lieben unnd seinen lepsen und den zenen zů indrucken. Ich bin meim lieben· unnd sein widerkerunge ist zů mir. Mein lieber kum wir wöllē außgen in dē acker· wir wöllen wonen in den dörfferen. Wir söllen frů auf steen zů den weingarten wir sechen ob der weingarte hat geblůet· und ob sein blůmē haben frucht gebracht· unnd ob die roten öpffel habent geblůet. Ich gib dir do mein brust· die alraumē od' mandragore gaben den geschmack in unsern torn. Mein lieber ich hab dir behalten alle die neuwen öpffel und die alten. C viij

Wer soll mir geben dich meinen brůder saugend die brust meiner můtter · das ich dich vind außwendig und küß dich·und das mich yetzund nyemant verschmäche. Ich begreiff dich und für dich in das haus meiner můtter· und in die kamer meiner berern· do wirstu mich leren· und ich gib dir das tranck von dem vermischten wein·und von dem most meiner roten margranöpffel. Sein gelincke ist under meim haubt·unnd mit seiner gerechten umbfacht er mich. O ir töchter vō iherusalē ich beschwör euch das ir nit wöckent noch machen wachen die lieben·untz das sy selber will. Wer ist die· die do auf steigt von der wüst uberflüssent mit wollüsten·und ist geneyget auf yeren lieben. Ich erkücket oder erwecket dich under dem roten öpffelbaum·do ist zerbrochen dein můtter·unnd do ist vermailiget dein gebererin. Leg mich als ein insigel auf dein hertz·vñ als ein zeichen auf deinen arm · wann die liebe ist starck als der tod· und die hert lieb als die höll sein amplen seyen als die amplen des feürs und der flammen·vil wasser mochtē nit erlöschen die liebe·noch die flöß bedeckent sy. Ob der man gāb alle die hab seines haus umb die liebe·er verschmächet sy als nichtz. Unser schwester die ist klein und hat nit brüst·was thů wir unser schwester an dē tag so mit ir ist zereden. Ob sy ist ein maur·wir bauwē auf sy silbrin ärgker. Ob sy ist ein tür·wir maln sy mit cedrin taffeln. Ich bin ein maur· und mein brust als d' turn·seyt mal dz ich bin vor im gemacht als vindent den frid·d' weingart was dē gefridsamen· d' do hat volck in im er antwurt in den hůteren·der man bringt tausent silbrin umb sein frucht. Mein weingartē ist vor mir·dein tausent sind fridsam und zwayhundert den die do behůtent sein frucht·die du wonest in den gärten die freünd die lüsnent dir· mach mich hören dein stymm. Mein lieber fleuch unnd bis geleych der rechgeyssen· und den hintenkalb der hirschen auf den bergen der aromathen.

Ein ende hat das bůch Salomonis canticacanticorū·das ist das bůch des lobgesanges oder der mynnenden oder liebhabenden sel. Und vahet an die vorrede in das bůch der weyßheit.

Ditz bůch d' weysheit· ist nindt bey dē hebreyschen und sein gedicht hat vil mer ein röd d' kriechischē aussprechung. Unnd die iuden bestätigen und sprechen·das es sey des iuden phylon·und ist dorumb genant das bůch der weysheit· das in im sey die zůkunft cristi·der do ist die weysheit des vatters· und sein marter wirt fleissigklich in im ausgesprochen. Und es ist zůwissen·das der obgeschriben phylon·ist gewesen der geburt alexandri auß briesterlichem geschlecht.

Die vorred hat ein end·und hebt an das bůch sapientie·das ist das bůch d' weyßheit.

Das erst Capitel.

Habent liebe die gerechtikeite die ir urteylet die erde. Empfind vō dem herrn in der gůt und sůcht in in d' einualte des hertzē wann er wirt funden vō dē die in nit versůchen· aber er erscheint den die do habent den gelauben oder die trüwe in im. Wann die verkerten gedancken scheydent von got· aber die bewärt krafft straft die unweisen. Wann in die böswilligen sel get nit ein die weysheit · noch wonet in dē leib der do ist undertänig den sunden. Wann der heylig geist fleucht die gedichten zucht·und nimbt sich hin von den gedancken die do sind on verständnus·vñ wirt gestraft von den uberkumenden boßheit. Wann der geist der weysheit d' ist gütig und erlöst nit den verflůchten vō sein

seyen des auendes · wente du en weres nicht
weelke dat mer wasse dyt effte dat · effte dat
beyde tho sameu better schal syn Dat licht ys
sothe vnde is den oghen ghenochlick tho seen
de sonne Isset dat een mynsche vele iaren ghe-
lefft hefft · vnde in allen dussen verblyt heft ge
west · so is he ouck schuldick tho ghedenken
der dunkeren tijt van veler daghen de weelke
als se scholen komen so scholen de vorledē din
ghen werden berispt van ydelheyden Datum-
me verblyde iongelinck in dyner ioghet vn-
de dyn herte sy ynt gud in dyneme daghe din
er ioghet · Vnde wandel in den daghen dynes
herten vnde in dat anschauwen dyner ougen
Vnde were dat vor alle dusse · god dy schal brē
ghen in dat ordel ·

¶ Dat · xij · ca · wo ecclesiastes de ionge lude vor
manet tho ghedenken des heren in ere ionck
heyt ere de doit se auerkame · Vnde wo se gene
get scholen wesen to holdē de gebadere gades

D O ewech de gramschap van dyneme
herten vnde do aff de quatheit van dy
neme vleesche · wente ionckheyt vnde
weelde synt edel · ghedenke dynes scheppers in
den daghen dynre ioghet · er de tijt kamet dy
nes bedruckes · vnde er de iar neken dat du af
schalt seggē se en beuallen my nicht · er de son
ne dūkert vnde dat licht vnde de mane vñ de
sterren vnde er de wolken wedder keren na de
me regen Wanner de wechter des huses scho-
len werden beweget · vñ de aller starckste mā
nen beuen vnde dat malen in cleynen ghetale
ledich syn vnde dunker begynnen tho werden
de dat seen dor de holre vñ de dorē slutē vñ der
strate in der oitmodicheit der stēme des de dar
malet vp stan tho dē gelude des vogels · vnde
als de dochter des soten sanges vordoumen · so
scholen ok entseen de hogede vñ se scholē sick
vruchtē in dē wege · de mandelbome schal bloy
en vñ de lsprengh schal veth werdē · vñ de kap
perē scholen werdē gescheydē · wente de myn-
sche schal gan in dat huys syner ewicheyt vñ
se scholen in den stratē vm gan weynende · Er
dat de suluerē corde schal werdē gebroken vñ
er de guldē huue wedderūme lope vñ er de kru
ken breken vp dē putte vñ er dat vat werde ver
sletē vp der cisterne vñ er dat gescubbe weder
keret in syne erdē van danne dat was · vñ er de
geest wedder keret tho gade de en gaff · Ydel-
heyt der ydelheidē secht ecclesiastes vnde alle
dinghe synt ydelheyt · vñ vm dat ecclesiastes
de aller wyseste was · so leerde he dat volck vñ
vortalde dat he gemaket hadde · vndersoken-
de so makede he vyl parabelen · he sochte oeber
lyke worde vñ he schreff also gerechtige reden
vñ voll van warheyden · der wysen worde sint
als prekele vñ ghelyk nagele de in dat hoche
dyep ghenegelt syn · de welke gegeuen syn vā
eenē pastore dorch den raet der meistere Kint
soke nūmermer dinck wen desse · veel boeke to
maken en is neen ende · vnde stedes pynsynge
is des vleesches quellinge · horen wy alle tho sa
men dat ende des sproken · entfruchte god vñ
holde syne gebode · wente dyt is iewelich myn
sche schuldich · vnde alle dinge de gescheen vn
der der sonnen de schal god brengen to ordele
vor alle verholenheit dat sy gud effte quaet ·

¶ De hebreeschen seggē dat man dat boeck
der senghe genant · to latijn cātica cāticorū den
iungen luden slecht na der litteren nycht apē-
baren en schall wente de sijn nader litteren we
nich profites in brenget sunder dē ludē de toe
erer altheyt kamen vnde verstoruen synt vnde
oeck van hogen synnen is dat ghestalt wert
an de gelerdē vñ darvmb nicht in dutschen o-
uergesat en is vnde vm dat de bybel dan gāts
vñ geen gebreck an dē boekē en hebbe so vol
get dat selue boek in latijne hijr na beschreuen

¶ De coniunctōe sponsi et sponse Et de speci
ali recommendatōe sponse Capitulū primum

O o Sculetur me osculo oris sui
Quia meliora sūt vbera tua
vino: fragrantia vngētis op
timis · Oleum effusum no-
men tuum · ideo adolescen-
tule dilexerūt te · Trahe me
post te · Curremus in odore
vnguentorum tuorum · introduxit me rex in
cellaria sua · Exultabim? et letabimur i te: me
mores vberum tuorū super vinū Recti diligūt
te Nigra sum sed formosa filie iherusalem · si-
cut tabernacula cedar · sicut pelles salemonis
Nolite me considerare q̧ fusca sim · quia deco
lorauit me sol · Filij matris mee pugnauerunt
cōtra me: posuerūt me custodē i vineis · Vineā
meam non custodiui · Indica michi quem dili-
git anima mea: vbi pascas: vbi cubes in meri-
die: ne vagari incipiam post greges sodalium
tuorum Si ignoras te o pulcherrima inter mu
lieres: egredere et abi post vestigia gregum: et
pasce hedo? tuos iuxta tabernacula pastorum
Eq̄tatui meo in curib? pharaonis assimilaui
te amica mea · Pulcre sūt gene tue sicut turtu-
ris: collū tuū sicut monilia Murenulas aureas
faciemus tibi: vermiculatas argento Cum ess&
rex in accubitu suo: nardus mea dedit odorem
suū Fasciculᵉ mirre dilectus meus mihi: inter
vbera mea cōmorabit Botrus cipri dilect? me
us mihi · in vineis engaddi Ecce tu pulchra es
amica mea · ecce tu pulchra · oculi tui columba
rum · Ecce tu pulcher es dilecte mi et deco-
rus lectulus noster florid? · tigna domorū no
strarū cedrina · laquearia nostra cipressina ·

¶ Hijr begint Genesis dat ijrste boeck: eñ
is vā der schepnis der werlt: eñ des mȳschē ·

I N dem anbegyn schoep got he
mell eñ erde · Mer die erde was
ledich eñ ydell · eñ die duyster
nisse waren vp dē aenſicht des
affgronts · dat is vp den aen
sicht der elementen die do wae
ren vnuerscheiden · eñ die geist gaets wart
geuoirt bauen die waeter · Eñ got die sprak
Dat licht werde: eñ dat licht wart · Eñ got
die sach dat dat licht guet was: eñ hij deil-
den dat licht van der duysternissen: eñ dat
licht noemdē hi den dach: eñ die dusternisse
die nacht eñ die auent eñ morgen wart eyn
dach · Ende got die sprak · Dat firmament
werde in den middel der watere · eñ hy schey
den die waeter van den waeteren Ende got
maektē dat firmamēt eñ deilden die watere
die dar warē vnder dē firmamēt · van dē die
dar warē bauē dē firmamēt eñ dat geschach
also Eñ got noemde dat firmamēt dē hemel
eñ dat wart die auent eñ die morgen die an
der dach Eñ got sprak anderwerff De water
die vnder dē hemel sin werden vergadert an
ein stat: eñ verschyne die dorricheit Eñ dat
geschach also · ende got hete die dorricheyt
dat ertrik eñ die vergaderinge der water he
te hi dat mer · eñ got sach dat dat gud was
eñ sprak · Die erde groye groiende kruyt eñ
dat saet maek: ende holt dat appel draeghe
na sinen kunne: des saet sy in em selff vp der

1478–1483 PRACHTBIBELN AUF NIEDERDEUTSCH UND OBERDEUTSCH

Deutsche Bibeln aus Köln und Nürnberg

Vorbild für die ersten gedruckten Bibelausgaben in Köln auf Niederdeutsch ist die Zainer-Bibel (Nr. 143). Die beiden Kölner Bibeln unterscheiden sich beispielhaft in der Übersetzung des Bindewortes „und". Im niederrheinischen Dialekt heißt es „unde", im niedersächsischen Dialekt dagegen „ende".

Der Ansporn zu ihrer Veröffentlichung kommt vermutlich aus den Niederlanden. Zu jener Zeit gibt es dort einen starken Trend zu einer vertieften christlichen Religiosität (so genannte. *devotio moderna – Moderne Frömmigkeit*).

Wussten Sie es?

„Niederdeutsch" gilt als eigene Sprache. Noch heute sprechen Einheimische in Norddeutschland das „Plattdeutsch". Es ist eng verwandt mit dem Niederländischen.

„Oberdeutsch" sind die Sprachgebiete in Mittel- und Süddeutschland, Österreich, der deutschsprachigen Schweiz und dem Elsass. Später entwickelt sich das Früh-Neuhochdeutsche aus der ostmitteldeutschen Druckersprache – der Sprache der Lutherbibel.

151 **Unde-Bibel** – Erste niederdeutsche Bibel im Druck
1478 Köln: Bartholomäus von Unckel, Heinrich Quentell
Inkunabel Folio
WLB: Bb niederdt.1478 01
Buch Hohelied Salomos
(*Cantica Canticorum*) auf lateinisch

Die Angst vor der Zensur führt dazu, in den niederdeutschen Bibelausgaben das umstrittene Buch *Hohelied Salomos* nur auf Lateinisch abzudrucken – eine Art Selbstzensur. Sein erotischer Inhalt wird als anstößig empfunden.

De hebreescheen seggen dat man dat boeck der senghe genant: to latijn cantica canticorum den iungen luden slecht na der litteren nycht apenbaren en schall wente de sijn nader litteren wenich profites in brenget sunder den luden de toe erer altheyt kamen unde verstorven synt unde oeck van hogen synnen is dat ghestalt wert an de gelerden und[e] darumb nicht in dutschen overgesat en is unde um dat de bybel dan gants und[e] geen gebreck an den boeken en hebbe so vol get dat selve boek in latijne hijr na beschreven. (Es folgt der lateinische Text des Hohelied Salomos.)

152 **Ende-Bibel** – Zweite niederdeutsche Bibel im Druck
1478 Köln: Bartholomäus von Unckel, Heinrich Quentell
Inkunabel Folio
BSB: Rar.321
Erstes Buch Mose/ Genesis 1,1:
Illustration: die Erschaffung Evas, Ranken, Anbetung der Könige

Zum ersten Mal zieren Holzschnitte, die über beide Spalten gehen, den gedruckten Text. Die Kölner Bebilderung dieser niederdeutschen Bibeln ist das Vorbild für viele folgende oberdeutsche Bibelausgaben, insbesondere die Koberger-Bibel (Nr. 153). Neben dem Beginn des Alten Testamentes in Text und Bild ist am unteren Seitenrand die erste Erzählung des Neuen Testamentes dargestellt: die Anbetung der Könige in Betlehem (Matthäus).

153+154

Die Koberger-Bibel aus Nürnberg

Anton Koberger aus Nürnberg ist der bedeutendste deutsche Buchdrucker der Inkunabelzeit (1454–1500). Er besorgt sich die Kölner Druckstöcke (Nr. 151–152). Sein oberdeutsches Exemplar ist mit denselben Holzschnitten geschmückt wie die Kölner Bibeln. Martin Luther soll eine Koberger-Bibel in seinem Besitz gehabt haben.

153 **Koberger-Bibel** – Neunte deutsche Bibel im Druck
1483 Nürnberg: Anton Koberger
Inkunabel Folio
WLB: Bb deutsch 1483 01
1. Buch Mose / Genesis 1,1:
Illustration: die Erschaffung Evas,
Verlagskolorierung Koberger,
Nürnberg

Eine größere Druckerei kann die farbliche Gestaltung (Kolorierung) der Holzschnitte selbst vornehmen.

154 **Koberger-Bibel**
1483 Köln: Anton Koberger
Inkunabel Folio
BSB: Rar.288
1. Buch Mose / Genesis 1,1:
Illustration: die Erschaffung Evas,
Individuelle Kolorierung mit Blütenranken

Diese Bibel ist unkoloriert verkauft. Der Besitzer hat sie selbst farblich gestalten lassen. Hinzu kommt ein Rand mit Blütenranken.

Die symbolischen Farben der christlichen Kunst liegen fest: Gold und Blau für den Himmel, Grün für das Leben der Heiligen, Rot für das Blut der Märtyrer.

Hie hebt ſich an. Geneſis das erſt buch der
fünff bucher moyſi. Das erſt Capitel iſt vō
der ſchöppfung der werlt vnd aller creaturen.
vnd von den wercken der ſechs tag.

IN dem anfang
hat got beſchaf
fen hymel vnd
erden. aber dye erde was
eytel vnd lere. vnd die vin-
ſternus warn auff dē ant-
litz des abgrunds. vnd der
geiſt gots ſwebet oder ward getragen auff dē
waſſern. Vñ got der ſprach. Es werde dz liecht
Vñ das liecht iſt worden. vñ got ſahe dz liecht
das es gutt was. vnd er teylet das liecht vō der
vinſternus. vnd das liecht hyeß er den tag. vnd
die vinſternus die nacht. Vñ es ward abent vñ
morgen eyn tag. Vnd got der ſprach. Es wer-
de das firmament in dem mittel der waſſer. vñ
tayle die waſſer vō dē waſſern. Vñ got machet
das firmament. vnd teylet die waſſer. dy do wa
ren vnder dem firmament. von dē dy do waren
ob dem firmament. vnd es iſt alſo geſchehen
vnd got hieß das firmament den hymel vnd es
iſt der abent vñ der morgē der ander tag wordē
vñ got ſprach aber. Es ſullē geſamelt werdē dy
waſſer. die vnder dem hymel ſeynd. an eyn ſtatt,
vñ erſcheyne die durre. vnd es iſt alſo geſchehē
Vñ got hieß die dürre dz ertreich. Vñ dy ſam
nungen der waſſer. hieß er die mere. vnd got ſa
he das es was gut. vnd ſprach. Die erde gepere
grunendt krawt. das do bringe den ſamen. vnd
dy öpfelbawm. dz holtz. dz do bringe dy frucht
nach ſeym geſchlecht. des ſame ſey in ym ſelbs
auff der erde. vnd es iſt alſo geſchehen. vnd die
erd bracht grunend kraut. vnd bringenden ſa-

Der Geſchopf .V.

Hie hebt ſich an. Geneſis das erſt buch der
fünff bucher moyſi. Das erſt Capitel iſt vō
der ſchöppfung der werlt vnd aller creaturen.
vnd von den wercken der ſechs tag.
IN dem anfang
hat got beſchaf
fen hymel vnd
erden. aber dye erde was
eytel vnd lere. vnd die vin-
ſternus warn auff dē ant-
litz des abgrunds. vnd der
geiſt gots ſwebet oder ward getragen auff dē
waſſern. Vñ got der ſprach. Es werde dz liecht
Vñ das liecht iſt worden. vñ got ſahe dz liecht
das es gutt was. vnd er teylet das liecht vō der
vinſternus. vnd das liecht hyeß er den tag. vnd
die vinſternus die nacht. Vñ es ward abent vñ
morgen eyn tag. Vnd got der ſprach. Es wer-
de das firmament in dem mittel der waſſer. vñ
tayle die waſſer vō dē waſſern. Vñ got machet
das firmament. vnd teylet die waſſer. dy do wa
ren vnder dem firmament. von dē dy do waren
ob dem firmament. vnd es iſt alſo geſchehen
vnd got hieß das firmament den hymel vnd es
iſt der abent vñ der morgē der ander tag wordē
vñ got ſprach aber. Es ſullē geſamelt werdē dy
waſſer. die vnder dem hymel ſeynd. an eyn ſtatt,
vñ erſcheyne die durre. vnd es iſt alſo geſchehē
Vñ got hieß die dürre dz ertreich. Vñ dy ſam
nungen der waſſer. hieß er die mere. vnd got ſa
he das es was gut. vnd ſprach. Die erde gepere
grunendt krawt. das do bringe den ſamen. vnd
dy öpfelbawm. dz holtz. dz do bringe dy frucht
nach ſeym geſchlecht. des ſame ſey in ym ſelbs
auff der erde. vnd es iſt alſo geſchehen. vnd die
erd bracht grunend kraut. vnd bringenden ſa-

Hie hebt sich an. Genesis daß erst buch der fünff bücher moysi. Das erst Capitel ist von der schöppfung der werlt vnd aller creaturen. vnnd von den wercken der sechs tag.

IN dem anfang hatt gott beschaffen himel vnd erdē. aber dye erde was eytel vnd lere vnd die vinsternuß waren auff dem antlitz des abgrunds. vnd der geyst gots swebet oder ward getragen auff dē wassern. Vnd got der sprach. Es werde das liecht. Vñ das liecht ist worden vnd got sahe das liecht das es gůt was. vnd er teylet das liecht vō der vinsternuß. vnnd das liecht hyeß er den tag. vnd die vinsternuß die nacht. Vnd es ward abent vnnd morgen ein tag. Vnd got der sprach. Es werde das firmament in dem mittel der wasser. vñ tayle die wasser vō den wassern. Vnd got machet dz firmament. vnnd teylet die wasser. dye do waren vnder dem firmament. vō den dy do waren vob dez firmament.

erkennet auff den namen / vnd du hast funden genad vor mir. Darumb ob ich hab fundē genad in deinem angesicht so zayg mir dein angesicht das ich dich wisse/ vnd das ich fünd genad vor deinen augen/ Schauwe dein volck dises volck/ Vnd der herr sprach/ Mein antlitz fürgeet dir/ vnd ich gib dir die rûw Vnnd Moyses sprach/ Wilt du vnns nicht vorgeen so für vns nicht also vō der stat/ wann voran mügen wir wissen ich vnd dein volck das wir haben funden gnad in deinem angsicht/ dañ du geest mitt vns das wir werden glorificiert von allem volck die da wonen auff erden/ Do sprach der herr zů Moysen. Ich thů das wort das du hast geredet/ wañ du hast fundē genad vor mir vnd ich hab dich selber erkañt auff dem namen. Er sprach. So zayge mir dein glori/ Er antwurtet. Ich zayge dir alles gůt/ vnnd ich wirde angerůffet vor dir in dem namen des herren/ vnnd ich erparm mich dein/ ich will/ vñ ich wirde genädig in den ich mir gefalle/ vnd abermals sprach er. Mein antlitz magest du nit sehen. wañ der mensch sicht nit mein antlitz vnd lebt / vnnd sprach aber / Syhe es ist ain stat bey mir / du stee auff disen stayn/ Vnd so mein glori fürgeet / ich setze dich in die höle des stayns/ vnd ich beschirme dich mit meiner gerechten biß das ich fürgee/ Vnd ich nyñ mein hand vnd du sihest mein hinderste ding. aber mein antlitz magst du nicht gesehen.

Das XXXIIII capitel

Wie got moysi gepot ain andre stainene tafeln zů machñ. darein er jm die zehen gepot schryb auf dem perg synai.

UNd darnach sprach er. Hauwe dir auß zwů staynen tafeln gleich als die ersten / vnnd ich schreyb auff sy die wort / die die erstenn täfeln hetten / die du hast zerprochen / Byß frů beraytet / das du zůhandt auff geest an den perg Synai/ vnd du wirdest steen bey mir auff der höhe des perges/ Kainer gee auff mitt dir/ noch yemandt werde gesehen vmb allen den perge / die schaff vnd die ochßen werden nicht gewaydent her entgegñ. Do hauwet auß moyses zwů stainin tafeln

1485–1518 HUNGER NACH BIBLISCHEN GESCHICHTEN AUF DEUTSCH

Nacherzählung statt Übersetzung

Bibelausgaben auf Deutsch sind noch um das Jahr 1500 die Ausnahme. Üblich ist es, biblische Geschichten als Nacherzählungen zu drucken und zu lesen. Es sind Übersetzungen der lateinischen Texte, die in der Kirche zur Messfeier im Laufe des Kirchenjahres vorgelesen werden. Das sind vor allem Erzählungen aus dem Leben von Jesus im Neuen Testament.

Wussten Sie es?

Bis zum Beginn des 19. Jhs. misst man die Größe eines Buches danach, wie oft ein handgeschöpfter Papierbogen gefaltet ist. Drucker falten und schneiden **Folio**-Bögen für verschiedene Buchformate: Wird einmal gefaltet, erhält man das Buchformat **Folio**. Kleinere Bögen ergeben ein **Median-Folio**. Durch wiederholtes Falten entstehen die Buchformate **Quart** (vier Seiten aus einem Folio), **Oktav** (acht Seiten) und **Duodez** (zwölf Seiten) oder **Sedez** (16 Seiten).

161 **Grüninger-Bibel** – Zehnte deutsche Bibel im Druck
1485 Straßburg: Johannes Grüninger
Inkunabel Median-Folio
BSB: 2Inc.c.a.1555-1
Erstes Buch Mose / Genesis 1–2:
Die Erschaffung Evas

In Straßburg druckt Johannes Grüninger die Koberger-Bibel im kleineren, handlichen Format.

Die Holzschnitt-Illustrationen sind denen der Koberger Bibel (Nr. 151) nachempfunden, vereinfacht und verkleinert.

162 **Otmar-Bibel** – Vierzehnte deutsche Bibel im Druck
1518 Augsburg: Silvan Otmar
Folio
WLB: Bb deutsch 1518 01-1
Zweites Buch Mose / Exodus 34:
Mose am Berg Sinai

Die letzte Ausgabe einer oberdeutschen Bibel vor dem Erscheinen von Martin Luthers Übersetzung 1522.

Das Bild zeigt eine Eigenart der lateinischen Bibel-Tradition: Nach der Übersetzung des Hieronymus ist Mose am Berg Sinai an zwei „Hörnern" erkennbar (Zweites Buch Mose / Exodus 34). Andere Übersetzungen aus dem Hebräischen lesen stattdessen „strahlend" oder „verklärt". Die deutschen Bibelausgaben vor 1500 und die katholischen Bibeln bis ins 19. Jh. übernehmen aus dem Lateinischen die Übersetzung des Hieronymus – bis hinein in die Bebilderung.

163 **Plenarium deutsch**
Biblische Texte für gottesdienstliche Lesung und Predigt – Lektionar
1474 Augsburg: Günther Zainer
Inkunabel Folio
BSB: 2Inc.c.a.308
Lesetext am Fest „Heilige Drei Könige“, 6. Januar

Erstdruck einer deutschen Übersetzung der biblischen Texte, die für die Lesung und die Predigt in den Kirchen an den Sonn- und Feiertagen im Kirchenjahr vorgesehen sind. Die Predigtabschnitte, insbesondere aus den Evangelien des Neuen Testamentes, waren im Spätmittelalter auch für Laien zum Druck freigegeben.

Darstellung mit einer Anbetung der Weisen aus dem Morgenland als „Heilige Drei Könige“ in Betlehem (Matthäusevangelium Kap. 2).

164 **Schedelsche Weltchronik,** deutsch
Hartmann Schedel: Das Buch der Chroniken und Geschichten mit figuren und pildnissen
Holzschnitte von Michael Wolgemut und Wilhelm Pleydenwurff
1493 Nürnberg: Anton Koberger für Sebald Schreyer und Sebastian Kammermaister
Inkunabel Folio
BSB: 2Inc.c.a.2922

Die Schedelsche Weltchronik erzählt die Geschichte der Welt. Sie beginnt mit einer ausführlichen Nacherzählung der biblischen Schöpfung und endet im 15. Jh. – in der damaligen Gegenwart der Autoren.

Mehr als 1.800 Holzschnitte bebildern den Text. Die aufgeschlagene Seite aus dem *erst alter der werlt*, dem ersten Weltzeitalter, zeigt die Erschaffung Evas.

165 **Das Leben von Jesus, Nacherzählung** / Evangelienharmonie, deutsch
Der Text des passions oder leydens christi, auß den vier evangelisten zusammen in ein sinn bracht mit schonen figuren
1507 Straßburg: Johannes Knobloch
Ganzseitige Holzschnitte von Urs Graf, teilweise von Hans Wechtlin
Median Folio
BSB: Res/2J.can.u.121#Beiband 2
Illustration: Kreuzigung Jesu.
Ein Kriegsknecht reicht dem Gekreuzigten einen Ysop-Stab mit Essig-Schwamm.

Die Zusammenstellung verschiedener Ereignisse des Lebens von Jesus aus den vier Evangelien des Neuen Testamentes nennt man *Evangelienharmonie*. Das Interesse an diesen Geschichten über Jesus ist groß. Bebilderte Nacherzählungen sind beliebt.

166 **Das Leben von Jesus, Nacherzählung** – Evangelienharmonie, deutsch
Das leben Jesu Christi gezogen auß den vier Euangelisten: mit kurtzer beyleer vnd christlicher underweisung: Dazu vil schoner figure bedeütung
Ganzseitige Holzschnitte von Urs Graf und Hans Wechtlin
1508 Straßburg: Johannes Knobloch
Median Folio
WLB: Bb graph. 1508 01
Illustration: Geburt Christi in Betlehem

¶ An dem zwelfften tag ewangelium Mathei der heyligen dreyn Künig·

¶ Cū natꝰ esset ihe-sus in bethleem iude in diebꝰ herodis re-gis· Ecce magi ab oriente· Math·ij·
¶ Da ihesus geboren was in bethleem iu-de· in den tagen des künigs herodis· De-hent da kamen die künig von d' sunnē auffgang gen iheru-salem vnd sprachen Wa ist der geborē ist eyn künig der iuden· vnd wir haben gesehen seynen sternn in orient· vnd seynd kummen mit gaben in an-zübeten· Da das herodes hort· da ward er betrübt vñ alles iherusalem mit im· vnd samelte alle fürsten der priester· vnd die schreyber des volcks vnd fragte von in· Wa cristus geboren solt werden· vnd sy sagtē ym in bethleham iude· wann also ist geschriben durch den propheten· Du bethleham iude· du bist nit die mynst oder die kleynst in den fürsten Juda· Wann auß dir wirt außgan eyn fürst der da regiere meyn volck is-rahel· Vnd herodes vordert heymlich die künig zū i vnd lernet fleyssiglichen von in die zeyt des Sterns der in erschynen was· vnd sandt sy in bethlehem· vñ sprach· Get vnd fragend fleyssiglichen nach dē kind vnd so ir es vindent· so verkündent mir es wider· das ich auch kūme vñ in anbete· Da sy den künig gehört

63

164

Das erst alter.

Das erst alter d' werlt von Adā bis zu d' sintflus hat nach d' hebreyschen schrifft. ij^m^.vi^c^.lvi.iar. aber nach sag d' lxx. außleger auch ysidori vñ anderer d' zal her nach in disem buch bestibt ist hat es gehabt. ij^m^.ij^c^.xlij.iar.
Die höhst güthait wolt ir gut auch andern mittailē darūb beschuff sie ein vernünftige creatur die das höhst gut verstünd. versteende liebhet. liebhabende besesse vnd besitzende selig wer. Aber got machet den ersten menschen vnd formet seinen leib durch dienst der engel vō leimen der erden in dem agker damasceno. vnd eingey-stet in sein angesicht die geystung des lebens das ist. Er beschuff ein sel. die er dem gemachtē leib vereinigt. vnd d' mensch ist gemaht zu der pildnus gottes in natürlichen dingen vnd zu seiner gleichnuß in gnadenreichen dingen den dañ got der herr mit wunderperlicher gnad durchgossen hat.
Als nw die geseltē creatur der erdē vnd das geflügl geformirt vnd zu adā gefürt warden die zeschen da den adaz nit gefundē ward ein helfer im gleich da sendet der herr einē schlaff in adam. vnd nam aine auß seinen rippē: erfüllet fleisch für sie vnd machet die zu einē weib die adā sahe vnd sprach. diß pain ist nun vō meinē gepai nen. dise wirt genant Jssa: das sovil ist als ein weib dan sie ist vō einē mā genomē. Nw der herr füret Adā in das paradeiß vnd hat daselbst vō der ripp des slaffenden Euā gemacht vnd ime ein gesellen geformt. Aber er hat sie nit gemacht vō haubt das sie vber den man nit herschte. Auch nit vō fueß des mans das sie nit verschmeht würd sunder vō der seyten zu bewerung eins bands der lieb. Auch darumb das ein yder im selbs nicht mit adel der stat oder der gepurt sunder mit tugend gnad sameln sol. vnd wie wol der man ausserhalb des paradeiß vñ das weib dar in beschaffen ist so ist doch der man der an der vndern stat ward gemacht besser gefunden für Eua die im paradeiß geschaffen ward. Also hat got der höhst werckman allerding am sechsten tag d' werlt. am. xv. tag mar-tij nach dē geschöpff der thier des ertreichs vnd aller kriechendē würm vnd der geflügel vō rotē erdklos oder lettē in dem agker damasceno Adā den erstē meschē erschaffen als ein end vnd einē besitzer aller creatur.

Die Wiederentdeckung des Urtextes

Gedruckte Bibeln auf Hebräisch und Griechisch

Eine neue Zeit: Humanismus und Renaissance

Zwischen 1400 und 1500 bricht in Europa eine neue Zeit an. Die Gelehrten entdecken den „Menschen als Maß aller Dinge" wieder (aus dem Lateinischen: *Humanismus*). Da sich diese Bewegung auf die Antike bezieht, nennt man sie *Renaissance*, das heißt: Wiedergeburt der Antike. Die Humanisten stellen fest, dass sich die lateinische Bibel von den hebräischen und griechischen Bibeltexten der Antike an manchen Stellen unterscheidet. Der Buchdruck verbreitet diese Erkenntnis in ganz Europa.

Ursprache Hebräisch

Es gibt keine „Ur-Bibel" – alle erhaltenen hebräischen und griechischen Fassungen sind spätere Abschriften. Dennoch sind Hebräisch und Griechisch die biblischen „Ursprachen". Die jüdische Bibel wird von der christlichen Kirche anfangs in ihrer alten griechischen Fassung (bzw. deren lateinischen Übersetzung) als ihr „Altes Testament" rezipiert. In der Renaissancezeit entdeckt das Christentum dann die hebräische Sprache und den hebräischen Bibeltext für sich. Um 1480 erscheinen in Italien hebräische Bücher im Druck für den Gebrauch in jüdischen Gemeinden. Im Jahr 1510 verhindert der christliche Humanist Johannes Reuchlin die Vernichtung jüdischer hebräischer Bücher in Deutschland. Martin Luther (1483–1546) ist Zeit seines Lebens begeistert von der hebräischen Sprache und betont die jüdische Herkunft Jesu. In den letzten Jahren vor seinem Tod schlägt dieses Interesse Luthers in bitteren, unerträglichen Judenhass um.

Ursprache Griechisch

Ursprünglich ist das Neue Testament auf Griechisch überliefert. Nur in der griechisch-orthodoxen Kirche lebt das fort. Erst 1516 erscheint das Neue Testament gedruckt auf Griechisch mit lateinischer Übersetzung. Herausgeber ist der berühmte Humanist Erasmus von Rotterdam. Er verhindert zunächst das Erscheinen einer anderen konkurrierenden Ausgabe auf dem Buchmarkt. So wird sein griechisches Neues Testament Grundlage für die Übersetzungen der Reformation aus der Ursprache.

Um das Jahr 1500

gibt es in ganz Deutschland etwa 3 Millionen Bücher, vor allem als Druckwerke.

Wussten Sie es?

Die Städte Mainz, Worms und Speyer sind in den Jahren 1000–1099 Zentren jüdischer Weisheit.

Im griechischen Alten Testament sind mehr Bücher gesammelt als in der hebräischen Bibel. Auch die Reihenfolge ist anders.

1486–1524 URFASSUNG DER BIBEL?

Die hebräische Bibel und das griechische Alte Testament in frühen Druckausgaben

Schon in der Antike gibt es neben den hebräischen Schriften eine griechische Ausgabe der jüdischen Bibel, die Septuaginta. Die griechisch-orthodoxe Kirche behält die griechische Bibel des Alten und Neuen Testamentes bis heute im Gebrauch. Die Reihenfolge der biblischen Bücher ist – außer bei den Fünf Büchern Mose – anders. Es sind Bücher enthalten, die die hebräische Bibel nicht kennt.

Hebräische Bibel (TaNaCh)	***Griechisches Altes Testament (Septuaginta)***
Fünf Bücher Mose (Tora)	*Fünf Bücher Mose (Pentateuch)*
Vordere Propheten (Neviim Rischonim)	*Geschichtsbücher*
Josua, Richter 1–2 Samuel, 1–2 Könige	Josua, Richter, Rut, 1–2 Samuel, 1–2 Könige, 1–2 Chronik, Esdras 1 (Vulgata = Esdras 3), Esdras 2–3 (= Esra – Nehemia), Ester, Ester-Zusätze, Judit, Tobit, 1–2 Makkabäer, 3–4 Makkabäer
Hintere Propheten (Neviim Acharonim)	*Psalmen, Oden, Weisheitsbücher*
Jesaja. Jeremia, Ezechiel, Zwölf Kleine Propheten (Hosea – Maleachi)	Psalmen David 1–150, Psalm 151, Oden, Sprüche Salomo, Prediger Salomo, Hohelied Salomo, Hiob, Weisheit Salomo, Jesus Sirach, Psalmen Salomo
Schriften (Ketuvim)	*Prophetische Bücher*
Psalmen Davids, Hiob, Sprüche Salomo, Rut, Hohelied Salomo, Prediger Salomo, Klagelieder Jeremia, Ester, Daniel, Esra-Nehemia, 1–2 Chronik	Zwölf Kleine Propheten (Hosea – Maleachi), Jesaja. Jeremia, Baruch, Klagelieder Jeremia, Brief des Jeremia, Ezechiel, Susanna, Daniel, Bel und der Drache

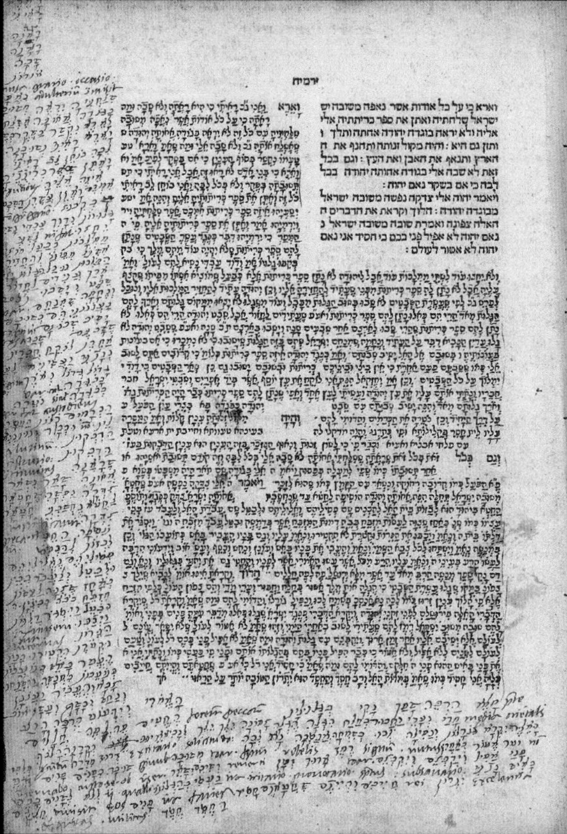

211

ויהי

אחרי מות משה עבד יהוה ויאמר יהוה אל יהושע בן נון משרת
משה לאמר׃ משה עבדי מת ועתה קום עבר את הירדן הזה
אתה וכל העם הזה אל הארץ אשר אנכי נתן להם לבני
ישראל׃ כל מקום אשר תדרך כף רגלכם בו לכם נתתיו
כאשר דברתי אל משה׃ מהמדבר והלבנון הזה ועד הנהר
הגדול נהר פרת כל ארץ החתים ועד הים הגדול מבוא
השמש יהיה גבולכם׃ לא יתיצב איש לפניך כל ימי חייך
כאשר הייתי עם משה אהיה עמך לא ארפך ולא אעזבך׃ חזק
ואמץ כי אתה תנחיל את העם הזה את הארץ אשר נשבעתי
לאבותם לתת להם׃ רק חזק ואמץ מאד לשמר לעשות ככל
התורה אשר צוך משה עבדי אל תסור ממנו ימין ושמאל
למען תשכיל בכל אשר תלך׃ לא ימוש ספר התורה הזה
מפיך והגית בו יומם ולילה למען תשמר לעשות ככל הכתוב
בו כי אז תצליח את דרכך ואז תשכיל׃ הלא צויתיך חזק
ואמץ אל תערץ ואל תחת כי עמך יהוה אלהיך

212

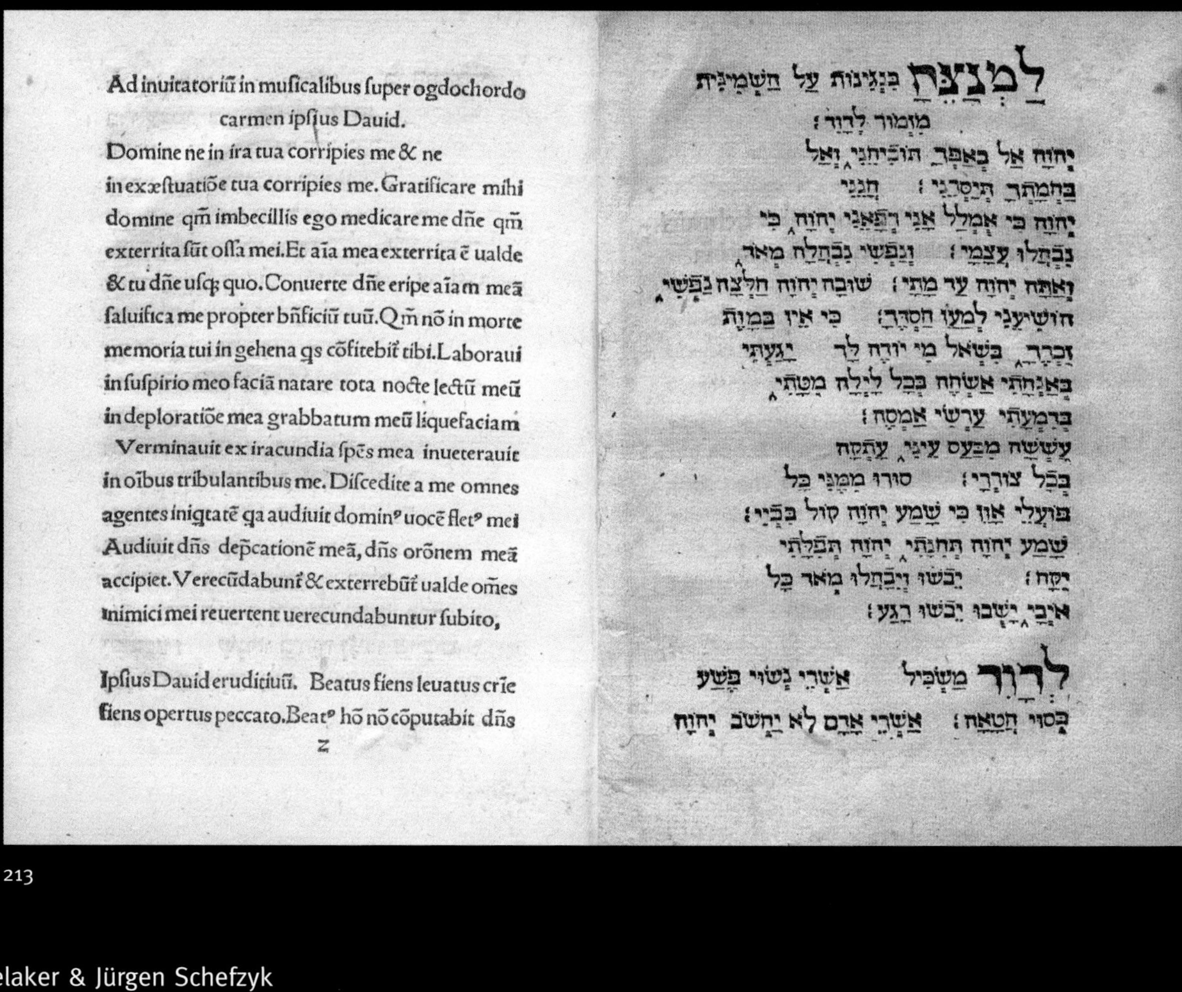

Ad inuitatoriũ in musicalibus super ogdochordo
carmen ipsius Dauid.
Domine ne in ira tua corripies me & ne
in exæstuatiõe tua corripies me. Gratificare mihi
domine qm̃ imbecillis ego medicare me dñe qm̃
exterrita sũt ossa mei. Et aĩa mea exterrita ẽ ualde
& tu dñe usq; quo. Conuerte dñe eripe aĩam meã
saluifica me propter bñficiũ tuũ. Qm̃ nõ in morte
memoria tui in gehena qs cõfitebit̃ tibi. Laboraui
in suspirio meo faciã natare tota nocte lectũ meũ
in deploratiõe mea grabbatum meũ liquefaciam
Verminauit ex iracundia spẽs mea inueterauit
in oĩbus tribulantibus me. Discedite a me omnes
agentes iniqtatẽ qa audiuit domin⁹ uocẽ flet⁹ mei
Audiuit dñs depcationẽ meã, dñs orõnem meã
accipiet. Verecũdabunt̃ & exterrebũt̃ ualde oẽs
inimici mei reuertent uerecundabuntur subito,

Ipsius Dauid eruditiuũ. Beatus fiens leuatus crie
fiens opertus peccato. Beat⁹ hõ nõ cõputabit dñs
z

למנצח בנגינות על השמינית
מזמור לדוד׃
יהוה אל באפך תוכיחני ואל
בחמתך תיסרני׃ חנני
יהוה כי אמלל אני רפאני יהוה כי
נבהלו עצמי׃ ונפשי נבהלה מאד
ואתה יהוה עד מתי׃ שובה יהוה חלצה נפשי
הושיעני למען חסדך׃ כי אין במות
זכרך בשאול מי יודה לך׃ יגעתי
באנחתי אשחה בכל לילה מטתי
בדמעתי ערשי אמסה׃
עששה מכעס עיני עתקה
בכל צוררי׃ סורו ממני כל
פעלי און כי שמע יהוה קול בכיי׃
שמע יהוה תחנתי יהוה תפלתי
יקח׃ יבשו ויבהלו מאד כל
איבי ישבו יבשו רגע׃

לדוד משכיל אשרי נשוי פשע
כסוי חטאה׃ אשרי אדם לא יחשב יהוה

213

211 **Neviim Acharonim** – Die Bücher der Hinteren Propheten, hebräisch
um 1486 Soncino: Josua Solomon Soncino
Inkunabel Folio
WLB: Bb hebr.1486 01
Aufgeschlagen:
Jeremia 3,4-12

Um den Bibeltext herum befindet sich in gedruckter Form der Kommentar des bedeutenden jüdischen Gelehrten David Kimchi (1160–1235 n. Chr.). Die handschriftlichen Glossen am Rand stammen von einem späteren Besitzer des Buches.

In der hebräischen Ordnung gehören zu den *Hinteren Propheten* (Neviim Acharonim) Jesaja, Jeremia, Ezechiel und das Zwölfprophetenbuch.

212 **Tanach: Tora, Neviim, Ketuvim,** hebräisch
1492 Neapel: Josua Solomon Soncino
Inkunabel Folio
WLB: Bb hebr.1493 01

Hebräische Vollbibel mit den drei Teilen Tora (die Fünf Bücher Mose), Neviim (die prophetischen Bücher) und Ketuvim (die übrigen Schriften). Die drei Anfangsbuchstaben T, N, K ergeben das Wort **Tanach**, die jüdische Bezeichnung für die hebräischen heiligen Schriften. Aufgeschlagen ist die erste Seite des Buches Josua mit einem dekorativen Rahmen in Holzschnitttechnik.

213 **Johannes Reuchlin: Die sieben Bußpsalmen,** hebräisch und lateinisch
Joannis Reuchlin in septem psalmos poenitentiales Hebraicos interpretatio de verbo ad verbum, & super eisdem commentarioli sui, ad discendum linguam hebraicam ex rudimentis
1512 Tübingen: Thomas Anshelm
Oktav
BSB: P.lat.1683

Der christliche Humanist und Kenner des Hebräischen Johannes Reuchlin verhindert um 1512 die Vernichtung der hebräischen Schriften in Deutschland im so genannten Pfefferkorn-Streit.

Er veranlasst diesen ersten hebräischen Druck eines zusammenhängenden Bibeltextes auf deutschem Boden. Der Text enthält die sieben Bußpsalmen. Reuchlin übersetzt sie ins Lateinische. Die aufgeschlagene Seite zeigt Psalm 6.

214 **Rabbinerbibel,** hebräisch und aramäisch
Sa'ar YHWH ha-chadasch (Das neue Tor des Herrn)
1524/25 Venedig: Daniel Bomberg
Folio
WLB: Bb hebr.1525 01

In dieser jüdischen Studienbibel ist der Text der hebräischen Bibel umrahmt von den Anmerkungen der beiden großen jüdischen Gelehrten RaSchi und Ibn Esra. Die aufgeschlagene Seite zeigt die Zehn Gebote (*Decalogus*) in der Tora. Bei allen Texten, die regelmäßig im Synagogen-Gottesdienst vorkommen, steht daneben eine erklärende Übersetzung in aramäischer Sprache, der Targum.

215 **Psalterium cum canticis,** griechisch
Psaltērion
1496–98 Venedig: Aldus Manutius
Quart
BSB: 4Inc.s.a.630

Zunächst gibt es keine Druckerzeugnisse der Heiligen Schrift des Alten und Neuen Testamentes auf Griechisch, außer den Stücken, die Teil des griechisch-orthodoxen Gottesdienstes sind.

Hierzu zählen auch die Lieder des orthodoxen Gottesdienstes: Neben dem Buch der Psalmen aus dem griechischen Alten Testament stehen Lieder des griechischen Neuen Testamentes, darunter der *Lobgesang der Maria* (Lk 1) und der *Lobgesang Simeons* (Lk 2).

Die aufgeschlagene Seite enthält die Psalmen 53 und 54 (nach der griechischen Zählung).

216 Erster Druck einer griechischen Vollbibel – des Alten und Neuen Testamentes
Sacrae Scriptvrae Veteris, Novaeque Omnia, griechisch
Panta ta Kat' Exochēn Kalumena Biblia Theias Dēladē graphēs Palaiaste, Kai Neas
1518 Venedig: Aldus Manutius und Andreas Torresanus d'Asola
Folio
WLB: Bb griech.1518 01

Die Bibel der griechischen Kirche ist die Vorlage für diesen ersten Druck auf Griechisch aus dem Jahr 1518. Zu sehen ist der Beginn des Buches „Weisheit Salomos" aus dem Alten Testament, das in der Hebräischen Bibel nicht vorkommt.

Zu dieser Ausgabe gehört der Abdruck eines griechischen Neuen Testamentes – allerdings in der Ausgabe von Erasmus von Rotterdam (siehe Kat. 221). Papst Leo X. duldet damals nur die Ausgabe des Erasmus.

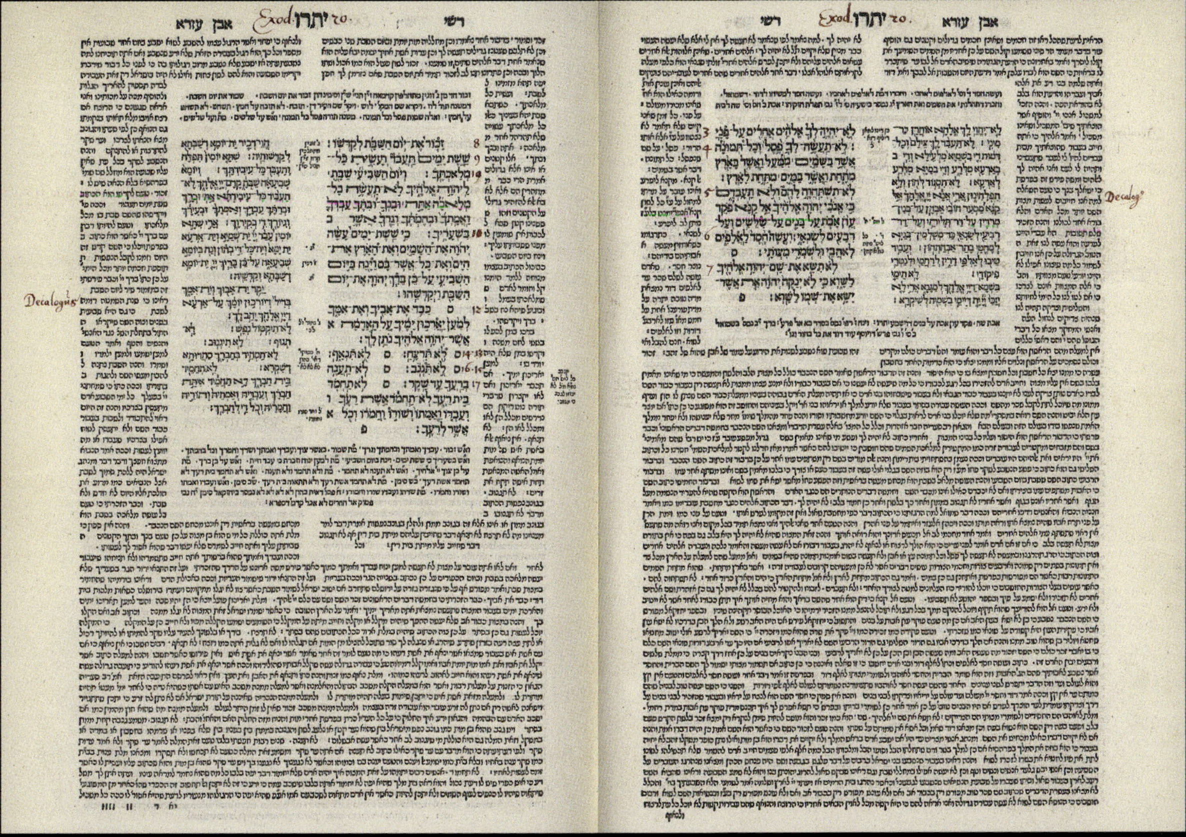
Exod. יתרו כ.
אבן עזרא
רשי
Decalogus
Decalogus

214

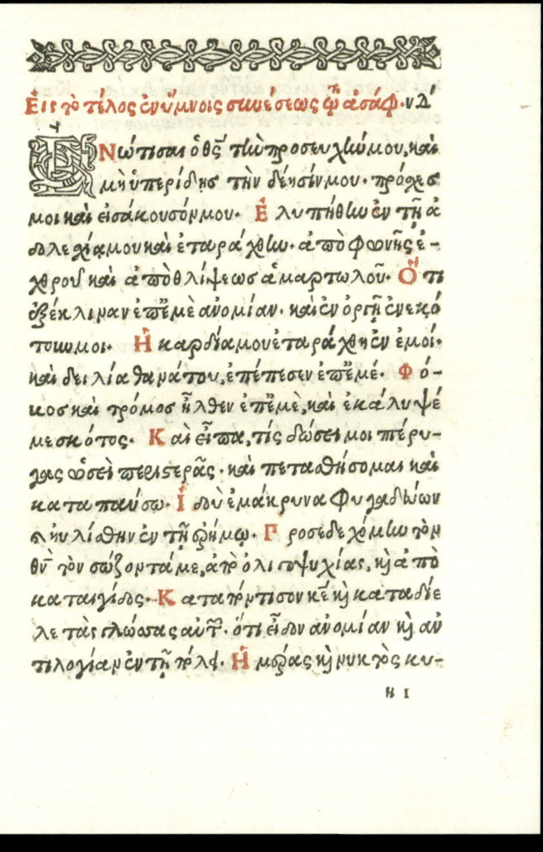
Εἰς τὸ τέλος ἐν ὕμνοις συνέσεως τῷ ἀσάφ. νδ΄
Ἐνώτισαι ὁ θεὸς τὴν προσευχήν μου, καὶ
μὴ ὑπερίδῃς τὴν δέησίν μου· πρόσχες
μοι καὶ εἰσάκουσόν μου· Ἐλυπήθην ἐν τῇ ἀ-
δολεσχίᾳ μου καὶ ἐταράχθην ἀπὸ φωνῆς ἐ-
χθροῦ καὶ ἀπὸ θλίψεως ἁμαρτωλοῦ· Ὅτι
ἐξέκλιναν ἐπ' ἐμὲ ἀνομίαν, καὶ ἐν ὀργῇ ἐνεκό-
τουν μοι· Ἡ καρδία μου ἐταράχθη ἐν ἐμοί,
καὶ δειλία θανάτου, ἐπέπεσεν ἐπ' ἐμέ· Φό-
βος καὶ τρόμος ἦλθεν ἐπ' ἐμέ, καὶ ἐκάλυψέ
με σκότος· Καὶ εἶπα, τίς δώσει μοι πτέρυ-
γας ὡσεὶ περιστερᾶς· καὶ πετασθήσομαι καὶ
καταπαύσω· Ἰδοὺ ἐμάκρυνα φυγαδεύων
καὶ ηὐλίσθην ἐν τῇ ἐρήμῳ· Προσεδεχόμην
τὸν σώζοντά με, ἀπὸ ὀλιγοψυχίας, καὶ ἀπὸ
καταιγίδος· Καταπόντισον κύριε καὶ καταδί-
ελε τὰς γλώσσας αὐτῶν· ὅτι εἶδον ἀνομίαν καὶ ἀν-
τιλογίαν ἐν τῇ πόλει· Ἡμέρας καὶ νυκτὸς κυ-

215

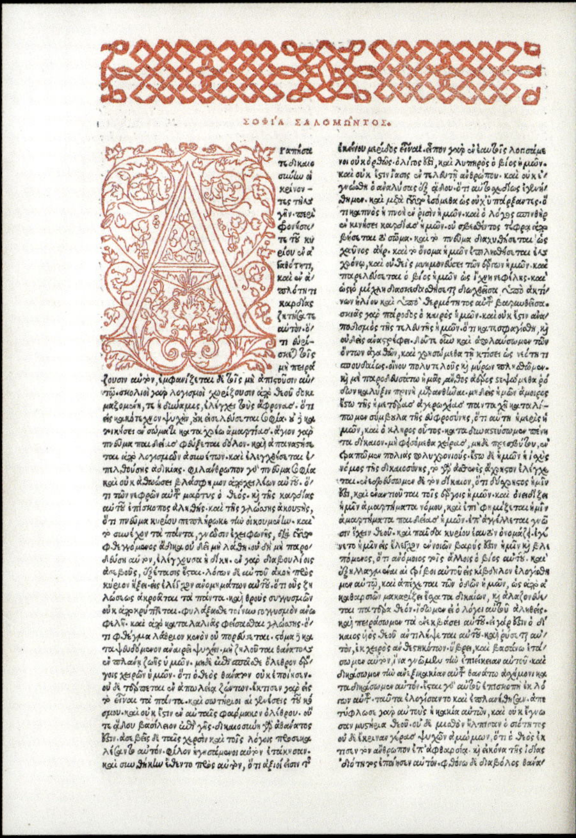
ΣΟΦΙΑ ΣΑΛΩΜΩΝΤΟΣ.

216

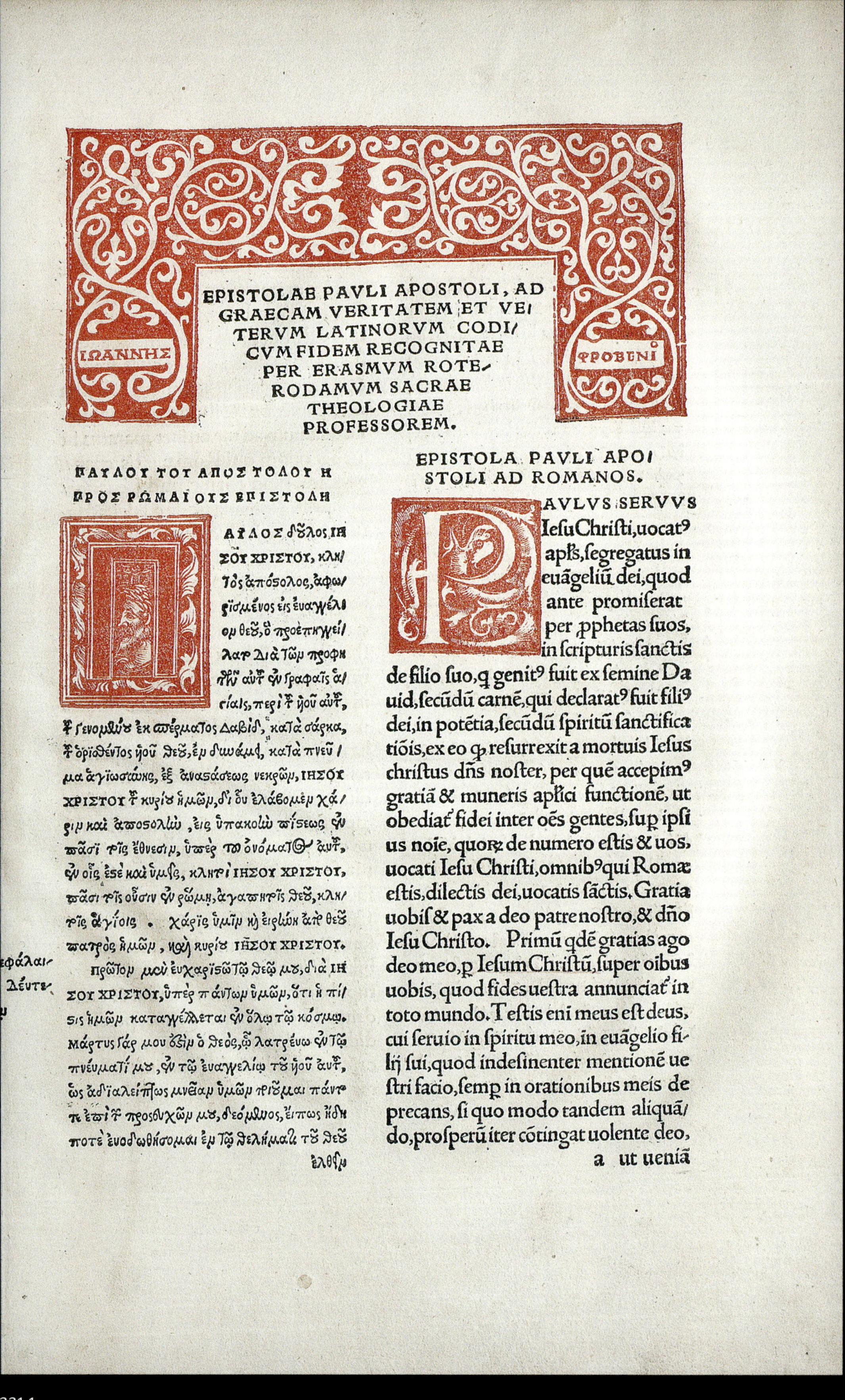

EPISTOLAE PAVLI APOSTOLI, AD GRAECAM VERITATEM ET VETERVM LATINORVM CODICVM FIDEM RECOGNITAE PER ERASMVM ROTERODAMVM SACRAE THEOLOGIAE PROFESSOREM.

ΙΩΑΝΝΗΣ ΦΡΟΒΕΝΙ

ΠΑΥΛΟΥ ΤΟΥ ΑΠΟΣΤΟΛΟΥ Η ΠΡΟΣ ΡΩΜΑΙΟΥΣ ΕΠΙΣΤΟΛΗ

ΠΑΥΛΟΣ δοῦλος ΙΗΣΟΥ ΧΡΙΣΤΟΥ, κλητὸς ἀπόστολος, ἀφωρισμένος εἰς εὐαγγέλιον θεοῦ, ὃ προεπηγγείλατο διὰ τῶν προφητῶν αὐτοῦ ἐν γραφαῖς ἁγίαις, περὶ τοῦ υἱοῦ αὐτοῦ, τοῦ γενομένου ἐκ σπέρματος Δαβίδ, κατὰ σάρκα, τοῦ ὁρισθέντος υἱοῦ θεοῦ, ἐν δυνάμει, κατὰ πνεῦμα ἁγιωσύνης, ἐξ ἀναστάσεως νεκρῶν, ΙΗΣΟΥ ΧΡΙΣΤΟΥ τοῦ κυρίου ἡμῶν, δι' οὗ ἐλάβομεν χάριν καὶ ἀποστολὴν, εἰς ὑπακοὴν πίστεως ἐν πᾶσι τοῖς ἔθνεσιν, ὑπὲρ τοῦ ὀνόματος αὐτοῦ, ἐν οἷς ἐστὲ καὶ ὑμεῖς, κλητοὶ ΙΗΣΟΥ ΧΡΙΣΤΟΥ, πᾶσι τοῖς οὖσιν ἐν ῥώμῃ, ἀγαπητοῖς θεοῦ, κλητοῖς ἁγίοις. χάρις ὑμῖν καὶ εἰρήνη ἀπὸ θεοῦ πατρὸς ἡμῶν, καὶ κυρίου ΙΗΣΟΥ ΧΡΙΣΤΟΥ.

Πρῶτον μὲν εὐχαριστῶ τῷ θεῷ μου, διὰ ΙΗΣΟΥ ΧΡΙΣΤΟΥ, ὑπὲρ πάντων ὑμῶν, ὅτι ἡ πίστις ὑμῶν καταγγέλλεται ἐν ὅλῳ τῷ κόσμῳ. μάρτυς γάρ μου ἐστὶν ὁ θεὸς, ᾧ λατρεύω ἐν τῷ πνεύματί μου, ἐν τῷ εὐαγγελίῳ τοῦ υἱοῦ αὐτοῦ, ὡς ἀδιαλείπτως μνείαν ὑμῶν ποιοῦμαι πάντοτε ἐπὶ τῶν προσευχῶν μου, δεόμενος, εἴπως ἤδη ποτὲ εὐοδωθήσομαι ἐν τῷ θελήματι τοῦ θεοῦ ἐλθεῖν

EPISTOLA PAVLI APOSTOLI AD ROMANOS.

PAVLVS SERVVS Iesu Christi, uocatꝰ apl̄s, segregatus in euãgeliũ dei, quod ante promiserat per ꝓphetas suos, in scripturis sanctis de filio suo, q̃ genitꝰ fuit ex semine Dauid, secũdũ carnẽ, qui declaratꝰ fuit filiꝰ dei, in potẽtia, secũdũ spiritũ sanctificatiõis, ex eo q̃ resurrexit a mortuis Iesus christus dñs noster, per quẽ accepimꝰ gratiã & muneris ap̄lici functionẽ, ut obediat̃ fidei inter oẽs gentes, sup ipsius noĩe, quoꝝ de numero estis & uos, uocati Iesu Christi, omnibꝰ qui Romæ estis, dilectis dei, uocatis sãctis. Gratia uobis & pax a deo patre nostro, & dño Iesu Christo. Primũ qdẽ gratias ago deo meo, ꝑ Iesum Christũ, super oibus uobis, quod fides uestra annunciat̃ in toto mundo. Testis eni meus est deus, cui seruio in spiritu meo, in euãgelio filij sui, quod indesinenter mentionẽ uestri facio, semp in orationibus meis deprecans, si quo modo tandem aliquãdo, prosperũ iter cõtingat uolente deo,

a ut ueniã

221.1

221.2

221.1 Erasmus, Neues Testament 1516, Beginn des Römerbriefs griech/lat.

221.2 Erasmus, Neues Testament 1516, Vorderschnitt des Stuttgarter Exemplars.

Das Wettrennen um die erste Druckausgabe des Neuen Testamentes auf Griechisch

In Europa scheint um 1515 unter den Gelehrten Erasmus von Rotterdam und Francisco Jiménez de Cisneros eine Art Wettbewerb zu bestehen, wer die ersten Druckausgaben der Bibel mit allen Grundsprachen herausgibt. Für das griechische Neue Testament gelingt 1516 Erasmus von Rotterdam der Coup. Mit Hilfe eines Privilegs von Papst Leo X. darf bis 1520 kein weiteres Neues Testament auf Griechisch erscheinen.

Spanische Gelehrte

verfolgen zur selben Zeit im Auftrag von Kardinal Jiménez de Cisneros ein ehrgeiziges Projekt: Alle bisher bekannten Grundsprachen der Bibel sollen in einer Druckausgabe zusammengefasst werden, einer „Polyglotte" (aus dem Griechischen: „mehrsprachig"). Als erstes ist 1514 das Neue Testament fertig. Die Auslieferung verzögert sich. Das ganze Werk wird erst 1520 aus der spanischen Stadt *Alcalá de Henares* ausgeliefert, deren lateinischer Name *Complutum* lautet. Deshalb heißt das Werk *Biblia Complutensis* oder *Complutensische Polyglotte.*

Wussten Sie es?

Schon Erasmus von Rotterdam fordert die Gelehrten seiner Zeit auf, die Bibel aus den Grundsprachen neu zu übersetzen.

221 Das erste griechische Neue Testament im Druck
Erasmus von Rotterdam: Neues Testament, griechisch und lateinisch
Novvm Instrumentum omne diligenter ab Erasmo Roterodamo recognitum & emendatum
1516 Basel: Johannes Froben
Folio
WLB: Bb griech.1516 01

Erasmus von Rotterdam übersetzt im Sinne des Humanismus das griechische Neue Testament neu – ins Lateinische. Er fordert dazu auf, den Text in Volkssprachen zu übersetzen. Diese Forderung greift die Reformation auf.

Auf dem Vorderschnitt-Titel steht auf Lateinisch: „Neue Übersetzung des Neuen Testamentes von Erasmus von Rotterdam". Dem Besitzer des Buches geht es weniger um das Griechische, als um die verbesserte lateinische Übersetzung.

222 **Erasmus von Rotterdam: Neues Testament, überarbeitet, Band. 1**
griechisch und lateinisch
Novum Testamentum Omne Multo Quam Antehac Diligentius ab Erasmo Roterodamo recognitum, emendatum ac translatum,
Holzschnitte von Ambrosius Holbein und Hans Frank
1519 Basel: Johannes Froben.
Folio
WLB: Bb griech.1519 01-1
s. hierzu Abb. auf S. 21

Die Neuausgabe von 1519 ist eine Überarbeitung und Verbesserung des Drucks von 1516. Aufgeschlagen ist der Beginn des Römerbriefs.

Bemerkenswert sind die Illustrationen der Druckerei. Die Drucker in Basel scheinen den kirchlichen Inhalt des Textes nicht zu erkennen. Sie gestalten ihn wie andere antike griechische Dichtungen und Sagen und zeigen Kobolde und andere Wesen.

223 Kommentarband zum Neuen Testament auf Griechisch und Latein von Erasmus
Erasmus von Rotterdam: Neues Testament, überarbeitet, Band 2
Annotationes
1519 Basel: Johannes Froben
Folio
WLB: Bb griech.1519 01-2

Bei der Neuauflage seines zweisprachigen Neuen Testamentes fasst Erasmus die Anmerkungen zum Bibeltext in einem eigenen Band zusammen.

Hier interessiert die Stelle im Römerbrief, Kapitel 3, Vers 28.

224 **Neues Testament, griechisch**
Novum Testamentum Graece
1521 Hagenau: Thomas Anshelm
Quart
WLB: Ba griech.1521 01

Nicolaus Gerbelius gibt 1521 auf Basis der Ausgabe von Erasmus von Rotterdam nur den griechischen Text des Neuen Testamentes wieder. Das handliche Quartformat schenkt er Martin Luther. Dieser benutzt es während seiner Zeit auf der Wartburg für die Übersetzung des Neuen Testamentes ins Deutsche.

Die aufgeschlagene Seite zeigt den Römerbrief, Kapitel 3, mit dem für Luther bedeutsamen Vers 28: Der Mensch wird nicht durch Gesetzeswerke, sondern durch den Glauben gerecht. Aus tiefer Überzeugung übersetzt Luther „allein aus Glauben“. Das griechische Wort für „allein“ kommt im Urtext nicht vor.

225 **Biblia Complutensis** – „Complutensische Polyglotte“, Altes Testament
Polyglott auf Hebräisch, Aramäisch, Griechisch, Lateinisch:
Vetus testamentum multipli lingua nunc primo impressum
1520 Alcalá de Henares (Complutum): Arnaldus Guillelmus de Brocario
Folio
WLB: Bb polygl.1514 01-1

Diese Ausgabe des polyglotten (mehrsprachigen) Alten Testamentes zeigt neben dem hebräischen Text auch weitere antike Fassungen der biblischen Schriften auf Griechisch und auf Aramäisch, jeweils mit lateinischer Übersetzung. Die aufgeschlagene Seite zeigt das 2. Buch Mose / Exodus, 20, mit den Zehn Geboten.

226 **Biblia Complutensis** – „Complutensische Polyglotte“, Neues Testament griechisch und lateinisch (Vulgata)
Novum testamentum grece & latine in academia complutensi noviter impressum
1515 Alcalá de Henares (Complutum): Arnaldus Guillelmus de Brocario
Folio
WLB: Bb polygl.1514 01-6

Die zweisprachige Ausgabe des Neuen Testamentes bringt die Wissenschaft voran: ihre Vorlage ist eine der ältesten griechischen Handschriften des Neuen Testamentes (*Codex Vaticanus Graecus 1209,* 4. Jh.). Erasmus von Rotterdam (siehe Kat. 221–222) stehen in Basel nur wesentlich jüngere Handschriften aus der griechischen Kirche zur Verfügung. Die aufgeschlagene Seite zeigt den Römerbrief, Kapitel 3, Vers 28.

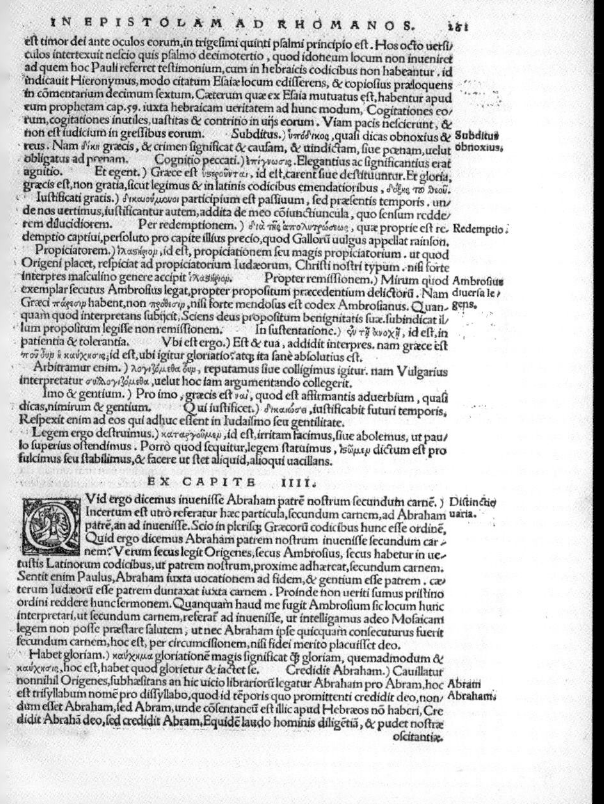

est timor dei ante oculos eorum, in trigesimi quinti psalmi principio est. Hos octo uersiculos intertexuit nescio quis psalmo decimotertio, quod idoneum locum non inueniret ad quem hoc Pauli referret testimonium, cum in hebraicis codicibus non habeantur. id indicauit Hieronymus, modo citatum Esaiæ locum edisserens, & copiosius præloquens in cõmentarium decimum sextum. Cæterum quæ ex Esaia mutuatus est, habentur apud eum prophetam cap. 59. iuxta hebraicam ueritatem ad hunc modum, Cogitationes eorum, cogitationes inutiles, uastitas & contritio in uijs eorum. Viam pacis nescierunt, & non est iudicium in gressibus eorum. Subditus.) ὑπόδικος, quasi dicas obnoxius & reus. Nam δίκη græcis, & crimen significat & causam, & uindictam, siue pœnam, uelut obligatus ad pœnam. Cognitio peccati.) ἐπίγνωσις. Elegantius ac significantius erat agnitio. Et egent.) Græce est ὑστεροῦνται, id est, carent siue destituuntur. Et gloria, græcis est, non gratia, sicut legimus & in latinis codicibus emendatioribus, δόξης τοῦ θεοῦ. Iustificati gratis.) δικαιούμενοι participium est passiuum, sed præsentis temporis. unde nos uertimus, iustificantur autem, addita de meo cõiunctiuncula, quo sensum redderem dilucidiorem. Per redemptionem.) διὰ τῆς ἀπολυτρώσεως, quæ proprie est redemptio captiui, persoluto pro capite illius precio, quod Gallorũ uulgus appellat rainson. Propiciatorem.) ἱλαστήριον, id est, propiciationem seu magis propiciatorium. ut quod Origeni placet, respiciat ad propiciatorium Iudæorum, Christi nostri typum. nisi forte interpres masculino genere accipit ἱλαστήριον. Propter remissionem.) Mirum quod exemplar secutus Ambrosius legat, propter propositum præcedentium delictorũ. Nam Græci πάρεσιν habent, non πρόθεσιν, nisi forte mendosus est codex Ambrosianus. Quanquam quod interpretans subijcit, Sciens deus propositum benignitatis suæ. subindicat illum propositum legisse non remissionem. In sustentatione.) ἐν τῇ ἀνοχῇ, id est, in patientia & tolerantia. Vbi est ergo.) Est & tua, addidit interpres. nam græce est ποῦ οὖν ἡ καύχησις; id est, ubi igitur gloriatio? atq; ita sanè absolutius est.

Subditus obnoxius.

Redemptio.

Ambrosius diuersa legens.

Arbitramur enim.) λογιζόμεθα οὖν, reputamus siue colligimus igitur. nam Vulgarius interpretatur συλλογιζόμεθα, uelut hoc iam argumentando collegerit.

Imo & gentium.) Pro imo, græcis est ναί, quod est affirmantis aduerbium, quasi dicas, nimirum & gentium. Qui iustificet.) δικαιώσει, iustificabit futuri temporis. Respexit enim ad eos qui adhuc essent in Iudaismo seu gentilitate.

Legem ergo destruimus.) καταργοῦμεν, id est, irritam facimus, siue abolemus, ut paulo superius ostendimus. Porrò quod sequitur, legem statuimus, ἱστῶμεν dictum est pro fulcimus seu stabilimus, & facere ut stet aliquid, alioqui uacillans.

EX CAPITE IIII.

Quid ergo dicemus inuenisse Abraham patrẽ nostrum secundum carnẽ.) Incertum est utrò referatur hæc particula, secundum carnem, ad Abraham patrẽ, an ad inuenisse. Scio in plerisq; Græcorũ codicibus hunc esse ordinẽ, Quid ergo dicemus Abraham patrem nostrum inuenisse secundum carnem? Verum secus legit Origenes, secus Ambrosius, secus habetur in uetustis Latinorum codicibus, ut patrem nostrum, proxime adhæreat, secundum carnem. Sentit enim Paulus, Abraham iuxta uocationem ad fidem, & gentium esse patrem. cæterum Iudæorũ esse patrem duntaxat iuxta carnem. Proinde non ueriti sumus pristino ordini reddere hunc sermonem. Quanquam haud me fugit Ambrosium sic locum hunc interpretari, ut secundum carnem, referat ad inuenisse, ut intelligamus adeo Mosaicam legem non posse præstare salutem, ut nec Abraham ipse quicquam consecuturus fuerit secundum carnem, hoc est, per circumcisionem, nisi fidei merito placuisset deo. — Distinctio uaria.

Habet gloriam.) καύχημα gloriationẽ magis significat q̃ gloriam, quemadmodum & καύχησις, hoc est, habet quod glorietur & iactet se. Credidit Abraham.) Cauillatur nonnihil Origenes, subhæsitans an hic uicio librariorũ legatur Abraham pro Abram, hoc est trisyllabum nomẽ pro dissyllabo, quod id tẽporis quo promittenti credidit deo, nondum esset Abraham, sed Abram, unde cõsentaneũ est illic apud Hebræos nõ haberi, Credidit Abrahã deo, sed credidit Abram. Equidẽ laudo hominis diligẽtiã, & pudet nostræ oscitantiæ. — Abram Abraham.

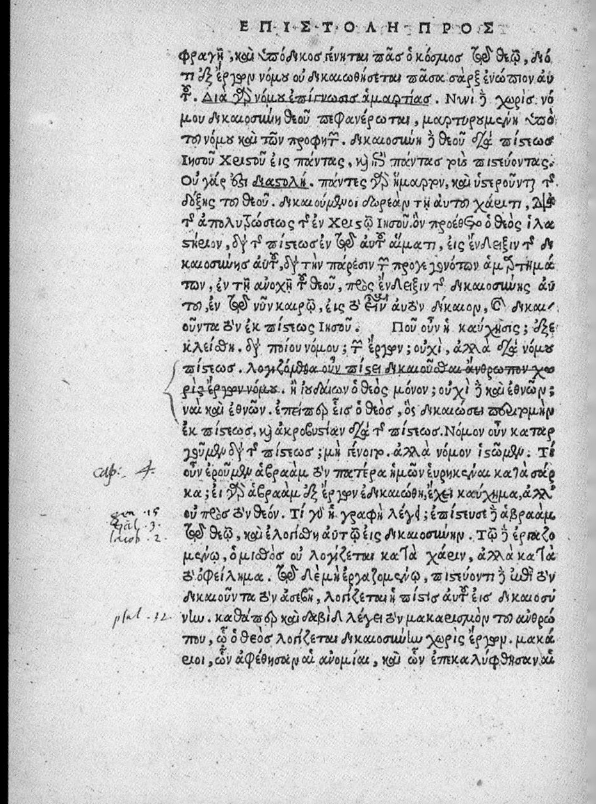

φραγῇ, καὶ ὑπόδικος γένηται πᾶς ὁ κόσμος τῷ θεῷ, διότι ἐξ ἔργων νόμου οὐ δικαιωθήσεται πᾶσα σὰρξ ἐνώπιον αὐτοῦ. Διὰ γὰρ νόμου ἐπίγνωσις ἁμαρτίας. Νυνὶ δὲ χωρὶς νόμου δικαιοσύνη θεοῦ πεφανέρωται, μαρτυρουμένη ὑπὸ τοῦ νόμου καὶ τῶν προφητῶν. δικαιοσύνη δὲ θεοῦ διὰ πίστεως Ιησοῦ Χριστοῦ εἰς πάντας, καὶ ἐπὶ πάντας τοὺς πιστεύοντας. Οὐ γάρ ἐστι διαστολή. πάντες γὰρ ἥμαρτον, καὶ ὑστεροῦνται τῆς δόξης τοῦ θεοῦ. δικαιούμενοι δωρεὰν τῇ αὐτοῦ χάριτι, διὰ τῆς ἀπολυτρώσεως τῆς ἐν Χριστῷ Ιησοῦ. ὃν προέθετο ὁ θεὸς ἱλαστήριον, διὰ τῆς πίστεως ἐν τῷ αὐτοῦ αἵματι, εἰς ἔνδειξιν τῆς δικαιοσύνης αὐτοῦ, διὰ τὴν πάρεσιν τῶν προγεγονότων ἁμαρτημάτων, ἐν τῇ ἀνοχῇ τοῦ θεοῦ, πρὸς ἔνδειξιν τῆς δικαιοσύνης αὐτοῦ, ἐν τῷ νῦν καιρῷ, εἰς τὸ εἶναι αὐτὸν δίκαιον, καὶ δικαιοῦντα τὸν ἐκ πίστεως Ιησοῦ. Ποῦ οὖν ἡ καύχησις; ἐξεκλείσθη. διὰ ποίου νόμου; τῶν ἔργων; οὐχί, ἀλλὰ διὰ νόμου πίστεως. λογιζόμεθα οὖν πίστει δικαιοῦσθαι ἄνθρωπον χωρὶς ἔργων νόμου. ἢ ἰουδαίων ὁ θεὸς μόνον; οὐχὶ δὲ καὶ ἐθνῶν; ναὶ καὶ ἐθνῶν. ἐπείπερ εἷς ὁ θεός, ὃς δικαιώσει περιτομὴν ἐκ πίστεως, καὶ ἀκροβυστίαν διὰ τῆς πίστεως. Νόμον οὖν καταργοῦμεν διὰ τῆς πίστεως; μὴ γένοιτο. ἀλλὰ νόμον ἱστῶμεν. Τί (cap. 4) οὖν ἐροῦμεν ἀβραὰμ τὸν πατέρα ἡμῶν εὑρηκέναι κατὰ σάρκα; εἰ γὰρ ἀβραὰμ ἐξ ἔργων ἐδικαιώθη, ἔχει καύχημα, ἀλλ' οὐ πρὸς τὸν θεόν. Τί γὰρ ἡ γραφὴ λέγει; ἐπίστευσε δὲ ἀβραὰμ τῷ θεῷ, καὶ ἐλογίσθη αὐτῷ εἰς δικαιοσύνην. (gen. 15, gal. 3, iacob. 2) Τῷ δὲ ἐργαζομένῳ, ὁ μισθὸς οὐ λογίζεται κατὰ χάριν, ἀλλὰ κατὰ τὸ ὀφείλημα. Τῷ δὲ μὴ ἐργαζομένῳ, πιστεύοντι δὲ ἐπὶ τὸν δικαιοῦντα τὸν ἀσεβῆ, λογίζεται ἡ πίστις αὐτοῦ εἰς δικαιοσύνην. (psal. 32) καθάπερ καὶ δαβὶδ λέγει τὸν μακαρισμὸν τοῦ ἀνθρώπου, ᾧ ὁ θεὸς λογίζεται δικαιοσύνην χωρὶς ἔργων. μακάριοι, ὧν ἀφέθησαν αἱ ἀνομίαι, καὶ ὧν ἐπεκαλύφθησαν αἱ

Trãsla. Gre. lxx. cũ int erp. latina. | Trãsla. B. Hiero. | Tex. Heb. Exo. Ca. xx. | Primitiua heb.

de & contestare populum: ne forte uelit trãscẽdere terminos ad videndũ dñm: & pereat ex eis plurima multitudo. Sacerdotes quoq; qui accedũt ad dñm: sctificẽtur ne percutiat eos. Dixitq; moyses ad dominũ. Nõ poterit vulgus ascendere in montem sinai: tu enim testificatus es & iussisti dicẽs Põe terminos circa mõtem: & sanctifica illum. Cui ait dominus. Vade descẽde: ascendesq; tu & aaron tecum. Sacerdotes autẽ & populus nõ trãseãt terminos: nec ascendãt ad dñm: ne forte iterficiat illos. Descenditq; moyses ad pplm: & oia narrauit eis. Ca. 20

Locutusq; est deus cunctos sermones hos Ego sum dominus deus tuus qui eduxi te de terra egypti de domo seruitutis. Non habebis deos alienos corã me. Non facies tibi sculptile neq; oẽm similitudinẽ que est in celo desup: & que in terra deorsum: nec eorũ q̃ sunt in aquis sub terra. Non adorabis ea neq; coles. Ego sũ dominus deus tuus fortis zelotes visitãs iniqtatẽ patrũ in filios in tertiam & quartã generationẽ eorũ q oderũt me: & faciens misam in millia his q diligũt me: & custodiũt pcepta mea. nõ assumes nomẽ dñi dei tui in vanum. Nec enĩ habebit insontem dñs eum: qui assumpserit

Cap. xx.

Transla. Chal. | Interp. chal. | Primitiua chal.

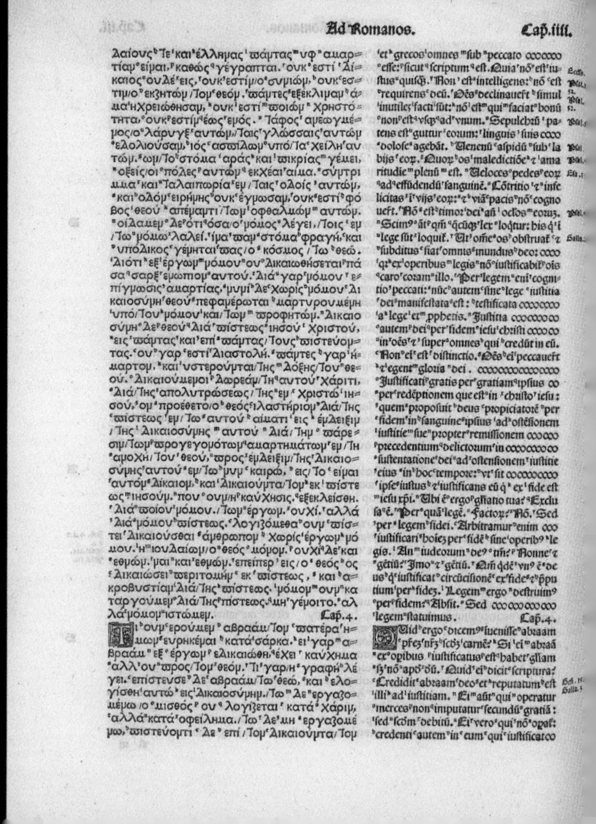

Ad Romanos. Cap. iiii.

δαίους τε καὶ ἕλληνας πάντας ὑφ' ἁμαρτίαν εἶναι, καθὼς γέγραπται. ὅτι οὐκ ἔστι δίκαιος οὐδὲ εἷς, οὐκ ἔστιν ὁ συνιών, οὐκ ἔστιν ὁ ἐκζητῶν τὸν θεόν. πάντες ἐξέκλιναν ἅμα ἠχρειώθησαν, οὐκ ἔστι ποιῶν χρηστότητα οὐκ ἔστιν ἕως ἑνός. τάφος ἀνεῳγμένος ὁ λάρυγξ αὐτῶν, ταῖς γλώσσαις αὐτῶν ἐδολιοῦσαν, ἰὸς ἀσπίδων ὑπὸ τὰ χείλη αὐτῶν. ὧν τὸ στόμα ἀρᾶς καὶ πικρίας γέμει, ὀξεῖς οἱ πόδες αὐτῶν ἐκχέαι αἷμα. σύντριμμα καὶ ταλαιπωρία ἐν ταῖς ὁδοῖς αὐτῶν, καὶ ὁδὸν εἰρήνης οὐκ ἔγνωσαν, οὐκ ἔστι φόβος θεοῦ ἀπέναντι τῶν ὀφθαλμῶν αὐτῶν. οἴδαμεν δὲ ὅτι ὅσα ὁ νόμος λέγει, τοῖς ἐν τῷ νόμῳ λαλεῖ. ἵνα πᾶν στόμα φραγῇ, καὶ ὑπόδικος γένηται πᾶς ὁ κόσμος τῷ θεῷ. διότι ἐξ ἔργων νόμου οὐ δικαιωθήσεται πᾶσα σὰρξ ἐνώπιον αὐτοῦ. διὰ γὰρ νόμου ἐπίγνωσις ἁμαρτίας. νυνὶ δὲ χωρὶς νόμου δικαιοσύνη θεοῦ πεφανέρωται μαρτυρουμένη ὑπὸ τοῦ νόμου καὶ τῶν προφητῶν. δικαιοσύνη δὲ θεοῦ διὰ πίστεως ἰησοῦ χριστοῦ, εἰς πάντας καὶ ἐπὶ πάντας τοὺς πιστεύοντας. οὐ γάρ ἐστι διαστολή. πάντες γὰρ ἥμαρτον, καὶ ὑστεροῦνται τῆς δόξης τοῦ θεοῦ. δικαιούμενοι δωρεὰν τῇ αὐτοῦ χάριτι, διὰ τῆς ἀπολυτρώσεως τῆς ἐν χριστῷ ἰησοῦ, ὃν προέθετο ὁ θεὸς ἱλαστήριον διὰ τῆς πίστεως ἐν τῷ αὐτοῦ αἵματι εἰς ἔνδειξιν τῆς δικαιοσύνης αὐτοῦ διὰ τὴν πάρεσιν τῶν προγεγονότων ἁμαρτημάτων ἐν τῇ ἀνοχῇ τοῦ θεοῦ, πρὸς ἔνδειξιν τῆς δικαιοσύνης αὐτοῦ ἐν τῷ νῦν καιρῷ, εἰς τὸ εἶναι αὐτὸν δίκαιον, καὶ δικαιοῦντα τὸν ἐκ πίστεως ἰησοῦν. ποῦ οὖν ἡ καύχησις. ἐξεκλείσθη. διὰ ποίου νόμου. τῶν ἔργων. οὐχί. ἀλλὰ διὰ νόμου πίστεως. λογιζόμεθα οὖν πίστει δικαιοῦσθαι ἄνθρωπον χωρὶς ἔργων νόμου. ἢ ἰουδαίων ὁ θεὸς μόνον. οὐχὶ δὲ καὶ ἐθνῶν. ναὶ καὶ ἐθνῶν. ἐπείπερ εἷς ὁ θεὸς ὃς δικαιώσει περιτομὴν ἐκ πίστεως, καὶ ἀκροβυστίαν διὰ τῆς πίστεως. νόμον οὖν καταργοῦμεν διὰ τῆς πίστεως. μὴ γένοιτο. ἀλλὰ νόμον ἱστῶμεν. Cap. 4.

Τί οὖν ἐροῦμεν ἀβραὰμ τὸν πατέρα ἡμῶν εὑρηκέναι κατὰ σάρκα. εἰ γὰρ ἀβραὰμ ἐξ ἔργων ἐδικαιώθη, ἔχει καύχημα ἀλλ' οὐ πρὸς τὸν θεόν. τί γὰρ ἡ γραφὴ λέγει. ἐπίστευσε δὲ ἀβραὰμ τῷ θεῷ, καὶ ἐλογίσθη αὐτῷ εἰς δικαιοσύνην. τῷ δὲ ἐργαζομένῳ ὁ μισθὸς οὐ λογίζεται κατὰ χάριν, ἀλλὰ κατὰ ὀφείλημα. τῷ δὲ μὴ ἐργαζομένῳ, πιστεύοντι δὲ ἐπὶ τὸν δικαιοῦντα τὸν

et grecos omnes sub peccato esse: sicut scriptum est. Quia nõ est iustus quisq̃. Non est intelligens: nõ est requirens deũ. Oẽs declinauerũt simul inutiles facti sũt: nõ est qui faciat bonũ non est vsq; ad vnum. Sepulchrũ patens est guttur eorum: linguis suis dolose agebãt. Venenũ aspidũ sub labijs eoꝝ. Quoꝝ os maledictiõe & amaritudie plenũ est. Veloces pedes eoꝝ ad effũdendũ sanguinẽ. Cõtritio & infelicitas i vijs eoꝝ: & viã pacis nõ cognouerũt. Nõ est timor dei an oclos eoꝝ. Scim9 aũt q̃m q̃cũq; lex loq̃tur: his q̃ i lege sũt loquit. Vt oĩe os obstruat & subditus fiat omnis mundus deo: q̃r ex operibus legis nõ iustificabit ois caro corã illo. Per legem eni cognitio peccati: nũc autem sine lege iustitia dei manifestata est: testificata a lege et pphetis. Iustitia autem dei per fidem iesu christi in oẽs & super omnes qui credũt in eũ. Non eĩ est distinctio. Oẽs eĩ peccauerũt & egent gloria dei. Iustificati gratis per gratiam ipsius per redẽptionem que est in christo iesu: quem proposuit deus propiciatorẽ per fidem in sanguine ipsius ad ostẽsionem iustitie sue propter remissionem precedentium delictorum in sustentatione dei ad ostensionem iustitie eius in hoc tempore: vt sit ipse iustus & iustificans eũ q̃ ex fide est iesu xpi. Vbi ẽ ergo gl̃iatio tua? Exclusa ẽ. Per quã legẽ. Factoꝝ? Nõ. Sed per legem fidei. Arbitramur enim iustificari hoĩez per fidẽ sine operib9 legis. An iudeorum de9 tm̃? Nonne & gẽtiũ? Imo & gẽtiũ. Qm̃ q̃dẽ vn9 ẽ deus q̃ iustificat circũcisionẽ ex fide & pputium per fidez. Legem ergo destruim9 per fidem? Absit. Sed legem statuimus. Cap. 4.

Quid ergo dicem9 iuenisse abraam pr̃ez nr̃z scd̃z carnẽ? Si eĩ abraã ex opibus iustificatus est habet gl̃iam sz nõ apd̃ dũ. Quid eĩ dicit scriptura? Credidit abraam deo et reputatum est illi ad iustitiam. Ei aũt qui operatur merces non imputatur secundũ gratiã: sed scd̃m debitũ. Ei vero qui nõ opaꝛ: credenti autem in eum qui iustificat

Das Neue Testament Deutsch

Aus der Not geboren – Schritte zum „Meisterstück deutscher Prosa“

Martin Luther schreibt auf der Wartburg das Neue Testament innerhalb von kaum elf Wochen auf Deutsch nieder – von Dezember 1521 bis Februar 1522. Ihm geht es weniger um eine wortwörtliche Übersetzung. Er möchte, dass jede und jeder das „Evangelium“, die christliche Botschaft, versteht. Anhand der lateinischen und griechischen Sprache der Bibel verwandelt er die Alltagssprache seiner Zeit in deutsche Literatur. Wozu?

Erste Not: Machtmissbrauch kirchlicher Würdenträger

Der Verkauf von Ablassbriefen für das Seelenheil der Toten ist im Jahr 1517 Auslöser für den Streit, den Martin Luther mit seiner Kirche beginnt. Luther ruft die Kirche und jede/n Einzelne/n zur Umkehr (Buße) auf. Er wird zum Ketzer erklärt. 1521 ist Martin Luther auf dem Reichstag zu Worms vor dem Kaiser bei seiner Meinung geblieben. Er ist in Gefahr.

Zweite Not: Mangelnde Bildung der Priester und Pfarrer

Er flieht auf die Wartburg. Dort schreibt er Bemerkungen und Auslegungen auf Deutsch zu den Bibeltexten des Weihnachtsfestes – als Vorlage für die Priester und Pfarrer. Er möchte ihnen eine Richtschnur für die Verkündigung in den Kirchen geben. Dazu übersetzt er Bibeltexte ins Deutsche.

Dritte Not: Einfluss von selbst ernannten „Propheten“

Viel kompromissloser als Luther sind die „72 Propheten“ aus Zwickau. Sie lehnen Staat und Kirche ganz ab und fordern – ähnlich den religiösen Fanatikern in unserer Zeit – eine radikale Veränderung der damaligen Verhältnisse. Sie berufen sich dabei auf die Kraft des Heiligen Geistes. Im Dezember 1521 lernt Luther sie bei einem Besuch in Wittenberg kennen. Diesen „Propheten“ möchte Luther die Heilige Schrift als Richtschnur entgegen setzen. So kommt es nach seiner Rückkehr auf die Wartburg zur Übersetzung des gesamten Neuen Testamentes.

1522 DAS SEPTEMBERTESTAMENT – BESTSELLER

Wussten Sie es?

Luthers Übersetzung des Neuen Testamentes erscheint ohne Angabe des Autors, weil Luthers Schriften seit 1521 verboten sind!

311 **Wartburgpostille**: Predigtabschnitte zu Advent und Weihnachten, deutsch
Martin Luther: Auszlegung der Epistelln und Evangelien die nach brauch der kirchen gelesen werden vom Christag bis auff den Sontag nach Epiphanie (so genannte „Weihnachtspostille", deutsch März 1522)

Martin Luther: Auszlegung der Epistell unnd Evangeli des Advents. (so genannte „Adventspostille", deutsch April 1522)

1522 Wittenberg: Druck und Holzschnitte: Johann Rhau-Grunenberg
Quart
WLB: Theol.qt.4231

In seinem Versteck auf der Wartburg (1521–1522) verfasst Martin Luther Lese- und Predigttexte zu Advent und Weihnachten auf Deutsch. 1521 erscheinen solche Vorlagen für den Gebrauch in den Advents-Gottesdiensten zunächst auf Lateinisch, die so genannte „Adventspostille". Die deutschen Texte zu Advent und Weihnachten liegen den Pfarrern 1522 vor. Sie gelten zusammengefasst als die „Wartburgpostille" – hier in einem Band gebunden.

Die Wartburgpostille

Anhand der Übersetzungen der Bibeltexte von Martin Luther in der Wartburgpostille lässt sich der Weg zu einem verständlichen deutschen Text verfolgen. Er legt den Pfarrern zunächst eine Art Wort-für-Wort-Übersetzung aus dem griechischen Neuen Testament vor. In der Auslegung der Texte ändert er die Übertragung in ein verständliches Deutsch ab – das soll das Ziel der Übertragungsarbeit sein.

Bei dem Vergleich der Übersetzungen der Wartburgpostille (April) und der Übersetzung des Neuen Testamentes (September) im Jahr 1522 fallen Unterschiede auf, die zeigen, wie um eine richtige Gestalt des Bibeltextes gerungen wird.

312 **Septembertestament,** Luthers Übersetzung des Neuen Testamentes
Das Newe Testament Deutzsch
(Martin Luther)
Holzschnitte aus der Werkstatt Lukas Cranach d. Ä.
1522 Wittenberg: Melchior Lotther d. J.
Median Folio
BSB: Res/2B.g.luth.8

Das Septembertestament ist das erste vollständige Neue Testament in deutscher Sprache auf Grundlage des griechischen Textes. Es erscheint anonym, ohne Angabe des Verfassers Martin Luther. Das Werk liegt rechtzeitig für die Frankfurter Buchmesse im September 1522 in einer hohen Auflage von 3.000 Stück fertig gedruckt vor.

Aufgeschlagen ist das Inhaltsverzeichnis. Martin Luther gibt darin zu erkennen, welche der Schriften des Neuen Testamentes er weniger schätzt. Sie werden ohne Nummer nachgeordnet. Diese Änderung der Reihenfolge setzt sich bis heute in allen folgenden „Lutherbibeln" fort.

In seiner Vorrede zum Neuen Testament äußert Luther seine Ansicht, dass es nicht „vier" Evangelien gebe, sondern nur ein Evangelium von Gottes Gnade und Christi Werk. Diese Auffassung von der „einen guten Botschaft" (Evangelium) bezieht er auf die ganze Bibel, auch auf das Alte Testament. Die Betonung dieses Evangeliums-Begriffs in der Reformation führt viel später zum Begriff „evangelisch" für Mitglieder der reformatorischen Kirchen.

Luthers Übersetzung von Matthäus 2,1–8 in der „Weihnachtspostille", April 1522

Da Jhesus gepornn war zu Bethlehem Jude / ynn den tagen Herodis des kunigis / nempt war da sind kommen die Weyssager vom auffgang gen Hierusalem/ vnd haben gesagt. Wo ist der new geporne kunig der Juden / wyr haben seynen sternn gesehen / ym auffgang / vnnd sind kommen / das wyr yhn anbeten. Da das der konig Herodes hoerett/ ist er erschrocken vnnd mit yhm das gantz Hierusalem / Vnd hatt vorsamlet alle Fursten der priester / vnd schreyber des volcks / hatt von yhn erforschett / wo Christus sollt gepornn werden. Vnnd sie haben gesagt / zu Bethlehem Jude. Denn also ist geschrieben durch den propheten. Vnd du Bethlehem ym land Juda / du bist mit nichten die geringst vnter den Fursten Juda / Denn auß dyr soll kommen der Furst / der da regir meyn volck Israel. Da hatt Herodes heymlich tzu sich gefodert die Weyssager vnd vleyssig von yhn erlernett die tzeyt des sternß / der yhn erschynen war / vnd hatt sie gen Bethlehem geschickt vnnd gesagt. Gehet hyn vnnd fragt vleyssig nach dem kind / Vnnd wenn yhrß funden habt / sagt myr widder / das ich auch komme vnd bete yhn an.

Luthers Übersetzung von Matthäus 2,1–8 im „Septembertestament", September 1522

DO JHhesus geporn war zu Bethlehem / yhm Judischen land / tzur tzeyt des konigs Herodis / sihe / da kamen die weysen vom morgenland gen Hierusalem / vnnd sprachen. Wo ist der new geborne konig der Juden? wyr haben seynen stern gesehen ym morgen land / vnd sind komen / yhn anzubeten. Do das der konig Herodes horte / erschrack er vnnd mit yhm das gantz Hierusalem / vnd ließ versamlen alle hohe Priester vnd schrifft gelertenn vnter dem volck / vnd erforsthete [sic] von yhn / wo Christus solt geporn werden? vnnd sie sagten yhm / zu Bethlehem yhm Judischen land. Denn also ist geschrieben durch den propheten. Vnd du Bethlehem ym Judischen land bist mit nichte die kleynist vnter den fursten Juda / denn auß dyr soll myr komen / der hertzog der yber meyn volck von Jsrael eyn herr sey, Da berieff Herodes die weysen heymlich / vnd erlernet mit vleyß von yhnen / wenn der stern erschynen were / vnd weyßet sie gen Bethlehem / vnnd sprach / zihet hyn / vnd forsschet vleyssig nach dem kyndlin / vnnd wen yhrß findet / sagt mir widder / das ich auch kome vnd es anbete.

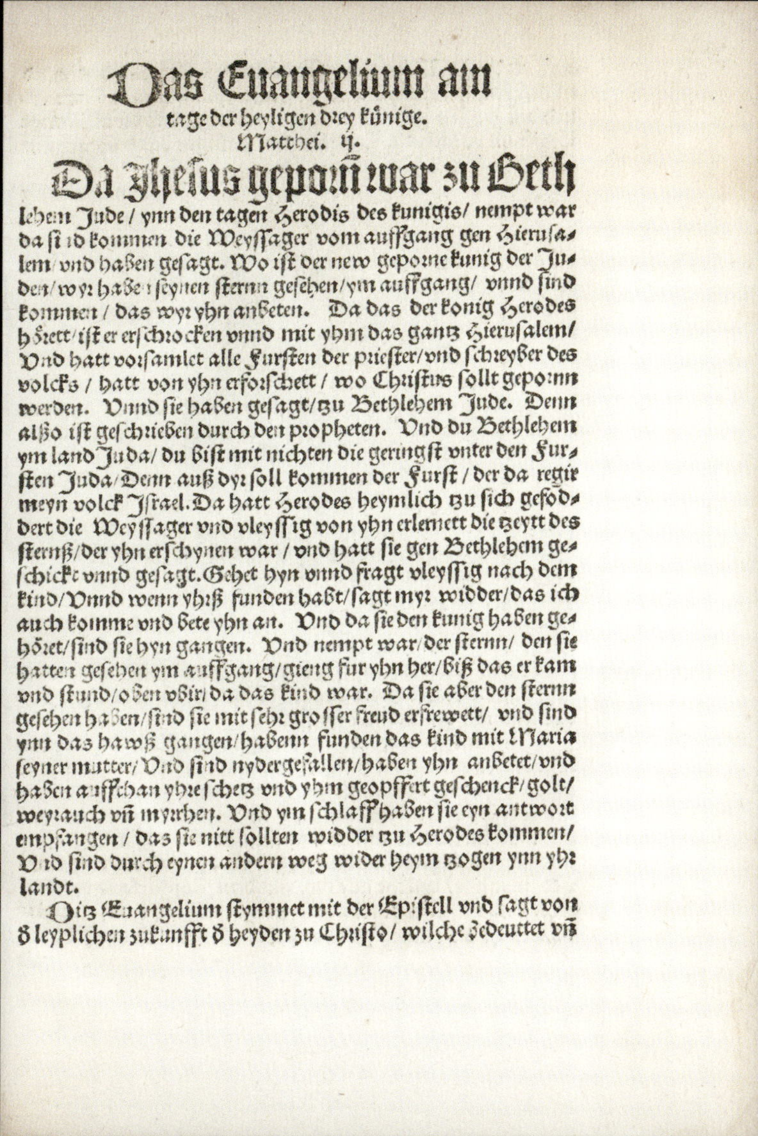

Das Euangelium am
tage der heyligen drey künige.
Matthei. ij.

Da Jhesus geporñ war zu Bethlehem Jude / ynn den tagen Herodis des kunigis / nempt war da sind kommen die Weyssager vom auffgang gen Hierusalem / vnd haben gesagt. Wo ist der new geporne kunig der Juden / wyr haben seynen sternn gesehen / ym auffgang / vnnd sind kommen / das wyr yhn anbeten. Da das der konig Herodes horett / ist er erschrocken vnnd mit yhm das gantz Hierusalem / Vnd hatt vorsamlet alle Fursten der priester / vnd schreyber des volcks / hatt von yhn erforschett / wo Christus sollt geporn werden. Vnnd sie haben gesagt / zu Bethlehem Jude. Denn alßo ist geschrieben durch den propheten. Vnd du Bethlehem ym land Juda / du bist mit nichten die geringst vnter den Fursten Juda / Denn auß dyr soll kommen der Furst / der da regir meyn volck Israel. Da hatt Herodes heymlich zu sich gefoddert die Weyssager vnd vleyssig von yhn erlernett die zeytt des sternß / der yhn erschynen war / vnd hatt sie gen Bethlehem geschickt vnnd gesagt. Gehet hyn vnnd fragt vleyssig nach dem kind / Vnnd wenn yhrß funden habt / sagt myr widder / das ich auch komme vnd bete yhn an. Vnd da sie den kunig haben gehoret / sind sie hyn gangen. Vnd nempt war / der sternn / den sie hatten gesehen ym auffgang / gieng fur yhn her / biß das er kam vnd stund / oben vbir / da das kind war. Da sie aber den sternn gesehen haben / sind sie mit sehr grosser freud erfrewett / vnd sind ynn das hawß gangen / habenn funden das kind mit Maria seyner mutter / Vnd sind nydergefallen / haben yhn anbetet / vnd haben auffthan yhre schetz vnd yhm geopffert geschenck / golt / weyrauch vñ myrrhen. Vnd ynn schlaff haben sie eyn antwort empfangen / das sie nitt sollten widder zu Herodes kommen / Vnd sind durch eynen andern weg wider heym zogen ynn yhr landt.

Ditz Euangelium stymmet mit der Epistell vnd sagt von der leyplichen zukunfft der heyden zu Christo / wilche bedeuttet vñ

311

312.1

311 Weihnachtspostille 1522, Übersetzung von Matthäus 2,1–8.

312.1 Septembertestament 1522, der anonyme Holzschnitt-Titel.

Die Bucher des newen testaments.

Das erſt Capitel.

DIs iſt das buch von der gepurt Jheſu Chriſti der do iſt ein ſon Dauids des ſons Abraham. Luce. 3.

Abraham hat geporn den Iſaac.
Iſaac hatt geporn den Jacob.
Jacob hatt geporn den Juda vnnd ſeyne bruder.
Juda hat geporn den Pharez vnnd den Zaram von der Thamar.
Pharez hat geporn den Hezron.
Hezron hat geporn den Ram.
Ram hat geporn den Amminadab.
Amminadab hatt geporn den Nahaſſon.
Nahaſſon hatt geporn den Salma.
Salma hat geporn den Boas von der Rahab.
Boas hat geporn den Obed von der Rhut.
Obed hat geporn den Jeſſe.
Jeſſe hatt geporn den konig Dauid.

Abraham vnd Dauid werdenn furnemlich antzogen darumb das den ſelben Chriſtus ſonderlich verheyſſen iſt.

Der konig Dauid hat geporn den Salomon vonn dem weybe des Vrie.
Salomon hat geporn den Roboam.
Roboam hat geporn den Abia.
Abia hat geporn den Aſſa.
Aſſa hat geporn den Joſaphat.
Joſaphat hat geporn den Joram.
Joram hat geporn den Oſia.
Oſia hat geporn den Jotham.
Jotham hat geporn den Achas.
Achas hat geporn den Ezechia.
Ezechia hat geporn den Manaſſe.
Manaſſe hatt geporn den Amon.
Amon hat geporn den Joſia.
Joſia hatt geporn den Jechonia vnd ſeyne bruder / vmb die zeyt der Babyloniſchen gefencknis.

S. Mattheus leſſet ettlich gelid auſſzenn / vnnd furet Chriſtus geſchlecht von Salomon nach dem geſetz aber Sanc. Lucas furet es nach der natur vonn Nathan Salomons bruder. Denn das geſetz nennet auch die kinder / ſo võ brudern auſz nachgelaſſenem weyb geporn ſind. Deuter. 25.

..Reg. 5.

Nach der Babyloniſchen gefencknis / hat Jechonia geporn den Sealthiel.
Esdre. 2. Sealthiel hatt geporn den Zorobabel.
Zorobabel hatt geporn den Abiud.
Abiud hat geporn den Eliachim.

Eliachim

a

312.2 Septembertestament 1522, Inhaltsverzeichnis und Beginn des Matthäusevangeliums.

313 **Dezembertestament** – verbesserte Auflage, Neues Testament, deutsch
Das Newe Testament Deutzsch
(Martin Luther)
Holzschnitte aus der Werkstatt Lukas Cranach d. Ä.
1522 Wittenberg: Melchior Lotther d. J.
Median Folio
WLB: Bb deutsch 1522 05

Das „Septembertestament" (siehe Kat. 312) ist auf Grund der großen Nachfrage schnell vergriffen. Im Dezember 1522 erscheint als zweite, überarbeitete Auflage das „Dezembertestament".

Wie schon im Septembertestament dienen als Vorlage für die Illustration des *Buches der Offenbarung* (Apokalypse) die Holzschnitte von Albrecht Dürer, die damals sehr bekannt und beliebt sind. Der Künstler Lukas Cranach d. Ä. lässt sie in seiner Werkstatt verkleinert nachschneiden.

Die aufgeschlagene Seite zeigt einen Holzschnitt zur Offenbarung, Kapitel 17. Die „Hure von Babylon" reitet auf dem Tier mit den sieben Häuptern und zehn Hörnern. Im Septembertestament trägt sie auf dem Kopf eine „Tiara" (dreifache Krone), die Krone der Päpste. Dieses deutliche Zeichen der Kritik am Papsttum macht Ärger nicht nur bei den Papsttreuen. Um die Illustration zu entschärfen, trägt die Hure von Babylon im Dezembertestament keine päpstliche Tiara mehr. Ein Besitzer dieses Dezembertestamentes hat die Tiara jedoch papstkritisch mit Tinte ergänzt.

Cranachs Holzschnitte aus dem Dezembertestament erscheinen fünf Jahre später 1527 in dem papsttreuen *Emser-Testament* noch einmal (siehe Kat. 451 mit Abbildung).

BRIEFE LUTHERS AUS FRANKFURT

In Worms findet 1521 ein Reichstag statt. Der Papst in Rom hat Dr. Martin Luther exkommuniziert. Der Kaiser zitiert den Mönch zum Reichstag nach Worms. Luther soll zu den gegen ihn erhobenen Vorwürfen Stellung nehmen. Auf dem Hin- und Rückweg nach und von Worms übernachtet Luther in Frankfurt.

In Worms steht Martin Luther zu seinen Thesen. Er widerruft sie nicht. Das kaiserliche „Wormser Edikt" folgt: Es erklärt Luther für vogelfrei und ordnet die Vernichtung seiner Schriften im Reich an. Der sächsische Kurfürst Friedrich der Weise lässt Luther im Mai 1521 von Soldaten entführen. Sie bringen ihn auf die Wartburg. Dort ist Luther sicher und kann sich weiteren Studien widmen. Auf der Wartburg übersetzt er das Neue Testament.

Aus Frankfurt schreibt Luther Briefe an seine Vertrauten Georg Spalatin und Lucas Cranach d. Ä., die bis heute erhalten sind. Die Briefe spiegeln Luthers Stimmung angesichts der zu erwartenden Ereignisse wider.

312.3 Septembertestament 1522, die Hure von Babylon mit der Papstkrone.

313 Dezembertestament 1522, getilgte Papstkrone im Druckstock, aber im Stuttgarter Exemplar mit Tinte wieder eingezeichnet.

312.3

313

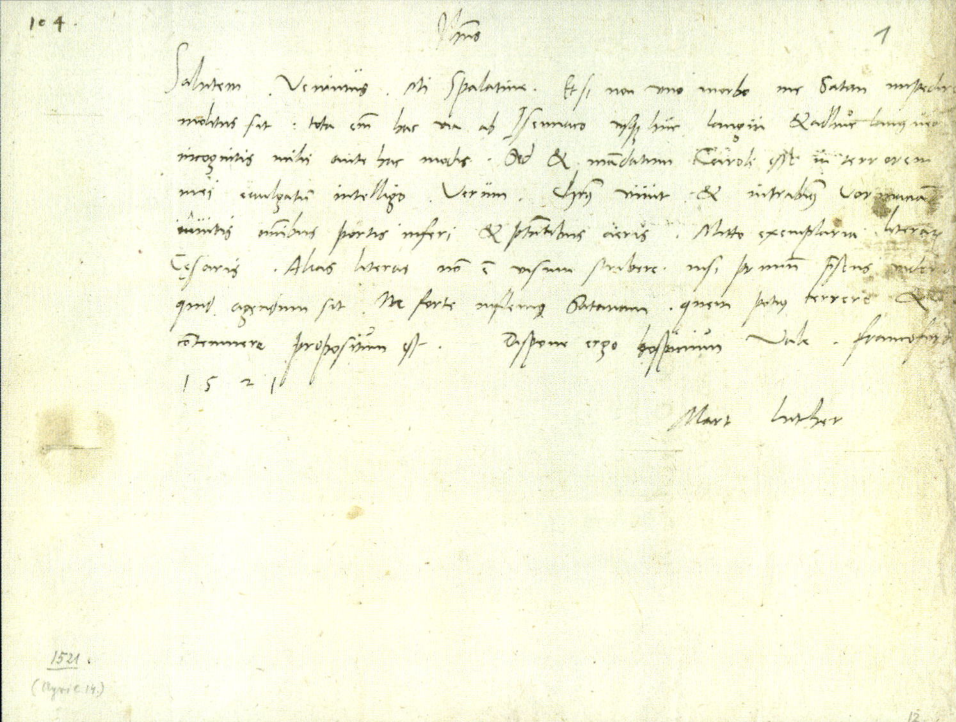

314.1

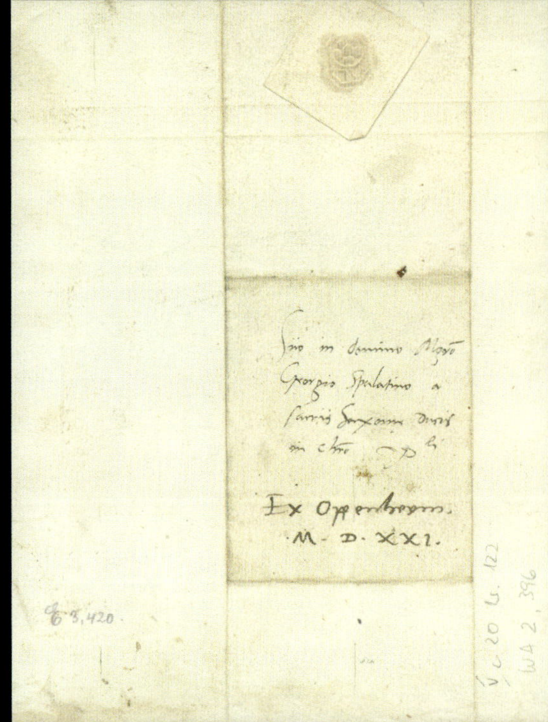

314.2

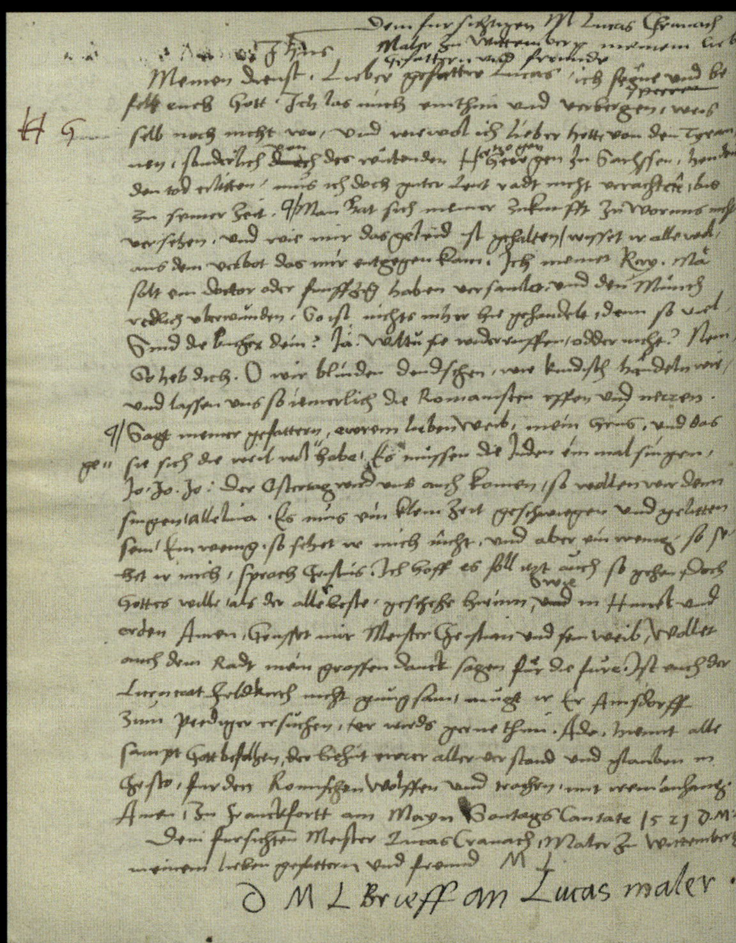

315

314.1 Brief Luthers an Spalatin, Text.

314.2 Brief Luthers an Spalatin, Adresse.

314 **Brief Luthers an Spalatin**, lateinisch
1521 Frankfurt, geschrieben am 14. April
Papier 22 x 17 cm
Magdeburg LHASA: DE, Z 8, Nr. 122

Luther bleibt auf dem Hinweg nach Worms eine Nacht in Frankfurt. Er schreibt dort einen Brief an seinen Kollegen Spalatin. Darin beschreibt er die körperlichen Beschwernisse seiner Reise und fährt fort:

Aber Christus lebt! und wir wollen nach Worms kommen allen Pforten der Hölle und Fürsten der Luft zu Trutz … Andere Briefe habe ich weiter nicht schreiben wollen, bis ich erst selbst gegenwärtig sehe was zu tun: daß wir den Satan nicht etwa aufblähen, den wir vielmehr zu schrecken und zu verachten willens sind.

In Frankfurt trifft er Vertreter wichtiger Familien der Stadt (von Eysseneck, von Holzhausen und andere), die 1524 die Reformation in Frankfurt durchsetzen.

Der Brief an Spalatin gehört zur Sammlung des Fürsten Georg III. von Anhalt-Plötzkau (1507–1553), heute im Bestand des Landeshauptarchivs von Sachsen-Anhalt in Dessau.

315 **Brief Luthers an Lucas Cranach d. Ä.**, deutsch
aus Frankfurt, geschrieben am 28. April 1521
1550–53 Abschrift von Georg Rörer
Jena THULB: Ms.Bos. q.24s

Auch auf der Rückreise von Worms kehrt Luther am 27. April 1521 für eine Nacht im Gasthof *Zum Strauß* in der Frankfurter Buchgasse ein. Sein Besuch in Frankfurt ist erneut ein öffentliches Ereignis. Am nächsten Morgen schreibt Luther einen Brief an Lucas Cranach, in dem er sein Versteck auf der Wartburg andeutet:

Ich lasse mich eintun und verbergen, weiß selbst noch nicht, wo … Es muss eine kleine Zeit geschwiegen und gelitten sein: Ein wenig sehet ihr mich nicht, und aber ein wenig, so sehet ihr mich, spricht Christus.

Um 10 Uhr reist Luther nach Friedberg ab.

Der Brief Luthers an Cranach aus Frankfurt am Main ist als Abschrift von einem Mitarbeiter Luthers, Georg Rörer (1492–1557), erhalten. Der Handschriftenband enthält Abschriften von Briefen, Tischreden und Buchvorreden von Martin Luther und Philipp Melanchthon. Er gehört der Thüringischen Universitäts- und Landesbibliothek in Jena.

316 **Marburger Neues Testament**
(Martin Luther)
Gedruckt auf Anordnung des Landgrafen Philipp von Hessen vom 17. Mai 1528
1529 Marburg: Franziskus Rhode
Folio
Evangelische Kirchengemeinde Hopfgarten
s. hierzu Abb. auf S. 14

In jeder Kirche der Landgrafschaft Hessen liegt auf Anordnung des Landgrafen Philipp ab 1529 ein Neues Testament auf Deutsch vor. Es ist ein Nachdruck „in großen Buchstaben" von Luthers Übersetzung, ohne dass dabei sein Name genannt wird.

Dieses Neue Testament ist ein Beispiel für die rasche, flächendeckende Verbreitung der Lutherübersetzung. Die Pfarrer sollen aus der deutschen Bibel „singen und lesen". Jeder „Arme", so der Fürst, der sich ein solches Buch nicht leisten könne, solle in jedem Ort in der Kirche ein Neues Testament finden, um darin zu lesen.

Die deutsche Bibel gehört zum modernen Bildungsprogramm des Kasseler Landgrafen. Philipp von Hessen (1504–1567) ordnet in der Reformation sein großes Fürstentum neu. Er gründet die Universität Marburg und viele Schulen.

Da es sich um eine Bibelausgabe des täglichen Gebrauchs handelt, gibt es nur noch sehr wenige Exemplare dieses bemerkenswerten frühen Nachdrucks der Lutherübersetzung, die die Jahrhunderte überdauert haben.

Meisterstück deutscher Prosa

Der Erfolg von Luthers Septembertestament 1522 ist durchschlagend – einer der ersten Bestseller der Literaturgeschichte. Neben den Neuauflagen von Luthers Übersetzung erscheinen nach und nach die Übersetzungen der Bücher der hebräischen Bibel (so genanntes „Altes Testament"). Die verschiedenen Bibelübersetzungen neben, gegen und mit Martin Luther sind nur ein Teil der Schriften, die zur Zeit der *Reformation* massenhaft entstehen. Dieses erste Medienereignis macht die Messe in Frankfurt am Main zum größten Buchmarkt der Welt bis etwa zum Jahr 1600.

Luther gelingt es, die Alltagssprache seiner Zeit in eine gehobene Sprache zu verwandeln. So entstehen neue Begriffe, Ausdrücke und Sprachschöpfungen im Deutschen, die bald in die Alltagssprache übergehen. Das „Kanzlei-Sächsisch" von Luthers Bibelübersetzung ist die Grundlage für das spätere Hoch- und Schriftdeutsch bis heute.

1523–1529 NACHDRUCK, RAUBDRUCK UND „COPYRIGHT" – DER DURCHSCHLAGENDE ERFOLG VON LUTHERS ÜBERSETZUNG

Ein jahrelanges Projekt

Es gibt unzählige Nachdrucke des Septembertestamentes aus jener Zeit – ohne Genehmigung Luthers. Die Raubdrucke tragen aber entscheidend zur schnellen Verbreitung seiner Übersetzung bei.

Nach der Veröffentlichung des Neuen Testamentes beginnt Luther mit der Übersetzung des Alten Testamentes. Der erste Teil mit den fünf Büchern Mose erscheint 1523. Die Übersetzungsarbeit am Alten Testament dauert bis 1534. Luther und seine Kollegen übersetzen das Alte Testament in mehreren Abschnitten.

Wussten Sie es?

Die meisten gedruckten deutschen Bibeltexte in der Lutherzeit sind Raubdrucke.

Falsche Druckausgaben führen dazu, dass Luther die von ihm herausgegebenen Bibeln mit einer Marke kennzeichnet, der „Lutherrose".

Luther hat für keine seiner Schriften ein Honorar erhalten.

411 **Baseler Nachdruck** des Septembertestamentes mit Wortregister
DAs neuw Testament recht grüntlich teutscht: Mit gantz gelerten und richtigen vorreden vnd der schweresten örteren kurtz aber gut außlegung
1523 Basel: Adam Petri
Folio
WLB: Bb deutsch 1523 05

Dieses Neue Testament enthält ein sächsisch-alemannisches Wortregister (Glossar). Adam Petri übersetzt zahlreiche sächsische Begriffe der Lutherübersetzung ins Alemannische, das Petri „unser Hochdeutsch" nennt. Durch die Lutherbibel verschwinden später die Sprachunterschiede zwischen Norden und Süden. Aufgeschlagen ist das sächsische Glossar (linke Spalte) mit „hochdeutscher" (alemannischer) Übersetzung (rechte Spalte).

Adam Petri.

Lieber Chriſtlicher

Leſer/So ich gemerckt hab/das nitt yederman verſton mag ettliche wörtter im yetzt gründtlichen verteutſchtẽ neuwen teſtament/doch die ſelbigen wörtter nit on ſchaden hetten mögen verwandlet werdẽ/hab ich laſſen die ſelbigen auff vnſer hoch teutſch außlegen vnd ordenlich in ein klein regiſter wie du hie ſiheſt/fleißlich verordnet.

A

änlich	gleich.
Afftetreden	nach reden.
Alber	nerriſch / fanteſchtiſch.
Altuätteliſch	fabel / alter wiber mer- (lin.
Anbiß	morgẽ eſſen.
Anfal	anteil/loß/zůfall.
Anfurt	der ſchiff anlendũg.
Anſtoß	ergernuß/ſtrauchlung
Auff ſchub	verzug.
Auffrucken	verweiſen/beſchuldigẽ

B

Bang	engſtich/zwãg/gedrẽg
Beben	bidmen.
Befragen	zanckẽ/zwitrechtig ſin
Befremden	verwundern.
Berickung	vahung.
Beſchickten	begrůben/volgten/be-
Beſtricken	fahẽ/binden (ſtattẽ.
Beſudlen	verunreinen/beflecken.
Betaget	alt/hat vil tage.
Betewben	truckẽ/krafftloß machẽ
Betrauwen	verbietten/trewen.
Betretten	radſchlagẽ/vnderredẽ.
Betüngen	tüngen mit mißt.
Bewüſt	erkant/erfaren.
Beylag	vertrawt/hind gelegt
Blehen	hochmůtig ſin. (gůt.
Blaßtückerey	böß/tückiſch/liſtig.
Blotzling	gehling / ſchnelliglich.
Brachtig	hochmůtig/hochfertig
Brauſſen	rauſchen/ſauſen.
Brůſen	mercken / erkennen.

D

Darb	notturfft/ armůt.
Darben	nott/ armůt leyden.
Deutlich	offentlich/mercklich.
Dürſtig	keck/kůn.

E

Empören	erheben/ſtrenſen.
Entkamen	enttrunnen/entlieffen.
Enlich	glich.
Entwandt	entzogen/entwert.
Erbſchichter	erbteiler/erbſcheider.
Erdtbeben	erdtbydem.
Erhaſchen	erwiſchen/fahen.
Erndten	ſchneiden.
Erregen	entporẽ/auffrůr machẽ
erſauffen	ertrincken.
Eyffer	ernſt.
Eyttel	wan/lär/ vnnütz.

F

Fahr	ferligkeit / ſorgklich.
Ferne	ſo ferr/ſo weyt.
Feynantzer	newfündiger zů böſen.
Feyl	nachleſigkeit/ verſüm- (niß.
Fäle	miſſethat/ſünde
Fal.	mangel/gebreſten.
Feltweg	raſt/roßlauff.
Fewr eyfer	feuriner ernſt.
Flehen	bittẽ/ernſtlich begeren.
Flicken	bletzen.
Freyen	weiben/ eelich werden.
Frümmen	nutz/gewin.
Fülen	empfinden.

G

Gebür	billich/gemeeß.
Geborſten	gebrochen/ zerriſſen.
Gedeyen	wachßen/zůnemen.
Gefeß	geſchir
Gegent	landtſchafft.
Geheymniß	heimlikeit/Sacramẽt.
Gehorchen	gehorſã/vndthenig ſin
Gelindigkeit	gůtig/ſenfft/milt.
Gepfropfft	geympfft / gepflantzt.
Gerücht	geſchrey/ leümed.
Geſteupt	mit růttẽ geſtrichẽ
Getreyde	korn/frucht.
Getümmel	vngeſtimb/auffrůr.

schreyens. Vnd Esther befalh dise geschichte diser Purim zu bestettigen vnd ynn eyn buch zu schreyben.

Das zehend Capitel.

Vnd der konig Ahasueros leget zins auffs land vnd auff die ynseln ym meer. Aber alle werck seyner gewalt vnd macht vnd die grosse herlickeyt Mardachai die yhm der konig gab/sihe/das ist geschrieben ynn der Chronica der konige ym Meden vnd Persen. Denn Mardachai der Jude war der ander nach dem konige Ahasueros/vnd gros vnter den Juden/vnd angenem vnter der menge seyner bruder/der fur seyn volck guts suchte/vnd redet das beste fur allen seynen samen.

Ende des buchs Esther.

Ende des ander teyls des Allten testaments.

A.ij. an der andern seytten/ynn der ersten zeyle/lies (disseyt)
Item daselbs ynn der .xix. zeyle lies (Sittim)
In der letzten zeyle des gantzen buchs Josua/lies (zu Gibeath Pinehas seyns sons die yhn et cetera.)
Ruth am ende des ersten cap. lies (redlicher man) da da stett/streytbar hellt.

Dis zeichen sey zeuge/das solche bucher durch meine hand gangen sind/denn des falschen druckens vnd bucher verderbens/vleyssigen sich ytzt viel

Gedruckt zu Wittemberg.

412	*Luthers Übersetzung der Geschichtsbücher* des Alten Testamentes *Martin Luther: Das Ander teyl des alten testaments* Holzschnitte aus der Werkstatt Lukas Cranach d. Ä.
1524	Wittenberg: Christian Döring und Lucas Cranach d. Ä. Folio WLB: Bb deutsch 1523 08

Der zweite (andere) Teil der Übersetzung der hebräischen Bibel des Kreises um Martin Luther von 1524 enthält die Bücher Josua bis Esther. Andere Teilbände folgen.

Luther möchte in dieser Zeit den widerrechtlichen Nachdruck seiner Werke verhindern. Als Zeichen der Echtheit lässt er auf der letzten Seite des zweiten Teils zwei Medaillons einfügen. Das linke zeigt das Siegeslamm, das rechte die Rose, das persönliche Wappen Luthers.

412 Luthers „Copyright" – das christliche Siegeslamm und die Lutherrose mit folgendem Hinweis:

Dis zeychen sey zeuge / das solche bucher durch meine hand gangen sind / denn des falschen druckens vnd bucher verderbens / vleyssigen sicht ytzt viel

Dieses Zeichen sei Zeuge, dass solche Bücher durch meine Hand gegangen sind. Denn des falschen Drucks und Bücher-Verderbens (be)fleissigen sich jetzt viele.

413 **Schmuckausgabe** der Bibelübersetzungen Luthers, auf *Pergament*
Martin Luther: Das Alte Testament mit fleyss verteutscht
Das Newe Testament mit fleyss verteutscht
Holzschnitte von Hans Springinklee und Erhard Schön
1524 Nürnberg: Friedrich Peypus
Folio Pergamentausgabe
WLB: Bb deutsch 1524 07

Der Nürnberger Drucker Friedrich Peypus fasst 1524 die von Luther bereits übersetzten Teile des Alten und Neuen Testamentes in einem Band zusammen. Die Drucke stattet er kunstvoll aus, wobei er einige davon nicht auf Papier, sondern auf Pergament produziert, um den Wert hervorzuheben.

Die aufgeschlagene Seite zeigt den Text aus dem Ersten Buch Mose / Genesis 7–8 mit einem kolorierten Holzschnitt der Arche Noah.

414 Vollständige Bibel auf Deutsch, kombiniert aus verschiedenen Übersetzungen: so genannte **Kombinierte Bibel**
BJblia beyder Allt vnd Newen Testaments Teutsch. Sampt angehenckter außlegung der schweristen örter auff daß der so sich jro prauchen wölte deren nit entraubt
Holzschnitte von Anton Woensam
1529 Worms: Peter Schöffer d. J.
Folio
WLB: Bb deutsch 1529 06

Die Übersetzung der Bücher Jesaja bis Maleachi ist 1529 in Wittenberg noch nicht abgeschlossen. Die Nachfrage ist hoch. Drucker und Verleger kombinieren Texte Luthers mit Übersetzungen von Leo Jud, Zürich.

Die aufgeschlagene Seite zeigt Texte aus dem Buch der Offenbarung, Kapitel 6, mit kolorierten Textholzschnitten.

1524–1532 LUTHERS LUST UND FRUST
FREUDE AM ÜBERSETZEN, KRITIK UND KONFLIKTE

Luthers Übersetzung der hebräischen Psalmen

Als dritter Teil der Übersetzung der Hebräischen Bibel erscheinen im Jahr 1524 die poetischen Schriften, darunter das Buch der Psalmen: ein Buch mit Liedern, die David, der biblische König von Israel, gesammelt haben soll. Sie sind die Grundlage für Gebete und Lieder im jüdischen und christlichen Gottesdienst.

Luther nennt die Psalmen eine kleine Bibel. Da die Psalmen im christlichen Gottesdienst eine große Rolle spielen, gibt es sofort auch Ausgaben des Psalters im handlichen Oktav-Format. Überarbeitete Neuauflagen folgen 1528 und 1531.

Wussten Sie es?

Luthers Schrift „Dass unser Herr Jesus ein geborner Jude sei" wirbt um das Judentum. Er hat die Erwartung, dass Juden durch die Reformation zu Christen werden. Als das nicht eintrifft, tritt bei Luther ein unerträglicher Judenhass zu Tage.

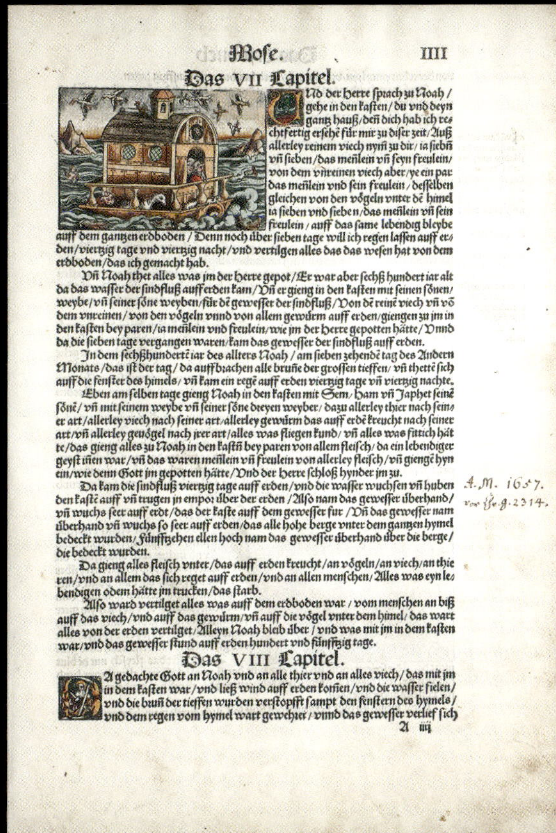
Mose. IIII

Das VII Capitel.

VNd der Herre sprach zu Noah / gehe in den kasten / du vnd deyn gantz hauß / deñ dich hab ich rechtfertig ersehē für mir zu diser zeit / Auß allerley reinem viech nym̄ zu dir / ia siebñ vñ sieben / das meñlein vñ seyn freulein / von dem vnreinen viech aber / ye ein par das meñlein vnd sein freulein / desselben gleichen von den vögeln vnter dē himel ia sieben vnd sieben / das meñlein vñ sein freulein / auff das same lebendig bleybe auff dem gantzen erdboden / Denn noch über sieben tage will ich regen lassen auff erden / viertzig tage vnd viertzig nacht / vnd vertilgen alles das das wesen hat von dem erdboden / das ich gemacht hab.

Vñ Noah thet alles was jm der Herre gepot / Er war aber sechß hundert iar alt da das wasser der sindfluß auff erden kam / Vñ er gieng in den kasten mit seinen sönen / weybe / vñ seiner söne weyben / für dē gewesser der sindfluß / Von dē reinē viech vñ vō dem vnreinen / von den vögeln vnnd von allem gewürm auff erden / giengen zu jm in den kasten bey paren / ia meñlein vnd freulein / wie jm der Herre gepotten hätte / Vnnd da die sieben tage vergangen waren / kam das gewesser der sindfluß auff erden.

Jn dem sechßhundertē iar des allters Noah / am sieben zehendē tag des Andern Monats / das ist der tag / da auffbrachen alle bruñe der grossen tieffen / vñ thettē sich auff die fenster des himels / vñ kam ein regē auff erden viertzig tage vñ viertzig nachte.

Eben am selben tage gieng Noah in den kasten mit Sem / Ham vñ Japhet seinē sönē / vñ mit seinem weybe vñ seiner söne dreyen weyber / dazu allerley thier nach seiner art / allerley viech nach seiner art / allerley gewürm das auff erdē kreucht nach seiner art / vñ allerley gevögel nach jrer art / alles was fliegen kund / vñ alles was fittich hätte / das gieng alles zu Noah in den kastñ bey paren von allem fleisch / da ein lebendiger geyst iñen war / vñ das waren meñlein vñ freulein von allerley fleisch / vñ giengē hyn ein / wie denn Gott jm gepotten hätte / Vnd der Herre schloß hynder jm zu.

Da kam die sindfluß viertzig tage auff erden / vnd die wasser wuchsen vñ huben den kastē auff vñ trugen jn empor über der erden / Also nam das gewesser überhand / vñ wuchs seer auff erdt / das der kaste auff dem gewesser fur / Vñ das gewesser nam überhand vñ wuchs so seer auff erden / das alle hohe berge vnter dem gantzen hymel bedeckt wurden / Fünfftzehen ellen hoch nam das gewesser überhand über die berge / die bedeckt wurden. A. M. 1657. vor Chr. g. 2314.

Da gieng alles fleisch vnter / das auff erden kreucht / an vögeln / an viech / an thieren / vnd an allem das sich reget auff erden / vnd an allen menschen / Alles was eyn lebendigen odem hätte jm trucken / das starb.

Also ward vertilget alles was auff dem erdboden war / vom menschen an biß auff das viech / vnd auff das gewürm / vñ auff die vögel vnter dem himel / das wart alles von der erden vertilget / Alleyn Noah bleib über / vnd was mit jm in dem kasten war / vnd das gewesser stund auff erden hundert vnd fünfftzig tage.

Das VIII Capitel.

DA gedachte Gott an Noah vnd an alle thier vnd an alles viech / das mit jm in dem kasten war / vnd ließ wind auff erden kom̄en / vnd die wasser fielen / vnd die bruñ der tieffen wurden verstopfft sampt den fenstern des hymels / vnd dem regen vom hymel wart gewehret / vnnd das gewesser verlief sich

A iiij

413

Offenbarung Johannis.

Vnd da es das vierd sigel vffthet / hort ich die stim̄ des vierden thiers sagen: Kom̄ vñ sihe zů. Vnd sihe / eyn fahl pferd / vnd der darauff saß / des namen hieß der Tod / vnd die helle volget jm nach. Vnd jm ward macht geben zutöden vff den vier orten der erden mitt dem schwert / vnd hunger / vnnd mit dem tod von den thieren auff erden.

C Vnd da es das fünfft sigel auffthete / sahe ich vnder dem altar die seelen / deren die erwürgt waren vm̄ des wort Gottes willen / vnd vmb der zeugnüß willen die sie hatten. Vnd sie schrien mitt lauter stim̄ / vnd sprachent: Herr / du heiliger vnnd warhafftiger / wie lang richtest du / vnd richest nit vnser blůt / an denen die vff der erden wonen? Vnd jnen wurden geben / eyner ieglichen eyn weisse wadt / vnd ward zů jnen gesagt / daß sie růweten noch eyn kleyne zeit / biß daß erfüllet würden jre mittknecht vnnd brůder / die auch noch ertödet werden wie sie.

D Vnd ich sahe daß es das sechßt sigel vffthet / vñ sihe do ward eyn grosser erdbidem / vñ die Soñ ward schwartz wie eyn härner sack / vnnd der Mon ward wie blůt / vnd die sterne des himels fielen vff die erd / gleich wie eyn feigenbaum seine feigen abwürfft / wañ er vō grossem windt bewegt wirt: vnd der himel entweych wie eyn eingewicklet bůch / vnnd alle berg vnd insulen wurden bewegt auß jren orten: vnd die künig vff erden / vnd die obersten vnd die reichen / vnd die hauptlent / vnd die gewaltigen / vnd alle knecht / vñ alle freien verbargen sich inn den klüfften vnd velsen inn den bergen. Vnd sprachen zů den bergen vñ velsen: Fallent vff vns / vnd verbergent vns vor dem angesicht / deß / der vff dem stůl sitzt / vnd vor dem zorn des lam̄s: dann es ist kom̄en der groß tag seines zorns / vnd wer mag bestehn?

Offenbarung Johannis. LXXI

vff jre angesicht / vnd betteten Gott an / vnd sprachen: Amen. Benedeiung / vnd preiß / vnd weißheyt / vnd D danck / vnd eer / vnd krafft / vñ stercke / sei vnserm Gott von ewigkeyt zů ewigkeyt / Amen. Vnd es antwortet der Eltesten eyner / vnd sprach zů mir: Wer seind dise mit der weissen wadt angethan? Vnd woher seind sie kom̄en? Vnd ich sprach zů jm: Herr du weyßts. Vnd er sprach: Dise seinds die kommen seind auß grossem trübsal / vnd haben jre wadt geweschen / vñ haben jre wadt durchweisset im̄ blůt des lambs: darumb seind sie vor dem stůl Gottes / vnd dienen jm tag vnd nacht in̄ seinem tempel: vnnd der vff dem stůl sitzet / wirt ob jnen wonen: Sie wirt nit mer hungeren noch dürsten. Es wirt auch nit vff sie fallen die Soñ oder irgent eyn hitz: dann das lamb mitten im̄ stůl wirt sie regnieren / vnd leyten zů den lebendigen wasserbruñen: vñ Gott wirt abweschen alle trähen von jren augen.

Das VII Cap.

A VNd darnach sahe ich vier engel steen auff den vier ecken der erden / die hielten die vier wind der erden / vff daß keyn wind über die erden bliese / noch über das meer / noch über eyn eynzigen baum / Vñ sahe eynen anderen engel vff steigen von der Sonnen vffgang / der hatt das warzeychen des lebendigen Gottes / vñ schrey mitt grosser stim̄ zů den vier engeln / welchen geben ist zubeschedigen die erden / vnd das meer / vnd er sprach: Beschedigent die erden nitt / noch das meer / noch die bäum / biß wir versiglen die knechte Gottes an jren stirnen.

Vnnd ich hort die zale deren die versiglet wurden / hundert vnd vier vñ viertzigtausent / die versiglet waren von allen gschlechten der kinderen Jsraels. Von
B dem gschlecht Juda zwölfftausent versiglet. Von dem gschlecht Ruben zwölfftausent versiglet. Vō dem geschlecht Gad / zwölfftausent versiglet. Von dem gschlecht Aser / zwölfftausent versiglet. Vō dem gschlecht Nephthali / zwölfftausent versiglet. Vō dem gschlecht Manasse / zwölfftausent versiglet. Vō dem gschlecht Simeon / zwölfftausent versiglet. Von dem gschlecht Levi / zwölfftausent versiglet. Von dem gschlecht Jsaschar / zwölfftausent versiglet. Von dem gschlecht Zabulon / zwölfftausent versiglet. Von dem gschlecht Joseph / zwölfftausent versiglet. Vō dem gschlecht Beniamin / zwölfftausent versiglet.

C Darnach sahe ich / vnd sihe / eyn grosse schar / welche niemants zelen mocht / auß allen Heyden vnd völckeren vnd zungen / steün vor dem stůl / vñ vor dem lam̄ / angethan mit weisser wadt / vnd palmen in̄ jren händen / schrien mit lauter stim̄ / vñ sprachen: Heyl sei dem der vff dem stůl sitzet / vnserem Gott vnd dem lamb. Vnd alle engel stunden vmb den stůl / vnd vm̄ die Eltesten / vnd vmb die vier thier / vnd fielen für den stůl

Das VIII Cap.

VNd da er das dritt sigel vffthet / ward eyn stille in̄ dem him̄el bei eyner halben stund / A vñ ich sahe siben engel die tratten für Gott vnnd jnen wurden siben pusaunen geben. Vnd eyn anderer engel kam vnd gieng zů dem altar / vnd hatt eyn güldin rauchfaß: vñ jm ward vil rauchwercks geben / daß er gebe von den gebetten aller heyligen vff den altar vor dem stůl. Vnnd der rauch des rauchwercks von den gebetten der heiligen / gieng vff von der hand des engels vor Gott. Vnnd der engel nam das rauchfaß / vñ füllet es mitt fewr vom altar / warffs vff die erden. Vnd do geschahen stimmen / vnd donder / vnd blitzen / vnd erdbidem.

Vnd die siben engel mit den siben pusaunen / hatten B sich bereytet zupusaunen. Vñ der erst engel pusaunet vnd es ward eyn fewr mit blůt gemischet / vnd fiel vff

N n

414

Eyn psalm Dauids.

DEr HERR ist meyn hirtte/ myr wird nichts mangeln.

Er lesst mich weyden da viel gras steht/ vnd furet mich zum wasser das mich erkület.

Er erquickt meyne seele/er furet mich auff rechter strasse vmb seyns namens willen.

Vnd ob ich schon wandert ym finstern tal/ furcht ich keyn vnglück/Denn du bist bey myr.

Deyn stecken vnd stab trösten mich.

Du bereyttest fur myr eynen tisch gegen meyne feynde/Du machst meyn heubt fett mit öle/ vnd schenckest myr voll eyn.

Gutts vnd barmhertzickeyt werden myr nach lauffen meyn leben lang/ vnd werde bleyben ym hause des HERR ymmerdar.

XXIIII.

Eyn psalm Dauids.

DJe erde ist des HERRN vnd was drynnen ist/Der erdboden vnd was drynnen wonet.

Denn er hat yhn an die meere gegründet/vnd an den wassern bereyttet.

Wer wird auff des HERRN berg gehen?

C v vnd wer

Allen fromen Christen.

GNade vnd friede jnn Christo/ Wir haben vmb diese Ostern des 1531. jars/vnser Deudsch Psalterlin widderumb vberlauffen/ vnd zum letzten mal gebessert/ Da bey wirs gedencken hinfurt zu bleiben lassen/Wie nu der selbige Psalter meister klüglinge gefallen werde/ da ligt vns nichts an. Aber weil/villeicht etliche zu vnser zeit/vnd noch mehr/so nach vns komen werden/gute frūme hertzen/die auch der sprachen kündig/vnd doch des dolmetschen vngeübt/sich möchten stossen vnd ergern/das wir so frey/an vielen orten/von den buchstaben gangen sind/zu weilen auch anderm verstand gefolget/denn der Juden Rabini vnd Grammatici leren/Wollen wir hiemit vrsachen anzeigen/ vnd mit etlichen Exempeln verkleren/ auff das sie sehen/wie wir nicht aus vnuer-

A ij stand

Auslegung der Psalmen auf Christus hin

Die Psalmen sind das Liederbuch Israels und des Judentums – bis heute. Auch die christliche Kirche betet bis heute mit den Psalmen Israels, die sie im Blick auf das Evangelium von Jesus Christus hin liest. Mit der christlichen Auslegungstradition betont Luther, dass alle Schriften des Alten Testamentes versteckt oder offen von Christus sprechen.

Er macht das deutlich in seiner Psalter-Übersetzung. In der Anmerkung auf dem linken Rand (Objekt Nr. 421, zu Psalm 22) erklärt er, die Fetten, die Reichen, die Armen – „alle sollen Christus anbeten".

Das Recht eines Verständnisses des Alten Testamentes ohne Beziehung auf Christus hat Luther vehement bestritten. Hier liegt auch der Kern für seinen Judenhass.

Die heutige christliche Bibelauslegung bemüht sich, anders als Luther und seine Zeitgenossen, um ein Verständnis der Texte des Alten Testamentes in ihrem historischen Entstehungszusammenhang, das Jüdinnen und Juden ihre Bibel nicht „wegnimmt".

Wusstes Sie es?

Luther unterstützt zwar in einem Gutachten das Erscheinen der ersten Koran-Übersetzung auf Latein in Straßburg. Seine Haltung zum Propheten Mohammed bleibt aber äußerst negativ.

421 **Erste Fassung der Psalter-Übersetzung** Luthers aus dem Hebräischen
Martinus Luther: Der Psalter deutsch
1524 Wittenberg: Christian Döhring, Lukas Cranach d. Ä.
Oktav
WLB: B deutsch 1524 03

Die aufgeschlagene Seite zeigt auf der rechten Seite Psalm 23 (nach Zählung der hebräischen Bibel): *Der Herr ist mein Hirte, mir wird nichts mangeln …*

422 **Zweite Fassung der Psalter-Übersetzung** Luthers aus dem Hebräischen
Martin Luther: New deudsch Psalter
1528 Wittenberg: Hans Lufft
Oktav
WLB: B deutsch 1528 02
s. hierzu Abb. auf S. 28

Es folgen Neubearbeitungen des Psalters in den Jahren 1528 und 1531. Das beweist, wie wichtig Luther das Buch der Psalmen ist. – und wie häufig es Neuauflagen für dieses einzelne Bibelbuch gibt.

423 **Dritte Fassung der Psalter-Übersetzung** Luthers aus dem Hebräischen
Der Deudsch Psalter D. Luthers zu Wittemberg
1531 Wittenberg: Hans Lufft
Oktav
WLB: B deutsch 1531 01

In der Vorrede meint Martin Luther, diese Fassung sei die letzte Überarbeitung. Er versucht zu begründen, warum er an manchen Stellen die hebräische Vorlage frei übersetzt. Die Abgrenzung zur jüdischen Psalm-Deutung ist klar erkennbar: Obwohl sich Martin Luther an den hebräischen Text hält, vereinnahmt er – wie üblich – den Psalter für das Christentum. Seine ablehnende Haltung gegenüber den Rabbinern und dem Judentum kommt deutlich zum Vorschein.

Die überarbeitete Ausgabe des Psalters von 1531 ergänzt Luther durch so genannte Summarien, kurze Zusammenfassungen des Inhaltes eines Bibeltextes.

424 **Überarbeitung des Neuen Testamentes**
Das Newe Testament M. Luthers
Holzschnitte von Hans Brosamer und Monogrammist „AW“
1530 Wittenberg: Hans Lufft
Oktav
WLB: B deutsch 1530 01

Die aufgeschlagene Seite zeigt einen Holzschnitt zum Buch der Offenbarung, Kapitel 20. In diesem Text geht es um den letzten Aufstand des Teufels/Satans. Sein Heer belagert das Lager der Heiligen. In dieser Szene sind aktuelle Ereignisse zu erkennen:

Der Holzschnitt bezieht die biblischen Verse auf die Belagerung Wiens durch ein türkisches Heer im Jahr 1529. Der Holzschnitzer setzt die satanischen Mächte „Gog“ und „Magog“ mit dem Heer des Sultans gleich.

Ursprünglich stammen diese Holzschnitte aus dem Jahr 1529 aus einer niederdeutschen lutherischen Ausgabe des Neuen Testamentes von Johannes Bugenhagen.

Die Deutung der Belagerung Wiens durch den Sultan im Jahr 1529

Im Jahr 1529 belagert der türkisch-osmanische Sultan mit einem großen Heer die Stadt Wien. Der Balkan zwischen Wien und Istanbul ist von türkischen Truppen besetzt. In jenen Jahren besteht die Gefahr, dass auch das Deutsche Reich überfallen wird. Die politischen Ereignisse um die Belagerung Wiens sind ein Grund, warum der Kaiser nicht stärker gegen Luther und die Reformation vorgeht. Seine Kräfte sind gebunden. Der Angriff auf Wien wird abgewehrt.

Auch Martin Luther hält den Angriff auf Wien für eine ernste Gefahr – für ihn ist dieser Krieg die Erfüllung des biblischen Buches der Offenbarung (Apokalypse). Das bemerkt er links am Rande des Kapitels 20 der Offenbarung (siehe Kat. 424); so sehr war Luther davon überzeugt, dass die Apokalypse bevorsteht!

425 **Martin Luther: Ein Sendbrieff von Dolmetschen** *und Fürbitte der Heiligen*
1530 Wittenberg: Georg Rhau
Quart
BSB: Res/4Th.u.103,XXIV,17

In dem 1530 verfassten *Sendbrief vom Dolmetschen* legt Luther seine Methode der Bibelübersetzung dar. Er fordert vom Übersetzer, dem Volk *aufs Maul [zu] schauen.* Zunächst klagt er über die schwierige Arbeit beim Übersetzen: *Und ist uns wol offt begegenet, das wir .xiiij. tage, drey, vier wochen haben ein einiges wort gesucht und gefragt, habens dennoch zu weilen nicht funden. Im Hiob arbeiten wir also, M. Philips [Melanchthon], Aurogallus und ich, das wir jnn vier tagen zu weilen kaum drey zeilen kundten fertigen.*

Luther verteidigt sich für seine Übersetzung des Römerbriefs, Kapitel 3, Vers 28:

So halten wir nun dafür, dass der Mensch gerecht wird ohne des Gesetzes Werke, ***allein*** *durch den Glauben.*

Er geht mit seinen Gegnern hart ins Gericht und nennt sie *Esel* und *Rotzlöffel.*

Seine Kritiker wenden ein, dass kein Quellentext des Paulusbriefes das ausschließende *allein* enthält. Luther argumentiert, dass die Ausschließlichkeit sich aus dem Sinn des Textes ergibt. Seine Übersetzung soll den Sinn des Textes deutlich und verständlich machen, ihn aber nicht umdeuten.

… sondern man mus die mutter jhm hause, die kinder auff der gassen, den gemeinen man auff dem marckt drumb fragen und den selbigen auff das maul sehen, wie sie reden, und danach dolmetzschen, so verstehen sie es und mercken, das man Deutsch mit jn redet. (siehe Abb. S. 10)

Die offenbarung.

XX.

Die tausent iar mussen anfahē/ da dis buch ist gemacht/ Denn der Turck ist aller erst nach tausent iaren komen/ jn des sind die Christē blieben vnd haben geregirt/ on des teuffels danck. Aber nu wil der Turck dē Bapst zu hulff komen/ vnd die Christen aus rotten/ weil nichts helffen wil.

VNd ich sahe einen Engel vom himel faren/ der hatte den schlüssel zum abgrund vnd eine grosse keten jnn seiner hand/ vnd er greiff den drachen die alte schlange/ welche ist der teufel vnd der Satan/ vnd band jn tausent iar/ vnd warff jn jnn den abgrund/ vnd band jn/ vnd versiegelt oben drauff/ das er nicht mehr verfuren solt die Heiden/ bis das vollendet wurden tausent iar/ vnd darnach mus er los werden eine kleine zeit.

Vnd ich sahe stüle/ vnd sie satzten sich drauff/ vnd jn ward gegeben das vrteil/ vnd die seelen der enthewbten vmb des zeugnis Jhesu vnd vmb des wort Gottes willen/ vnd die nicht angebetet hatten das thier/ noch sein bilde/ vnd nicht genomen hatten sein malzeichen an jre stirn vnd auff jre hand/ diese lebten vnd regierten mit Christo/ tausent iar. Die andern todten aber wurden nicht widder lebendig/ bis das tausent iar vollendet wurden. Dis ist die erste aufferstehung. Selig ist der vnd heilig/ der teil hat an der ersten aufferstehung/ vber solche hat der ander tod keine macht/ Sondern sie werden priester Gottes vnd Christi sein/ vnd mit jm regieren tausent iar.

Die xxv

Die funff vnd zwentzigst Figur.

102

Philosophia bas denn sie selbs allesampt/ Vnd weis dazu fur war/ das jhr keiner jhren Aristotelem verstehet/ Vnd ist einer vnter jhn allen/ der ein Proemium odder Capitel jnn Aristotele recht verstehet/ so wil ich mich lassen prellen/ Jch rede itzt nicht zu viel/ Denn ich bin durch jhre kunst alle erzogen vnd erfaren von iugent auff/ weis fast wol wie tieff vnd weit sie ist/ So wissen sie auch wol/ das ich alles weis vnd kan/ was sie können/ Noch handeln die heilosen leute gegen mir/ als were ich ein gast jnn jhrer kunst/ der allererst heut morgen komen were/ vnd noch nie weder gesehen noch gehört hette/ was sie leren odder können/ So gar herrlich prangen sie herein mit jhrer kunst/ vnd leren mich was ich fur zweintzig iaren an den schuhen zurissen habe/ Das ich auch mit jhener metzen/ auff alle jhr plerren vnd schreien singen mus/ Jch habs fur sieben iaren gewust/ das huffnegel eisen sind.

proverb:

¶ Das sey auff ewer erste frage geantwortet/ Vnd bitte euch/ wöllet solchen Eseln ia nicht anders noch mehr antworten auff jhr vnnütze geplerre/ vom wort/ Sola/ denn also viel/ D. Luther wils so haben vñ spricht/ Er sey ein Doctor vber alle Doctor jm gantzen Bapstum/ da sols bey bleiben/ Jch wil sie hinfurt schlecht verachtē vnd veracht haben/ so lange sie/ solche leute (ich wolt sagē) Esel sind/ deñ es sind solche vnuerschempte tropffen vnter jhn/ die auch jhr eigen/ der Sophisten kunst nie gelernt haben/ wie Doctor Schmid/ vnd Doctor Rotzlöffel vnd seine gleichen/ vnd legen sich gleich wol widder mich

Doctor Schmid, Doctor Rotzlöffel.

mich jnn dieser sachen/ die nicht allein vber die Sophisterey/ sondern auch (wie S. Paulus sagt) vber aller welt weisheit vñ vernunfft ist/ Zwar es dürfft ein Esel nicht viel singen/ man kennet jhn sonst wol bey den oren.

proverb:

¶ Euch aber vnd den vnsern wil ich anzeigen/ warumb ich das wort (Sola) hab wöllen brauchen/ Wiewol Roma. iij. nicht Sola/ sondern Solum odder tantum/ von mir gebraucht ist/ Also fein sehen die Esel meinen Text an/ Aber doch hab ichs sonst anderswo/ Sola fide gebraucht/ vñ wil auch beide Solum vñ Sola habē/ Jch hab mich des geflissen jm dolmetschen/ das ich rein vñ klar deudsch gebē möchte/ Vnd ist vns wol offt begegenet/ das wir .xiiij. tage/ drey/ vier wochen haben ein einiges wort gesucht vnd gefragt/ habens dennoch zu weilen nicht funden/ Jm Hiob arbeiten wir also/ M. Philips/ Aurogallus vnd ich/ das wir jnn vier tagen/ zu weilen kaum drey zeilen kundten fertigen. Lieber/ nu es verdeudscht vnd bereit ist/ kans ein jeder lesen vnd meistern/ Leufft einer itzt mit den augen durch drey/ odder vier bletter/ vnd stösst nicht ein mal an/ Wird aber nicht gewar/ welche wacken vnd klötze da gelegen sind/ da er itzt vber hin gehet/ wie vber ein gehöffelt bret/ da wir haben müst schwitzen vnd vns engsten/ ehe denn wir solche wacken vnd klötze aus dem wege reumeten/ auff das man künde so fein daher gehen. Es ist gut pflügen/ wenn der acker gereinigt ist/ Aber den wald vñ die stöcke ausrotten vnd den acker zurichten/ da wil niemand an/ Es ist bey der welt kein danck zu verdienen

B ij

Das Acht Capitel.

Er spottet der Assyrer / das sie würden fur Jerusalem komen/ vnd doch mit schanden dauon zihen. 4. Reg. 19.

SEid böse jr völcker/ vnd gebt doch die flucht. Höret jrs alle die jr jnn fernen landen seid? Rüstet euch/ vnd gebt doch die flucht/ Lieber rüstet euch vnd gebt doch die flucht. Beschliesset einen rat/ vnd werde nichts draus. Beredet euch/ vnd es bestehe nicht/ Denn hie ist Immanuel.

(Bund) Das Jüdische volck trawete Gott nicht/ vnd machten bund mit den Heiden vmb her/ welche doch jre feinde waren.

Denn so spricht der HERR zu mir/ als fasset er mich bey der hand/ vnd züchtiget mich/ das ich nicht sol wandeln auff dem wege dieses volcks/ vnd spricht/ Jr solt nicht sagen/ Bund / Dis volck redet von nichts/ denn von Bund/ Furchtet jr euch nicht also/ wie sie thun/ vnd lasst euch nicht grawen/ sondern/ Heiliget den HERRN Zebaoth/ den lasset ewer furcht vnd schrecken sein/ so wird er ein heiligthum sein/ Aber ein stein des anstossens/ vnd ein fels des ergernis/ den zweien heusern Israel/ zum strick vnd fall den bürgern zu Jerusalem/ das jr viel sich dran stossen/ fallen/ zubrechen/ verstrickt vnd gefangen werden.

(Binde) Das gesetze bleibt vnuerstanden vnd vnerfüllet/ wo nicht der glaube ist/ der zu Christus jünger machet.

Binde zu das zeugnis / versigle das gesetz auff meine jünger/ Denn ich hoffe auff den HERRN/ der sein andlitz verborgen hat fur dem hause Jacob/ Ich aber harre sein. Sihe/ hie bin ich vnd die kinder/ die mir der HERR gegeben hat / zum zeichen vnd wunder jnn Israel/ vom HERRN Zebaoth/ der auff dem berge Zion wonet.

(disputirn) Die da klug sein wollen vnd mit vernunfft die schrifft meistern.

Wenn sie aber zu euch sagen/ jr müsset die Warsager vnd Zeichendeuter fragen/ die da schwetzen vnd disputirn (solt jr sprechen) Sol nicht ein volck seinen Gott fragen? Ists billicher/ die todten fragen/ denn die lebendigen? Ja nach dem gesetz vnd zeugnis. Werden sie das nicht sagen/ so werden sie die morgen röte nicht haben/ sondern werden im lande vmbher gehen verstockt vnd hungerig/ Wenn sie aber hunger leiden/ werden sie zürnen vnd fluchen jrem Könige vnd jrem Gotte/ vnd werden vber sich gaffen/ vnd vnter sich die erden ansehen/ vnd nichts finden/ denn trübsal vnd finsternis/ Denn sie sind vertunckelt jnn angst/ vnd gehen jrre im finstern/ Denn es wird wol ein ander tunckel sein/ das jn angst thut/ denn zur vorigen zeit war/ da es leicht zu gieng im lande Sebulon vnd im lande Naphthali/ vnd hernach schwerer ward am wege des meeres / disseit des Jordans an der heiden grentze.

Das Neunde Capitel.

DAs volck so im finstern wandelt/ sihet ein grosses liecht/ vnd vber die da wonen im finstern lande/ scheinet es helle / Du machest der heiden viel / damit machestu der freuden nicht viel/ Fur dir aber wird man sich frewen/ wie man sich frewet jnn der

jnn der

jnn der erndte/ Wie man frölich ist/ wenn man beute austeilet/ Denn du hast das joch jrer last / vnd die rute jrer schulter / vnd den stecken jres treibers zubrochen/ wie zur zeit Midian/ Denn aller krieg mit vngestum vnd blutig kleid/ wird verbrand vnd mit fewer verzeret werden/ Denn vns ist ein kind geboren/ ein son ist vns gegeben / welches herrschafft ist auff seiner schulter / vnd er heisst / Wunderbar / Rat/ Krafft/ Helt/ Ewigvater/ Friedfürst/ auff das seine herrschafft gros werde/ vnd des friedes kein ende/ auff dem stuel David vnd seinem königreiche/ das ers zu richte vnd stercke / mit gericht vnd gerechtigkeit/ von nu an bis jnn ewigkeit. Solchs wird thun der Einer des HERRN Zebaoth.

Der HErr hat ein wort gesand jnn Jacob/ vnd ist jnn Israel gefallen/ das es sollen jnne werden alles volck Ephraim vnd die bürger zu Samaria / die da sagen jnn hohmut vnd stoltzem sinn/ Zigelstein sind gefallen/ aber wir wollens mit werckstücken widder bawen/ Man hat maulber bewme abgehawen / so wollen wir Cedern an die stat setzen. Denn der HERR wird des Rezin kriegs volck widder sie erhöhen/ vnd jre feinde zu hauff rotten / die Syrer fornen her/ vnd die Philister von hinden zu/ das sie Israel fressen mit vollem maul. Jnn dem allen lesset sein zorn noch nicht abe / seine hand ist noch ausgereckt/ So keret sich das volck auch nicht zu dem der es schleget/ vnd fragen nichts nach dem HERRN Zebaoth.

Darumb wird der HERR abhawen von Israel beide kopff vnd schwantz/ beide ast vnd zweig/ auff einen tag. Die alten ehrlichen leute sind der kopff/ Die Propheten aber so falsch leren / sind der schwantz/ Denn die leiter dieses volckes sind verfürer/ vnd die sich leiten lassen sind verschlungene/ Darumb kan sich der HErr vber jre iunge manschafft nicht frewen/ noch jrer waisen vnd widwen erbarmen/ Denn sie sind allzumal heuchler vnd böse / vnd aller mund redet torheit. Jnn dem allen lesset sein zorn noch nicht abe/ seine hand ist noch ausgereckt.

Denn das Gottlose wesen ist angangen wie fewr / vnd verzeret dornen vnd hecken/ vnd brennet wie im dicken walde / vnd gibt hohen rauch/ Denn im zorn des HERRN Zebaoth ist das land verfinstert/ das das volck ist wie speise des fewers/ keiner schonet des andern/ Sondern sie sich abe zur rechten/ so leiden sie hunger/ Essen sie zur lincken/ so werden sie nicht sat/ Ein jglicher frisset das fleisch seines arms/ Manasse den Ephraim/ Ephraim den Manasse/ vnd sie beide mit einander widder Juda. Jnn dem allen lesset sein zorn nicht abe/ seine hand ist noch ausgereckt.

Das Zehende Capitel.

WEh den rechtkündigen / die vnrecht gesetz machen/ vnd die böse sachen schreiben/ auff das sie die sachen der armen beugen/ vnd gewalt vben im recht der elenden vn-

den vn-

426 **Die Propheten alle deudsch.**
Martin Luther
1532 Wittenberg: Hans Lufft
Folio
WLB: Bb deutsch 1532 01

Für Luthers Übersetzungsprojekt erwächst in den aus verschiedenen Übersetzungen kombinierten deutschen Bibeln aus Straßburg und Worms zunehmend Konkurrenz. Trotzdem erscheint die vollständige Druckausgabe der großen und kleinen Propheten der hebräischen Bibel erst 1532.

Luther muss die Arbeit an der Übersetzung häufig unterbrechen. Grund hierfür sind seine zahlreichen Erkrankungen und auch die Überarbeitung des Neuen Testamentes (siehe Kat. 424). Die aufgeschlagene Seite zeigt den Text aus dem Buch Jesaja, Kapitel 9.

GEGENBIBELN, KOPIEN UND RAUBDRUCKE

Zu jener Zeit gibt es kein „Copyright". Unzählige Raubdrucke führen zur weiten Verbreitung von Luthers Übersetzung im 16. Jh. – bis zu 100.000 Bibeln werden gedruckt und gebunden. In Wittenberg verändert Luther die Gottesdienstordnung in den Kirchen und erneuert Unterricht und Lehre – die eigentliche *Reformation* (lateinisch: „Erneuerung") beginnt. Andere Gegenden führen die Reformation auf eigene Art durch. In Zürich entsteht eine eigene Bibelübersetzung – 1528 bereits mit allen Schriften der hebräischen Bibel – 1531 die Vollbibel (siehe Kat. 456). Luthers Vollbibel folgt erst 1534. Auch auf römisch-katholischer Seite entstehen deutsche Übersetzungen – häufig auffällig eng am Luther-Text.

Bildung, Bildung, Bildung

Eines der Hauptanliegen der Reformation ist die Bildung für alle, damit die Botschaft der Bibel verstanden werden kann. Nach dem Zusammenbruch des kirchlichen Schulsystems vor allem in den Klöstern der Städte zu Beginn der Reformation entstehen fürstliche Schulen – bald in jedem Ort. Die Freiheitsbotschaft des jungen Luther ist jedoch auch gefährlich: Bildersturm und Bauernkrieg machen die Bildungsrevolution verdächtig. Die Kinder lernen schließlich nur Lieder und Katechismus auswendig. Eine durchschlagende Alphabetisierung mit der (Luther-) Bibel findet in deutschen Landen erst 200 Jahre später statt. Die Sprache der Lutherbibel ist die Grundlage der deutschen Klassik und Literatur.

1534–1542 LUTHERS BIBLIA DEUTSCH
UND ERSTE ÜBERARBEITUNGEN UND NACHDRUCKE BIS 1542

Voll-Bibel in zwei Teilen

Die abgeschlossene Übersetzung der ganzen Bibel durch Martin Luther erscheint in zwei Teilen.

Der erste Teil enthält die Bücher des Alten Testamentes vom Ersten Buch Mose / Genesis bis zum Hohelied Salomos.

Wussten Sie es?

Luther hat selbst Vorschläge zu Bildern in der Bibel gemacht, um das Verständnis der Texte durch die Bilder zu erhöhen.

Der zweite Teil umfasst die Propheten und die Spätschriften des Alten Testamentes (Apokryphen), sowie das Neue Testament.

Die *Apokryphen* des Alten Testamentes sind nur in griechischer Sprache überlieferte Bücher aus vorchristlicher Zeit. Luther nimmt sie – wie schon vor Jahren die Zürcher um Zwingli – aus dem Alten Testament heraus und fügt sie vor dem Neuen Testament ein.

Wussten Sie es?

Luther unterscheidet einerseits zwischen dem Gesetz Gottes, das aus Regeln und Geboten besteht. Andererseits findet sich in der Bibel das Evangelium Gottes: die „gute Botschaft", dass Gott den Menschen durch Jesus Christus von dem Zwang, nur die Gesetze zu erfüllen, erlöst und befreit.

431 **Niederdeutsche Bugenhagen-Bibel**
die erste erschienene vollständige Luther-Bibel
De Biblie uth der uthlegginge Doctoris Martini Luthers yn dyth düdesche ulitich uthgesettet, mit sundergen underrichtingen, alse men seen mach. Martin Luther
Holzschnitte von Erhard Altdorfer
1533 Lübeck: Ludwig Dietz (erschienen 1534)
Folio
WLB: Bb niederdt. 1534 01

Die erste Vollbibel in Luthers Version kommt im April 1534 in niederdeutscher Sprache heraus. Der Zwischentitel zum Neuen Testament zeigt links den Sündenfall des Menschen: Adam und Eva essen von der verbotenen Frucht vom Baum der Erkenntnis von Gut und Böse. Die rechte Seite zeigt die Erlösung des Menschen durch Tod und Auferstehung Jesu Christi.

432 **Biblia Deutsch 1534,** die erste vollständige hochdeutsche Luther-Bibel
Biblia das ist die gantze Heilige Schrifft Deudsch. Martin Luther
Holzschnitte von Monogrammist „MS"
1534 Wittenberg: Hans Lufft
Folio
WLB: Bb deutsch 1534 01-1

Die erste hochdeutsche Vollbibel mit Luthers Übersetzung erscheint im Sommer 1534. An der Übersetzung arbeiten verschiedene Experten mit: Philipp Melanchthon für das Griechische, Matthäus Aurogallus und Johannes Forster für das Hebräische, außerdem Caspar Cruciger d. Ä. und vermutlich Johannes Bugenhagen sowie Justus Jonas.

Die aufgeschlagene Seite zeigt eine Darstellung des Paradieses. Die Erde hat jetzt die Gestalt einer Kugel (siehe Kat. 152–154). Wolken verschleiern den Himmel.

432.1 Biblia deutsch 1534, Titelholzschnitt des Monogrammisten MS.

432.2 Biblia deutsch 1534, Schöpfung und Weltall, Holzschnitt von MS.

431

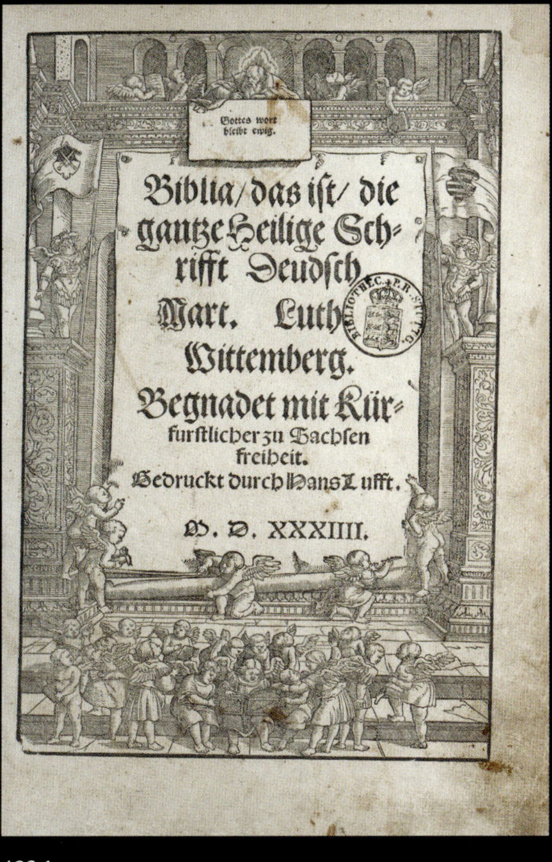

432.1

432.2

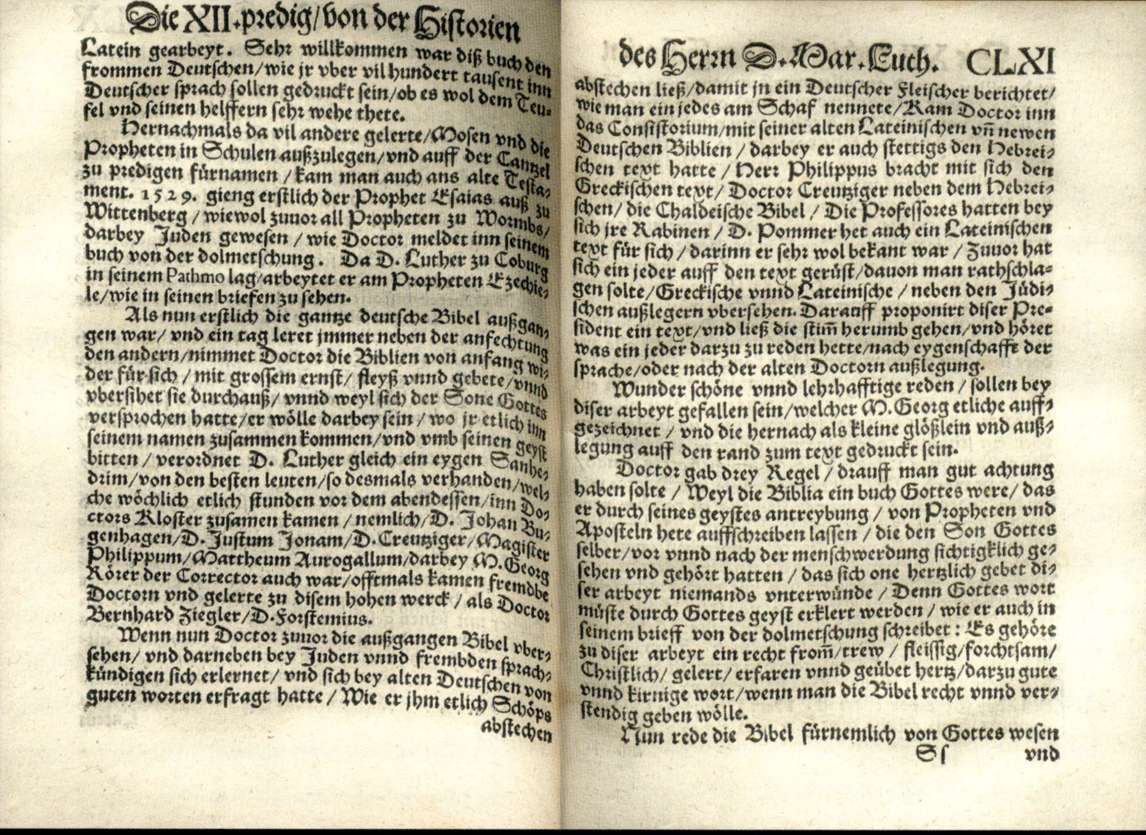

Die XII. predig/ von der Historien

Latein gearbeyt. Sehr willkommen war diß buch den frommen Deutschen/ wie jr vber vil hundert tausent inn Deutscher sprach sollen gedruckt sein/ ob es wol dem Teufel vnd seinen helffern sehr wehe thete.

Hernachmals da vil andere gelerte/ Mosen vnd die Propheten in Schulen außzulegen/ vnd auff der Cantzel zu predigen fürnamen/ kam man auch ans alte Testament. 1529. gieng erstlich der Prophet Esaias auß zu Wittenberg/ wiewol zuuor all Propheten zu Wormbs/ darbey Juden gewesen/ wie Doctor melder inn seinem buch von der dolmetschung. Da D. Luther zu Coburg in seinem Pathmo lag/ arbeytet er am Propheten Ezechiele/ wie in seinen briefen zu sehen.

Als nun erstlich die gantze deutsche Bibel außgangen war/ vnd ein tag leret jmmer neben der anfechtung den andern/ nimmet Doctor die Biblien von anfang wider für sich/ mit grossem ernst/ fleyß vnnd gebete/ vnnd vbersihet sie durchauß/ vnnd weyl sich der Sone Gottes versprochen hatte/ er wölle darbey sein/ wo jr etlich inn seinem namen zusammen kommen/ vnd vmb seinen geyst bitten/ verordnet D. Luther gleich ein eygen Sanhedrim/ von den besten leuten/ so desmals verhanden/ welche wöchlich etlich stunden vor dem abendessen/ inn Doctors Kloster zusamen kamen/ nemlich/ D. Johan Bugenhagen/ D. Justum Jonam/ D. Creutziger/ Magister Philippum/ Mattheum Aurogallum/ darbey M. Georg Rörer der Corrector auch war/ offtmals kamen frembde Doctorn vnd gelerte zu disem hohen werck/ als Doctor Bernhard Ziegler/ D. Forstemius.

Wenn nun Doctor zuuor die außgangen Bibel vbersehen/ vnd darneben bey Juden vnnd frembden sprachkündigen sich erlernet/ vnd sich bey alten Deutschen von guten worten erfragt hatte/ Wie er jhm etlich Schöps abstechen

des Herrn D. Mar. Luth. CLXI

abstechen ließ/ damit jn ein Deutscher Fleischer berichtet/ wie man ein jedes am Schaf nennete/ Kam Doctor inn das Consistorium/ mit seiner alten Lateinischen vñ newen Deutschen Biblien/ darbey er auch stettigs den Hebreischen text hatte/ Herr Philippus bracht mit sich den Greckischen text/ Doctor Creutziger neben dem Hebreischen/ die Chaldeische Bibel/ Die Professores hatten bey sich jre Rabinen/ D. Pommer het auch ein Lateinischen text für sich/ darinn er sehr wol bekant war/ Zuuor hat sich ein jeder auff den text gerüst/ dauon man rathschlagen solte/ Greckische vnnd Lateinische/ neben den Jüdischen außlegern vbersehen. Darauff proponirt diser President ein text/ vnd ließ die stim̃ herumb gehen/ vnd höret was ein jeder darzu zu reden hette/ nach eygenschafft der sprache/ oder nach der alten Doctorn außlegung.

Wunder schöne vnnd lehrhafftige reden/ sollen bey diser arbeyt gefallen sein/ welcher M. Georg etliche auffgezeichnet/ vnd die hernach als kleine glößlein vnd außlegung auff den rand zum text gedruckt sein.

Doctor gab drey Regel/ drauff man gut achtung haben solte/ Weyl die Biblia ein buch Gottes were/ das er durch seines geystes antreybung/ von Propheten vnd Aposteln hete auffschreiben lassen/ die den Son Gottes selber/ vor vnnd nach der menschwerdung sichtigklich gesehen vnd gehört hatten/ das sich one hertzlich gebet diser arbeyt niemands vnterwünde/ Denn Gottes wort müste durch Gottes geyst erklert werden/ wie er auch in seinem brieff von der dolmetschung schreibet: Es gehöre zu diser arbeyt ein recht from̃/ trew/ fleissig/ forchtsam/ Christlich/ gelert/ erfaren vnnd geübet hertz/ darzu gute vnnd kirnige wort/ wenn man die Bibel recht vnnd verstendig geben wölle.

Nun rede die Bibel fürnemlich von Gottes wesen

Sſ vnd

433

434

435

433 Die Arbeit an der Verbesserung der deutschen Übersetzung

Johannes Mathesius: Historien

Von des Ehrwirdigen in Gott Seligen thewren Manns Gottes, Doctoris Martini Luthers, anfang, lehr, leben und sterben, Alles ordendlich der Jarzal nach, wie sich alle sachen zu jeder zeyt haben zugetragen durch den Alten Herrn M. Mathesium gestelt, und alles für seinem seligen Ende verfertiget

1566 Nürnberg: Ulrich Neuber
Quart
BSB: 4Hom.1361 m

Die Luther-Biographie stammt von Johannes Mathesius. Hier berichtet er von der Arbeit an der Revision der Lutherbibel in den Jahren 1539–1541. Wöchentlich treffen sich die Bibel- und Sprachexperten, um die Verbesserungsvorschläge zu besprechen.

434 **Biblia Deutsch 1541**

Biblia: das ist: die gantze Heilige Schrifft: Deudsch. Auffs New zugericht. Martin Luther:
Holzschnitte von Lucas Cranach d. J., Lucas Cranach d. Ä. und Monogrammist „MS"

1541 Wittenberg: Hans Lufft
Folio
WLB: Bb deutsch 1541 01-2

Ein Druck des überarbeiteten (revidierten) Luthertextes erscheint 1541. Die Gestaltung dieser neuen Ausgabe ist repräsentativ. Dem Werk sind Holzschnitte von Lucas Cranach d. J. beigefügt.

Aufgeschlagen ist der Titelholzschnitt, der sich vor dem Prophetenteil wiederholt. Er zeigt biblische Szenen und thematisiert Verdammnis und Erlösung. Verdammnis geschieht durch den Sündenfall und das Vertrauen auf die Gesetzeswerke, Erlösung durch Kreuz und Auferstehung sowie den Glauben.

435 **Biblia Deutsch 1542**

Biblia. Das ist die gantze Heilige Schrifft Deudsch. Auffs new zugericht
Holzschnitte von Lucas Cranach d. J. und meist Monogrammist „AW"

1542 Leipzig: Nicolaus Wolrab
Folio
WLB: Bb deutsch 1542 01
Zweiter Leipziger Nachdruck der Wittenberger Luther-Bibel

Im albertinischen Teil Sachsens verbietet der altgläubige Herzog Georg der Bärtige die Lutherbibel. Nach seinem Tod 1539 verbreitet sich die reformatorische Lehre. Nicolaus Wolrab druckt in Leipzig die Lutherbibel nach. Luther verwahrt sich gegen solche Raubdrucke. Luther gibt an, dass seine Übersetzungsarbeit nie mit finanziellen Vorteilen verbunden ist.

Das Titelblatt zeigt die beiden Schöpfungserzählungen aus dem Ersten Buch Mose / Genesis.

Die Überarbeitungen der Übersetzungen bis zu Luthers Tod 1546

So halten wir nun dafür, dass der Mensch gerecht wird ohne des Gesetzes Werke, allein durch den Glauben.
(Römerbrief 3,8 – nach der Übersetzung Luthers)

Gesetz und Evangelium

Ein Kern der Lehre Luthers ist der Unterschied von Gesetz und Evangelium. Die Erfüllung des biblischen Gesetzes ist für Luther nicht möglich: wer die Gebote nicht hält, ist des Todes und der Hölle!

Die Rettung ist allein der Glaube daran, dass Gott die Menschen dennoch liebt. Das Evangelium ist: Gott vergibt den Menschen ihre Sünden, wenn sie an die Erlösung durch Jesus Christus, Kreuzigung und Auferstehung, glauben. Dann ist der Mensch davon befreit, das Gesetz erfüllen zu müssen, und lebt nun in der Liebe zu Gott und den Mitmenschen.

Die lateinische Bibel bleibt das erste Instrument der Reformatoren

Die deutsche Übersetzung Luthers dient vor allem dem Unterricht derjenigen, die kein Latein können. Die Gelehrten, ob papsttreu oder reformatorisch, benutzen neben dem Griechischen auch weiterhin die klassische Vulgata, jedoch mit entsprechenden eigenen oder gedruckten Korrekturen. Luther selbst lässt eine von ihm überarbeitete lateinische Version der Bibel für Gebildete drucken.

441 **Biblia Deutsch 1543**
Biblia: das ist: die gantze Heilige Schrifft Deudsch Auffs New zugericht. Martin Luther zweispaltige Ausgabe
Holzschnitte von Lucas Cranach d. J., Lucas Cranach d. Ä. und Monogrammist „MS“
1543 Wittenberg: Hans Lufft
Folio
WLB: Bb deutsch 1543 02

Georg Rörer kennzeichnet Abschnitte, die vom „Gesetz“ handeln durch einen lateinischen Anfangsbuchstaben (Initiale) in Antiqua-Schrift (lateinische Buchstaben); Abschnitte, die vom „Evangelium“ handeln, durch eine Initiale in Fraktur-Schrift (deutsche Buchstaben).

Hier sind die verschiedenen Buchstaben-Typen zu erkennen. In der Bergpredigt bezieht sich Jesus von Nazaret auf besonders viele biblische Gebote – an manchen Stellen verschärft er sie, um deutlich zu machen, wie schwierig es ist, das göttliche Gesetz zu erfüllen.

441.1 Biblia deutsch 1541, Schöpfung und Weltall, kolorierter Holzschnitt von MS.

441.2 Biblia deutsch 1541, Typographische Unterscheidung von Gesetz und Gnade.

gen sein. Man zündet auch nicht ein
Liecht an/vnd setzt es vnter einen Scheff/
el/sondern auff einen Leuchter/So leuch
tet es denn allen/die im hause sind/ ALs
so lasst ewer Liecht leuchten fur den Leuten
Das sie ewre gute Werck sehen/vnd ewren
Vater im Himel preisen.

c Wenn die Lerer auffhören Gottes wort zu leren / müssen sie von menschen gesetzen vberfallen vnd zutretten werden.

IR solt nicht wehnen / das ich komen bin/ das Gesetz oder die Propheten auffzulösen/ Jch bin nicht
komen auff zulösen/sondern zu erfüllen.
Denn ich sage euch warlich/ Bis das Hi
Luc. 16. mel vnd Erden zergehe/ wird nicht zurge
hen der kleinest Buchstab / noch ein Tü
tel vom Gesetze / bis das es alles gesche
he. Wer nu eines von diesen kleinesten Ge
(Kleinest heissen) Das ist / nichts sein vnd verworffen werden. boten[a] auff löset/vnd leret die Leute also
Der wird der kleinst heissen im Himel
reich. Wer es aber thut vnd leret / Der
(Gros heissen) Das ist / gros vnd aufferlesen sein. wird gros heissen im Himelreich.

a (Aufflöset) Also thut der Papisten hauff/ sagen/ diese Gebot Christi sein nicht Gebot sondern Rete.

DEnn ich sage euch/ Es sey denn ew
er Gerechtigkeit besser/denn der Schrifft
gelerten vnd [b] Phariseer/ So werdet jr
nicht in das Himelreich komen.

b (Der Phariseer) Der Phariseer fromkeit/ stehet allein in eusserlichen wercken vnd schein/Christus aber fordert des hertzen fromkeit.

Exo. 20. Leu. 24. IR habt gehört / das zu den Alten gesagt ist/ Du solt nicht tödten/ Wer
aber tödtet/der sol des Gerichts schüldig
sein. Jch aber sage euch/ Wer mit seinem
Bruder zörnet/der ist des Gerichtes schül
dig/ Wer aber zu seinem bruder sagt/
[c] Racha/ der ist des Rats schüldig. Wer
aber sagt/du Narr/ der ist des hellischen
Fewrs schüldig.

c (Racha) Racha begreifft alle zornige zeichen. Etliche meinen es kome her vom Ebreischen/ Rik/ id est/ vanum et nihil/das nirgend zu taug. Aber Narr ist herter / der auch schedlich/nicht allein vntüchtig ist.

DARumb/ wenn du deine Gabe
auff den Altar opfferst/ vnd wirst alda
eindencken/ Das dein Bruder etwas wi
der dich habe/So las alda fur dem Altar
deine Gabe/ vnd gehe zuuor hin/vnd ver
süne dich mit deinem Bruder/ vnd als
denn kom vnd opffer deine Gabe. Sey
Luc. 12. [d] wilfertig deinem Widersacher bald/die
weil du noch bey jm auff dem wege bist/
Auff das dich der Widersacher nicht der
mal eins vberantworte dem Richter/
vnd der Richter vberantworte dich dem
Diener/ vnd werdest in den Kercker ge
worffen/Jch sage dir warlich/ Du wirst
nicht von dannen er aus komen/ bis du
auch den letzten heller bezalest.

d (Wilfertig) Gleich wie der schüldig ist zuuersünen/der dem andern leide gethan hat. Also ist der schüldig zuuergeben vnd gutwillig zu sein/dem leid geschehen ist / das kein zorn bleibe auff beiden seiten.

IR habt gehört / das zu den Alten ge Exo. 20.
sagt ist/ du solt nicht ehebrechen/ Jch
aber sage euch/ Wer ein Weib ansihet jr
zu begeren / der hat schon mit jr die Ehe
gebrochen in seinem hertzen.

ERgert dich aber dein rechtes Au Inf. 18. Mar. 9.
ge/ So [e] reis es aus/ vnd wirffs von dir.
Es ist dir besser / das eins deiner Gelied
verderbe/vnd nicht der gantze Leib in die
Helle geworffen werde. Ergert dich deine
rechte Hand / So haw sie abe/ vnd wirff
sie von dir. Es ist dir besser/das eins dei
ner Gelied verderbe/ vnd nicht der gantze
Leib in die Helle geworffen werde.

e (Reis) Geistlich ausreissen ist hie geboten / das ist / wenn der Augen lust getödtet wird im hertzen/vnd abgethan.

ES ist auch gesagt/ Wer sich von sei Deu. 24.
nem Weibe scheidet/ der sol jr geben Math. 19. Mar. 10.
einen Scheidbrieff. Jch aber sage euch/ Luc 16.
Wer sich von seinem Weibe scheidet (Es
sey denn vmb ehebruch) der macht/ das
sie die Ehebricht/ Vnd wer ein Abgeschei
dete freiet/der bricht die Ehe.

IR habt weiter gehört/das zu den Alten Leu. 19.
gesagt ist / Du solt keinen falschen Eid
thun/vnd solt Gott deinen Eid halten.
Jch aber sage euch / Das jr aller ding
nicht [f] schweren solt/ weder bey dem Hi
mel/ denn er ist Gottes stuel/ Noch bey
der Erden/denn sie ist seiner füsse schemel
Noch bey Jerusalem/ denn sie ist eines
grossen Königes stad. Auch soltu nicht
bey deinem Heubt schweren/Denn du ver
magst nicht ein einiges Har weis oder
schwartz zu machen. Ewer rede aber sey
Ja/ja/Nein/nein/ Was drüber ist/ Das
ist vom vbel.

f (Schweren) Alles schweren vnd eiden ist hie verboten / das der Mensch von im selber thut. Wens aber die liebe/ gebot/not/nutz des Nehesten oder Gottes ehre foddert / ist es wolgethan. Gleich wie auch der zorn verboten ist/ vnd doch löblich/wenn er aus liebe vnd zu Gottes ehre erfordert wird.

IR habt gehört/das da gesagt ist/Au Exo. 21.
ge vmb auge/Zan vmb zan. Jch aber Leu. 24. Deu. 19.
sage euch/Das jr nicht widerstreben solt Luc. 6.
dem vbel/ Sondern so dir jemand einen
streich gibt auff deinen rechten Backen /
dem biete den andern auch dar. Vnd so je
mand mit dir rechten wil / vnd deinen
Rock nemen/ dem las auch den Mantel/
Vnd so dich jemand nötiget eine Meile /
so gehe mit jm zwo. Gib dem der dich bit
tet/vnd wende dich nicht von dem / der
dir abborgen wil.

g (Nicht widerstreben) Das ist/ Niemand sol sich selbs rechen. Aber die Oberkeit des schwerts sol solchs thun/ Ro. 13

IR habt gehört/das gesagt ist/Du solt Leu. 19.
deinen Nehesten lieben / vnd deinen
Feind hassen. Jch aber sage euch/ Liebet
ewre Feinde. Segenet die euch fluchen.
Thut

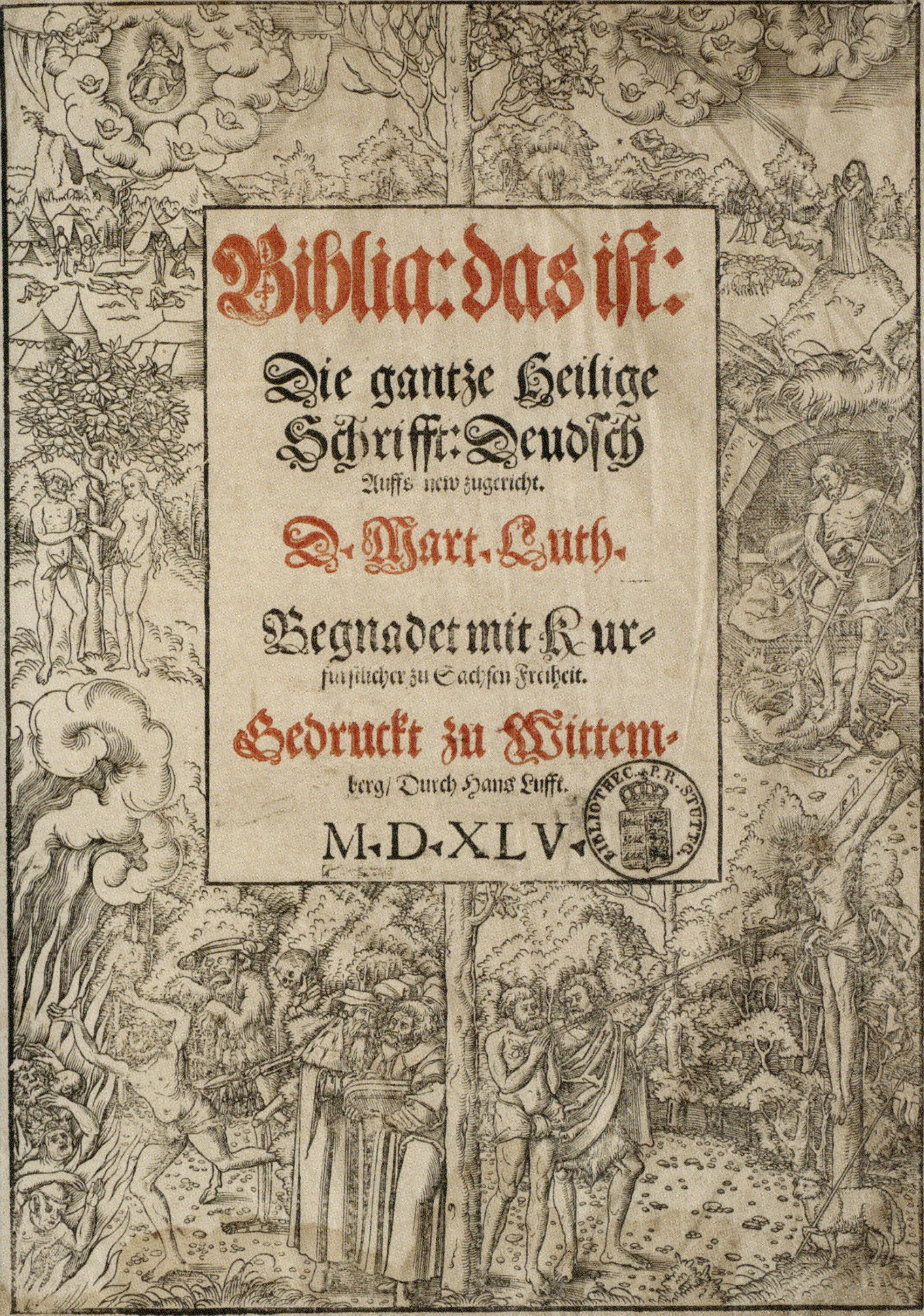

Biblia: das ist:

Die gantze Heilige Schrifft: Deudsch

Auffs new zugericht.

D. Mart. Luth.

Begnadet mit Kurfürstlicher zu Sachsen Freiheit.

Gedruckt zu Wittemberg/ Durch Hans Lufft.

M.D.XLV.

Johann Albrecht

J. Lorck Pastor Hafniensis

442 **Biblia Deutsch – Ausgabe letzter Hand 1545,** letzte Überarbeitung vor Luthers Tod
Biblia: das ist: Die gantze Heilige Schrifft: Deudsch Auffs new zugericht.
Martin Luther
Holzschnitte von Lukas Cranach d. J., Monogrammist „MS" u. a.
1545 Wittenberg: Hans Lufft
Folio
WLB: Bb deutsch 1545 02

Das Titelblatt von Lukas Cranach d. J. stellt Gesetz (links) und Evangelium (rechts) in biblischen Szenen gegenüber.

Links ist eine handschriftliche Widmung zu sehen. Es sind drei Zitate aus der Bibel, eine Unterschrift Martin Luthers und die Jahreszahl 1546. Es handelt sich vermutlich um eine Fälschung.

Martin Luther stirbt am 18. Februar 1546. Diese Auflage setzt sich als „Ausgabe letzter Hand" bis heute maßgeblich durch.

443 **Biblia Latina**
Biblia integra: summata: distincta: accuratius reemendata utriusque testamenti concordantiis illustrate, Vulgata
1495 Basel: Johannes Froben
Inkunabel Oktav
WLB: B lat.1495 02
s. hierzu Abb. auf S. 24

Diese handliche lateinische Bibel, eine Vulgata, aus der Druckerei von Johannes Froben befindet sich über viele Generationen im Besitz von evangelischen Pfarrern.

Zur Zeit Luthers schreibt der Reformator Erhard Schnepf in Württemberg viele Anmerkungen in das Buch. Das zeigt, dass die Reformatoren weiter mit dem lateinischen Text arbeiten.

Die aufgeschlagenen Seiten zeigen einen Text aus dem Buch Daniel (8,18–9,24).

444 **Stuttgarter Vulgata 1519**
Biblia cum summariorum apparatu pleno quadruplicique repertorio insignita, Vulgata
1519 Lyon: Mareschal d. Ä. für Simon Vincent
Oktav
WLB: B lat.1519 01
s. hierzu Abb. auf S. 23

Ist dies etwa das lateinische Bibelexemplar, das Luther bei der Übersetzung benutzt hat? Die handschriftlichen Randbemerkungen, soweit sie auf Deutsch sind, finden sich so auch im Septembertestament (siehe Kat. 312). Es sieht aus, als wäre es die Handschrift Martin Luthers. Bei der Entdeckung des Buches in den 1990er-Jahren ist das zunächst eine Sensation. Dennoch stammen die Einträge nicht von Luther selbst. Der Besitzer dieser Bibel muss ein großer Verehrer des Reformators gewesen sein.

Aufgeschlagen ist der Beginn des Briefes an die Galater.

445 **Wittenberger Vulgata** – Luthers Bearbeitung der lateinischen Bibel
Pentateuchus, Liber Iosue, Liber Iudicum, Libri Regum; Novum Testamentum
1529 Wittenberg: Nickel Schirlentz
Folio
Bibliothek des Theologischen Seminars Herborn: A.B.3080
s. hierzu Abb. auf S. 9

Martin Luther und seine Wittenberger Theologen bearbeiten auch die lateinische Vulgata. Sie verbessern deren Text sachlich und stilistisch.

Die aufgeschlagene Seite zeigt den Text aus dem Zweiten Buch Mose / Exodus 34, 29. Nach der Lesart des Hieronymus trägt Moses auf dem Berg Sinai „Hörner". Luther nimmt eine andere hebräische Lesart, die eher in den Zusammenhang passt. Dann heißt es: „Sein Gesicht war voller Strahlen".

und nahm für sich mein Neues Testament fast wort für wort, wie ichs gemacht hab

(Luther über nachfolgende Bibelübersetzungen)

Wussten Sie es?

Die deutsche Reformation ab 1517 umfasst drei Hauptströmungen:

- die **lutherische** Strömung, ausgehend von Martin Luther in Wittenberg,
- die **reformierte** Strömung, ausgehend von Huldrych Zwingli (später Jean Calvin) in der Schweiz,
- die **radikalen** Strömungen, genannt „(Wieder-)Täufer“ und „Spiritualisten“.

Alle diese Strömungen arbeiten an eigenen Übersetzungen der Bibel.

Konkurrenz-Bibeln

Papsttreue Fürsten und Bischöfe geben eigene Bibel-Übersetzungen in Auftrag. Sie möchten die Verbreitung der reformatorischen Bibelübersetzungen eindämmen.

Der Vergleich dieser Übersetzung mit Luthers *Septembertestament* (siehe Kat. 221) zeigt: Luthers Übersetzung ist die Vorlage. Nur wo Luthers Übersetzung von der Vulgata abweicht, übersetzen sie aus dem Lateinischen. Die Lutherbibel beeinflusst auch römisch-katholische Bibelübersetzungen.

451 **Das Emser-Testament,** eine papsttreue Antwort auf Luthers Übersetzung
Das naw testament: nach lawt der Christlichen kirchen bewerten text corrigirt und wider umb zu recht gebracht. Hieronymus Emser
Holzschnitte von Georg Lemberger und aus der Werkstatt Lucas Cranach d. Ä.
1527 Dresden: Wolfgang Stöckel
Folio
BSB: Res/4B.g.cath.150 i

Für die Illustration der Offenbarung dieser papsttreuen Übersetzung kaufen die Dresdner Drucker ausgerechnet die Holzschnitte des *Dezembertestaments* (siehe Kat. 223).

Die aufgeschlagene Seite im Buch der Offenbarung zeigt die Hure von Babylon. Wo im *Septembertestament* 1522 die dreifache Krone des Papstes zu sehen war, ist über der einfachen Krone eine Leerstelle im Druck zu sehen, wo der Druckstock korrigiert ist.

452 **Dietenberger-Bibel** – im Auftrag des Mainzer Erzbischofs
Biblia, beider Allt vnnd Newen Testamenten: fleissig, treülich vn Christlich, nach alter, inn Christlicher kirchen gehabter Translation. Johannes Dietenberger
Holzschnitte von Hans Sebald Beham und Anton Woensam
1534 Mainz: Peter Jordan für Peter Quentel in Köln
Folio
BSB: Res/2B.g.cath.6

Vor Luthers Vollbibel 1534 erscheint noch diese Konkurrenz-Bibel. Auch sie zeigt die Wirkung von Luthers Übersetzung. Dietenberger kämpft in den 1520er-Jahren gegen Luthers Lehre in Frankfurt (Main). 1525 muss er deshalb das Dominikanerkloster verlassen. Er bleibt ein Gegner Luthers. Bis ins 18. Jh. bleibt die Dietenberger-Bibel die wichtigste römisch-katholische Übersetzung.

451

452.1 Dietenbergerbibel 1534, Titelblatt mit Kardinal Albrecht von Mainz.

452.2 Dietenbergerbibel 1534, Vorrede des Übersetzers mit derben Schmähungen der Lutherbibel.

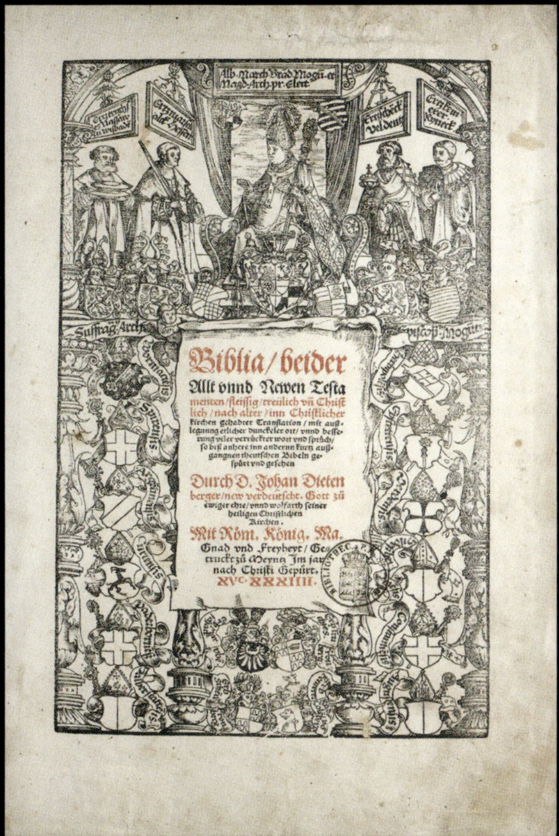

452.1

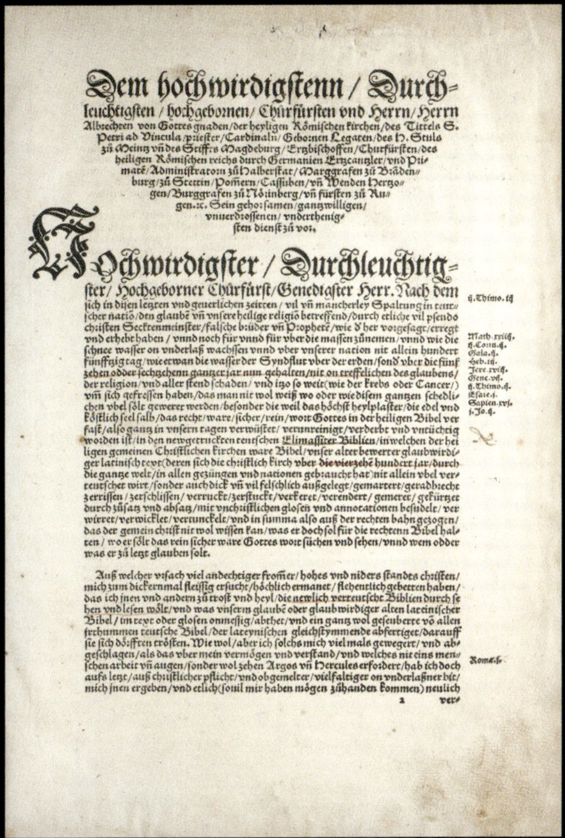

Dem hochwirdigstenn/ Durch-
leuchtigsten/ hochgebornen/ Chůrfürsten vnd Herrn/ Herrn
Albrechten von Gottes gnaden/ der heyligen Römischen kirchen/ des Tittels S.
Petri ad Vincula/ priester/ Cardinaln/ Gebornen Legaten/ des H. Stuls
zů Meintz vñ des Stiffts Magdeburg/ Ertzbischoffen/ Churfürsten/ des
heiligen Römischen reichs durch Germanien Ertzcantzler/ vnd Pri-
maté/ Administratorn zů Halberstat/ Marggrafen zů Brãden-
burg/ zů Stettin/ Pomern/ Cassuben/ vñ Wenden Hertzo-
gen/ Burggrafen zů Nörinberg/ vñ fürsten zů Ru-
gen. rc. Sein gehorsamen/ gantzwilligen/
vnuerdrossenen/ vnderthenig-
sten dienst zů vor.

Hochwirdigster/ Durchleuchtig-
ster/ Hochgeborner Chůrfürst/ Genedigster Herr. Nach dem
sich in disen letzten vnd geuerlichen zeitten/ vil vñ mancherley Spaltung in teut-
scher natiõ/ den glaubẽ vñ vnsere heilige religiõ betreffend/ durch etliche vil pseudo
christen Secktenmeinster/ falsche brüder vñ Prophetẽ/ wie ď her vorgesagt/ erregt
vnd erhebt haben/ vnnd noch für vnnd für vber die massen zůnemen/ vnnd wie die
schnee wasser on vnderlaß wachssen vnnd vber vnserer nation nit allein hundert
fünfftzig tag/ wie etwan die wasser der Syndflut vber der erden/ sonď vber die fünf
zehen odder sechtzehenn gantzer jar nun gehalten/ nit on treffelichen des glaubens/
der religion/ vnd aller stend schaden/ vnd itzo so weit (wie der krebs oder Cancer/)
vm sich gefressen haben/ das man nit wol weiß wo oder wie disem gantzen schedli-
chen vbel sölt gewerer werden/ besonder die weil das höchst heylplaster/ die edel vnd
köstlich seel salb/ das recht/ ware/ sicher/ rein/ wort Gottes in der heiligen Bibel ver
fast/ also gantz in vnsern tagen verwüstet/ verunreinigt/ verderbt vnd vntüchtig
worden ist/ in den newgetruckten teutschen Elimassiter Biblien/ in welchen der hei
ligen gemeinen Christlichen kirchen ware Bibel/ vnser alter bewerter glaubwirdi-
ger latinisch text (deren sich die christlich kirch vber die viertzehẽ hundert jar/ durch
die gantze welt/ in allen gezüngen vnd nationen gebraucht hat) nit allein vbel ver-
teutschet wirt/ sonder auch dick vñ vil felschlich außgelegt/ gemartert/ geradbrecht
zerrissen/ zerschlissen/ verruckt/ zerstuckt/ verkeret/ verendert/ gemeret/ gekürtzet
durch zůsatz vnd absatz/ mit vnchristlichen glosen vnd annotationen besudelt/ ver
wirret/ verwicklet/ vertunckelt/ vnd in summa also auß der rechten bahn gezogen/
das der gemein christ nit wol wissen kan/ was er doch sol für die rechtenn Bibel hal-
ten/ wo er sölt das rein sicher ware Gottes wort sůchen vnd sehen/ vnnd wem odder
was er zů letzt glauben solt.

Auß welcher vrsach viel andechtiger frommer/ hohes vnd niders standes christen/
mich zum dickernmal fleissig ersucht/ höchlich ermanet/ flehentlich gebetten haben/
das ich jnen vnd andern zů trost vnd heyl/ die newlich verteutscht Biblien durch se
hen vnd lesen wölt/ vnd was vnserm glaubẽ oder glaubwirdiger alten lateinischer
Bibel/ im text oder glosen onmessig/ abthet/ vnd ein gantz wol gesauberte võ allen
irthummen teutsche Bibel/ der lateynischen gleichstymmende abfertiget/ darauff
sie sich dörfften trösten. Wie wol/ aber ich solchs mich viel mals gewegert/ vnd ab-
geschlagen/ als das vber mein vermögen vnd verstand/ vnd welches nit eins men-
schen arbeit vñ augen/ sonder wol zehen Argos vñ Hercules erfordert/ hab ich doch
aufs letzt/ auß christlicher pflicht/ vnd obgemelter/ vielfaltiger on vnderlaßner bit/
mich jnen ergeben/ vnd etlich (souil mir haben mögen zůhanden kommen) neulich
a ver-

ij. Thimo. iij
Math. xxiiij.
ij. Corin. xj.
Gala. ij.
Heb. iij.
Jere. xxiiij.
Gene. vij.
ij. Thimo. iij.
Esaie. j.
Sapien. xvj.
j. Jo. ij.
Roma. j.

452.2

Der LXII. psalm

Der psalm Dauid/ do er was in der wüste Idumee.

h Frü.

GOTT/ mein GOTT zů dir wach ich h vom liecht. Mein seel dürst nach dir wie manigfaltigklich mein flaisch. In ainem öden land/ weglosen/ vnd vnwässerigen/ also bin ich dir erschinen am hailigen ort/ das ich sehe dein kraft vnd glori.

Dancksagung.

Dan dein barmhertzigkait ist besser dan das leben/ meine lefzen werden dich lobē. Also will ich dich benedeien in meinem leben / vnd in deinem namen heb ich auf mein hånd. Mein seel würdt erfült werden gleich als mit d kück vnd faißte/ vnd mein mund würdt dich loben mit den lefzen der frolockung.

d Kürnig faißt

Also bin ich dein eingedenck gwåsen auf meinem gliger: in der metin gedēck ich an dich/ dan du bist mein helfer gwåsen. Vnd in der decken deiner flügel würd ich frolockē/ mein seel ist nach dir angehangen/ mich hat aufgenummē dein gerechte. Aber sie habend vergebens gsůcht mein seel/ sie werden eingan in die vndersten tail der erden/ sie werden geben werden in die hand des schwerts / sie werden tail werden der fůchs. Der künig aber frewet sich in GOTT: all werden gelobt/ die jn jhn schwerē: dan es ist verstopft worden der mund deren die übels reden.

Psalm. LXIII

In das end der psalm Dauid/

Bit wider die schweger.

ERhöre GOTT mein gebät/ so ich bit von der forcht des feinds/ reiß herauß mein seel. Du hast mich beschirmt von der versamlung der boßhaftigen/ von der månige die boßhait würckte. Welche haben gewetzt jhr zungen/ wie das schwert / sie haben aufzogen jhren bogen/ ain biters ding/ das sie schussen haimlich ain vnbefleckten. Vrblitzlich werden sie jhn schiessen/ vnd sich nit fürchten/ Sie haben jhn selbs steet gmacht ain schalckhaftigē red. Sie sagten / wie sie die strick verbargen/ vnd sprachen. Wer würdt sie sehen? Sie haben erforscht boßhait/ vnd sint gebrächlich worden/ zů sůchen in der erforschung. Der mensch würdt hinzů gan zů ainem hohen hertzen/ vñ GOTT würdt erhöcht werden. Die kinds bölzle seind worden jhr plagē/ vñ jhre zungē seind wider sie kreckt worden. Sie seind betriebt worden / allen die sie sahen/ vnd jederman forcht jhm. Vnd sie haben verkündt die werck GOTTes/ vnd seine gschicht haben sie verstanden. Der gerecht frewet sich in dem hertzē/ vnd hoft in jhm: vnd allen die seind ains rechten hertzen werden gelobt.

Die a… stel.

psalm. LXIIII

In das end der psalm Dauid.

Lob d… kirche… Christ…

GOTT dir gezimt das lob in Sion/ vnd dir würdt gebē das glübd in Hierusalem. Erhöre mein båt/ zů dir kumt alles flaisch. Die wort der bösen haben überhand genummen über vns / vnd vnsern gotlosigkait würdest du gnädig sein. Sälig ist den du erwölt vñ angenumen hast/ der würdt wonen in dein vorhöfen. Wir werden erfült werden mit den gůten dingen deins hauß/ hailig ist dein tempel / vñ wunderbarlich in d billichait. Erhör vns GOTT vnser erlöser/ ain hofnung aller end der erden/ vnd weit im mör.

Auß a… orten k… men i… die Ki… chen.

Berait die berg in deiner kraft/ gürt mit macht/ welcher bewegst die tiefe des mörs/ den thon seiner fluß. Die völcker werdē bewegt werden/ vnd werden sich fürchten vor deinen zaichen / die wonend in den g enden/ du würdst lustig machen die außgang frů vñ spat.

g zů a… erest.

Du hast haimgsůcht die erden / vnd sie truncken gmacht/ vñ hast sie vast reich gmacht. Der fluß GOTTes ist erfült mit wasser: du beraitst jhr speiß/ dan also ist jhr beraitung. Jhre båch erfüll: vñ mehre sein gwächs / in jhren tach tropfen: würt erfrewt das sprosset. Du würdst benedeiē der kron des jars deiner güte / vnd deine felder werden erfült mit fruchtbarkait. Die schöne der wůsten werden faißt werden/ vnd die bühel werden vmgürt werdē mit frolockung. Die wider der schaf seind beklaidt/ vnd die thal werden überflüssig traid geben/ sie werdē schreien/ dan sie werden das lob sprächen.

psalm. LXV

In das end/ der psalm Dauid.

Inf. … Berů… fung … hertzen zů lob…

DJe gantz erd singe GOTT mit hohen freüden / sprächend ain Psalmen seinem namen/ geben glori seinē lob. Sagend GOTT / o herr wie erschrocklich seindt deine werck/ in vile deiner kraft werden dir lügen deine feind. Alle erd die båt dich an/ vnd sing dir lobgsang / vnd sprāch

453 **Eck-Bibel**
BJbel. Alt und new Testament : nach dem Text in der hailigen kirchen gebraucht. Johannes Eck
1537 Ingolstadt: Görg Krapff für Alexander Weißenhorn I. in Augsburg
Folio
WLB: Bb deutsch 1537 01

Luthers scharfer Gegner Johannes Eck übersetzt im Auftrag des papsttreuen bayerischen Herzogs Wilhelm IV. die Bibel ins Deutsche. Als Basis verwendet er den Bibeltext der lateinischen Vulgata und die Übersetzung von Hieronymus Emser von 1527.

Ecks Sprache ist stark dem bayerischen Dialekt verhaftet. Im oberdeutsch-katholischen Raum Bayerns und Österreichs hat sie noch vier Auflagen.

Aufgeschlagen ist Psalm 62 (nach hebräischer Zählung Psalm 63).

Ein Beispiel für unterschiedliche Übersetzungen ist Psalm 62(63), Vers 6:
Eck folgt dem Wortbild der hebräischen bzw. lateinischen Bibel. Die Seele wird mit einem vor Fett triefenden lachenden Mund verglichen. Er transportiert das Bild ins bayerisch-bäuerliche Umfeld:

> *Mein seel würdt erfült werden*
> *gleich als mit kück und faißte* [das bedeutet: Schmalzgebackenes und fettes Fleisch]
> *und mein mund würdt dich loben mit den leftzen der frolockung.*

Luther überträgt 1531 bei der Übersetzung von Psalm 62(63),6 das deftige Bild vom „fetttriefenden Mund" viel freier in „Freude und Wonne":

> *Das ist meines Herzens*
> *Freude und Wonne,*
> *wenn ich dich mit fröhlichem Munde loben kann.*

454 **Wormser Propheten** – Folioausgabe
Alle Propheten nach Hebraischer sprach verteutscht. Ludwig Hätzer und Hans Denck
1527 Worms: Peter Schöffer d.J.
Folio
WLB: Bb deutsch 1527 05
s. hierzu Abb. auf S. 33

Vor Luthers vollständiger Übersetzung der hebräischen Bibel erscheint in Worms im Jahr 1527 bereits eine Ausgabe der Bücher Jesaja bis Maleachi auf Deutsch. Die Übersetzer Ludwig Hätzer und Hans Denck sind Reformatoren – allerdings nicht im Sinne Martin Luthers. Sie gelten als „Täufer" und „Spiritualisten".

Bei dieser Übersetzung aus der hebräischen Bibel ist es wahrscheinlich, dass sie mit Hilfe von Mitgliedern der bedeutenden jüdischen Gemeinde in Worms entstanden ist.

Aufgeschlagen ist das Buch Jesaja, Kapitel 8.

455 **Wormser Propheten** – Taschenausgabe
Alle Propheten nach Hebraischer sprach verteutschet. Ludwig Hätzer und Hans Denck
1527 Worms: Peter Schöffer d.J.
Sedez
Stadtbibliothek Worms: -Mag-W: Dr 6
s. hierzu Abb. auf S. 36

Der geschäftstüchtige Drucker Peter Schöffer d.J. veröffentlicht im Herbst 1527 eine kleine Taschenausgabe der Wormser Propheten im so genannten Sedezformat. Dabei wird ein Druckbogen so oft gefaltet, dass sich 16 Blätter daraus ergeben. Sie können mit 32 Seiten bedruckt werden.

Die aufgeschlagene Seite zeigt einen Text aus dem Buch Jesaja, Kapitel 54.

456 **Die Zürcher Bibel** – die erste vollständige Bibelübersetzung der Reformation
Die gantze Bibel der ursprünglichen Ebraischen und griechischen Waarheyt nach auffs aller treuwlichest verteutschet. Ulrich Zwingli und die Zürcher Prophezey
Holzschnitte von Hans Asper und Hans Leu d. J. (?)
1531 Zürich: Christoph Froschauer
Folio
WLB: Bb deutsch 1531 01

Das Zentrum der reformierten Theologie ist Zürich. Dort entsteht in den 1520er-Jahren eine eigenständige deutsche Übersetzung der griechischen und hebräischen Bibel. 1531 kommt der erste Druck der Zürcher Vollbibel heraus. In den reformierten Gemeinden deutscher Sprache ist die Zürcher Übersetzung bis heute maßgeblich.

1546–1572 DIE LEGENDE LEBT

Fortgesetzte Nachfrage nach der Lutherbibel. Erste Überarbeitungen nach Luthers Tod

Um das Jahr 1600

gab es in ganz Deutschland etwa 32 Millionen Bücher.

Das Buchaufkommen hat sich zwischen 1500 und 1600 verzehnfacht

461 **Biblia Deutsch 1546,** erste überarbeitete Bibel-Ausgabe nach Luthers Tod
Biblia: das ist: Die gantze Heilige Schrifft: Deudsch. Auffs new zugericht. Martin Luther
Holzschnitte von Lucas Cranach d. J., Monogrammist „MS“ u. a.
1546 Wittenberg: Hans Lufft
Folio
WLB: Bb deutsch 1546 01-2

Nach Luthers Tod im Februar 1546 veröffentlicht Georg Rörer eine Überarbeitung der Ausgabe von 1544. Die aufgeschlagene Seite zeigt das Nachwort Rörers. Am Ende führt er zwei markante Verbesserungen der Übersetzung auf:

- eine zum Philipperbrief, Kapitel 2, Vers 13 und
- eine zum Ersten Thessalonicherbrief, Kapitel 4, Verse 10 und 11.

462 **Neues Testament 1546**
Das newe Testament. Auffs new zugericht. Martin Luther
Holzschnitte von Lukas Cranach d. J.
1546 Wittenberg: Hans Lufft
Quart
WLB: Ba deutsch 1546 01

Nach Luthers Tod beginnt ein verstärkter Personenkult um den Reformator. Das Titelblatt zeigt ihn gemeinsam mit dem sächsischen Kurfürsten Johann Friedrich dem Großmütigen kniend unter dem Kreuz. Luthers Prestige fördert auch das des Fürsten.

Nach dem Augsburger Religionsfrieden 1550 bestimmt in den deutschen Landen der Fürst die Konfession seiner Untertanen. In den lutherischen oder reformierten Fürstentümern gilt der Landesherr als das Oberhaupt der Kirche seines Landes.

Die gantze Bibel der vrsprünglichē Ebraischen vnd Griechischen waarheyt nach/auffs aller treüwlichest verteütschet.

Getruckt zů Zürich bey Christoffel Froschouer/im Jar als man zalt M. D. XXXI.

456

Biblia: Das ist: Die gantze Heilige Schrifft/ Deudsch/ Auffs new zugericht.

D. Mart. Luth.

Begnadet mit Kurfürstlicher zu Sachsen Freiheit.

Gedruckt zu Wittemberg/ Durch Hans Lufft.

1546.

461.1

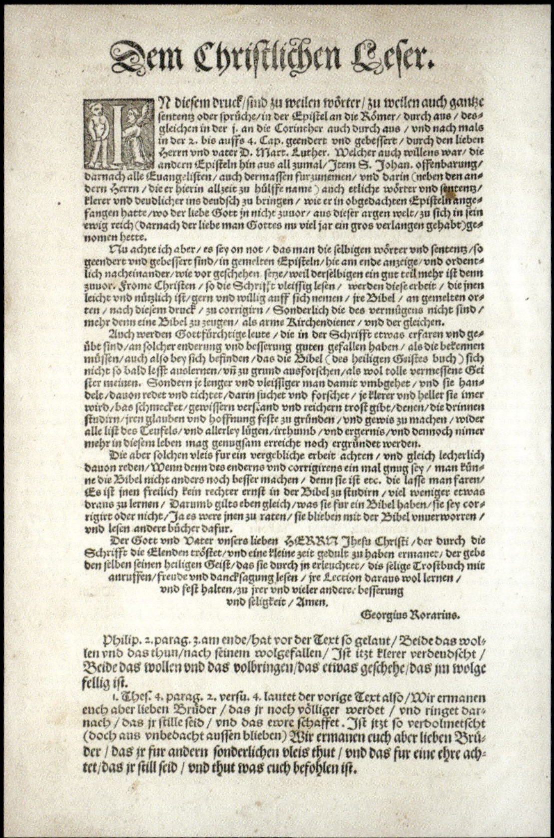

Dem Christlichen Leser.

IN diesem druck/sind zu weilen wörter/ zu weilen auch gantze sententz oder sprüche/in der Epistel an die Römer/ durch aus / desgleichen in der j. an die Corinther auch durch aus / vnd nach mals in der 2. bis auffs 4. Cap. geendert vnd gebessert / durch den lieben Herrn vnd vater D. Mart. Luther. Welcher auch willens war/ die andern Episteln hin aus all zumal/ Item S. Johan. offenbarung/ darnach alle Euangelisten/ auch dermassen furzunemen/ vnd darin (neben den andern Herrn / die er hierin allzeit zu hülffe name) auch etliche wörter vnd sententz/ klerer vnd deudlicher ins deudsch zu bringen/ wie er in obgedachten Episteln angefangen hatte/wo der liebe Gott jn nicht zuuor/ aus dieser argen welt/zu sich in sein ewig reich (darnach der liebe man Gottes nu viel jar ein gros verlangen gehabt) genomen hette.

Nu achte ich aber / es sey on not / das man die selbigen wörter vnd sententz/so geendert vnd gebessert sind/in gemelten Episteln/ hie am ende anzeige/ vnd ordentlich nacheinander/ wie vor geschehen. setze/ weil derselbigen ein gut teil mehr ist denn zuuor. Frome Christen / so die Schrifft vleissig lesen / werden diese erbeit / die jnen leicht vnd nützlich ist/gern vnd willig auff sich nemen / jre Bibel / an gemelten orten / nach diesem druck / zu corrigirn / Sonderlich die des vermügens nicht sind / mehr denn eine Bibel zu zeugen/ als arme Kirchendiener / vnd der gleichen.

Auch werden Gottfürchtige leute / die in der Schrifft etwas erfaren vnd geübt sind/an solcher enderung vnd besserung guten gefallen haben / als die bekennen müssen/auch also bey sich befinden / das die Bibel (des heiligen Geistes buch) sich nicht so bald lesst auslernen/ vñ zu grund ausforschen/als wol tolle vermessene Geister meinen. Sondern je lenger vnd vleissiger man damit vmbgehet / vnd sie handelt/dauon redet vnd tichtet/darin suchet vnd forschet / je klerer vnd heller sie imer wird/das schmecket/gewissern verstand vnd reichern trost gibt/denen/die drinnen studirn/jren glauben vnd hoffnung feste zu gründen / vnd gewis zu machen / wider alle list des Teufels/ vnd allerley lügen/irthumb / vnd ergernis/vnd dennoch nimer mehr in diesem leben mag genugsam erreicht noch ergründet werden.

Die aber solchen vleis fur ein vergebliche erbeit achten / vnd gleich lecherlich dauon reden/ Wenn denn des enderns vnd corrigirens ein mal gnug sey / man künne die Bibel nicht anders noch besser machen / denn sie ist etc. die lasse man faren/ Es ist jnen freilich kein rechter ernst in der Bibel zu studirn / viel weniger etwas drans zu lernen / Darumb gilts eben gleich / was sie fur ein Bibel haben/ sie sey corrigirt oder nicht/ Ja es were jnen zu raten/ sie blieben mit der Bibel vnuerworren / vnd lesen andere bücher dafur.

Der Gott vnd Vater vnsers lieben HERRN Jhesu Christi / der durch die Schrifft die Elenden tröstet/ vnd eine kleine zeit gedult zu haben ermanet/ der gebe den selben seinen heiligen Geist/ das sie durch jn erleuchtet/ dis selige Trostbuch mit anruffen/ freude vnd dancksagung lesen / jre Lection daraus wol lernen / vnd fest halten/ zu jrer vnd vieler andere besserung vnd seligkeit / Amen.

Georgius Rorarius.

Philip. 2. parag. 3. am ende/ hat vor der Text so gelaut/ Beide das wollen vnd das thun/ nach seinem wolgefallen/ Ist itzt klerer verdeudscht / Beide das wollen vnd das volbringen/ das etwas geschehe/ das jm wolgefellig ist.

1. Thes. 4. parag. 2. versu. 4. lautet der vorige Text also/ Wir ermanen euch aber lieben Brüder / das jr noch völliger werdet / vnd ringet darnach / das jr stille seid / vnd das ewre schaffet. Ist jtzt so verdolmetscht (doch aus vnbedacht aussen blieben) Wir ermanen euch aber lieben Brüder / das jr fur andern sonderlichen vleis thut / vnd das fur eine ehre achtet/ das jr still seid / vnd thut was euch befohlen ist.

Das newe Testament. auffs new zugericht.

I.N.R.I.

Doct: Mart: Luth:

Witeberg.

Gedruckt durch Hans Lufft.

1546.

461.1 Biblia deutsch 1546, Titelblattvariante mit den sächsischen Wappen.

461.2 Biblia deutsch 1546, Nachwort von Georg Rörer zu den letzten Revisionen.

Das ist Novatus vnd die Cathari/die die Busse leugnen/ vnd sonderliche Heiligen sind für andern.

VNd der vierdte Engel posaunete/ Vnd es ward geschlagen das dritte teil der Sonnen/ vnd das dritte teil des Mondes/ vnd das dritte teil der Sternen/ das jhr dritte teil verfinstert ward/ vnd der tag das dritte teil nicht schein/ vnd die nacht desselbigen gleichen. Vnd ich sahe/ vnd horte einen Engel fligen mitten durch den Himel/ vnd sagen mit grosser stimme/ Weh/ weh/ weh/ denen die auff Erden wohnen/ für den andern stimmen der Posaunen der dreier Engel/ die noch posaunen sollen.

L Nouatus.

Vnd

IX. Cap.

M. VNd der fünffte Engel Posaunete/ Vnnd ich sahe einen sternen gefallen vom himel auff die erden/ vñ jm ward der Schlüssel zum brunnen des abgrunds gegeben. Vnd er thät den brun des abgrunds auff/ vnd es gieng auff ein rauch auß dem brunnen/ wie ein rauch eines grossen ofen/ vnnd es ward verfinstert die Sonne/ vnnd

Das erst Weh/ Diß ist der grosse Ketzer Arius/ der Christum nicht gläubet/ daß er Gott sey.

die

Gewürm/ das auff Erden kreucht/ das gehe eraus mit dir/ Vnd reget euch auff Erden/ vnd seid fruchtbar vnd mehret euch auff Erden. Also gieng Noah eraus mit seinen Sönen/ vnd mit seinem Weib/ vnd mit seiner Sönen Weibern. Dazu allerley Thier/ allerley Gewürm/ allerley Vogel/ vnd alles was auff Erden kreucht/ das gieng aus dem Kasten/ ein jglichs zu seines gleichen.

NOah aber bawet dem HERRN einen Altar/ vñ nam von allerley reinem Vieh/ vnd von allerley reinem Geuogel/ vnd opffert Brandopffer auff dem Altar. Vnd der HERR roch den lieblichen geruch/ vnd sprach in seinem hertzen/ Jch wil hinfurt nicht mehr die Erde verfluchen vmb der Menschen willen/ Denn das a tichten des menschlichen hertzen ist böse von Jugent auff. Vnd ich wil hinfurt nicht mehr schlagen alles was da lebet/ wie ich gethan habe. So lange die Erden stehet/ sol nicht auff hören Samen vnd Erndte/ Frost vnd Hitz/ Sommer vnd Winter/ Tag vnd Nacht.

Jesa. 54 Gen. 6

a Denn das tichten) Diese wort reden vom zweivel von Gott vnd allerley bösen neigungen im Menschen/ welche die wurtzel sind der folgenden bösen werck. Nu verstehet menschliche weisheit nicht/ das dieses gifft/ das vns nach dem fall Adam vnd Heua angeboren ist/ Sünde vnd wider Gott sey/ sondern gedenckt/ es sey an vns geschaffen/ wie augen vnd andere Gliedmas. Dagegen aber leret Gottes Wort/ das solcher zweivel vnd finsternis vnd böse neigungen/ nicht von Gott geschaffen sey/ sondern sey die wunde/ die nach der Sünde im menschlichen geschlecht gefolget ist/ vnd ist schreckliche feindschafft wider Gott/ wie S. Paulus diesen schaden nennet Rom. 8. Vnd kan kein Mensch in dieser verwundten natur/ Gottes Gesetz on Sünd halten. Dieses offenbart Gott/ das wir vnser elend erkennen vñ lernen sollen/ das wir gerecht vnd Gott gefellig werden/ nicht von wegen eigener reinigkeit/ sondern durch glauben/ darumb das der Son Gottes Mitler ist/ vnd vnser wunden zudecket.

IX.

Der erste teil dieses Capitels.

DJs ist eine Historia/ wie Gott in sonderheit widerholet den segen vber den Menschen/ vnd setzet in zum Herrn vber alle andere Creatur/ Das er derselben mechtig sein/ vnd zu seinem nutz brauchen sol. Allein verbeut er das Blut/ zum zeichen/ das man Menschen blut nicht vergiessen sol. Denn hie stehet das recht/ welches Gott selbs spricht/ Wer Menschen blut vergeusst/ des Blut sol wider durch Menschen/ das ist/ durch die Oberkeit/ vergossen werden.

Capit diuiditur.

DArnach bekrefftiget Gott durch das zeichen des Regenbogens seine verheissung/ das er fortan dergleichen straffe nicht brauchen wölle.

Der ander teil.

Noah fieng an/ etc. Dis ist ein Exempel/ aus welchem Kinder vnd Vnterthanen lernen sollen/ wie sie jre Eltern vnd Oberkeit in allen ehren sollen haben. Auff das der Fluch nicht auff sie erbe/ welchen Noah vber seinen Son Cam hie spricht/ darumb das er in vnehret. Denn es ist nicht allein Sünde/ das er seinen lust an dem hat/ das er den Vater also entblösset sihet/ der böse Bub wil auch die andern Brüder dahin bringen/ das sie des alten Vaters lachen/ in verspotten/ vnd nichts auff in halten/ noch geben sollen. Denn Cam thut zweierley Sünde/ Den Vater verachtet er/ vnd helt sich für weiser vnd klüger. Da ists vnmüglich/ das in einem solchen hertzen könd einiger rechter gehorsam sein/ wie das Gott von allen Kindern fordert/ vnd grewliche straffe vber die gehen lesst/ so in nicht leisten.

DAgegen aber/ Wer seine Eltern vnd Oberherrn in ehren hat/ sol sich des segens trösten/ welchen Noah vber seine andere zween Söne/ Sem vnd Japhet/ hie spricht. Denn Gott wil es mit geistlichen vnd leiblichen segen bezalen/ Wie das vierde Gebot auch verheisst/ das Gott solchen gehorsam vnd ehrerbietung mit langem glückseligem leben bezalen wölle.

VNd Gott segenet Noah vnd seine Söne/ vñ sprach/ Seid fruchtbar vnd mehret euch/ vnd erfüllet die Erde. Ewer furcht vnd schrecken sey vber alle Thier auff Erden/ vber alle Vogel vnter dem Himel/ vnd vber alles was auff dem Erdboden kreucht/ vnd alle Fisch im Meer seien in ewer hende gegeben. Alles was sich reget vnd lebet/ das sey ewre Speise/ wie das grüne Kraut/ hab ichs euch alles gegeben.

Gott segenet Noah. Bestetigung der heiligen Ehe. Gen. 1.8

ALleine esset das Fleisch nicht/ das noch lebt in seinem Blut. Denn ich wil auch ewers Leibs Blut rechen/ vnd wils an allen Thieren rechen/ vnd wil des Menschen leben rechen an einem jglichen Menschen/ als der sein Bruder ist.

WEr Menschen blut vergeusset/ des Blut sol auch durch b Menschen vergossen werden/ Denn Gott hat den Menschen zu seinem Bilde gemacht. Seid fruchtbar vnd mehret euch/ vnd reget euch auff Erden/ das ewer viel drauff werden.

Weltlich Schwert. Matth. 26

b Durch Menschen) Hie ist das weltlich Schwert eingesetzt/ Das man die Mörder tödten sol.

VNd Gott sagte zu Noah/ vnd seinen Sönen mit jm/ Sihe/ Jch richte mit euch einen Bund auff/ vnd mit ewrem Samen nach euch/ vnd mit allen lebendigen Thier bey euch/ an Vogel/ an Vieh/ vnd an allen Thieren auff Erden bey euch/ von allem das aus dem Kasten gegangen ist/ waserley Thier es sind auff Erden. Vnd richte meinen Bund also mit euch auff/ Das hinfurt nicht mehr alles Fleisch verderbet sol werden/ mit dem wasser der Sindflut/ vnd sol hinfurt keine Sindflut mehr komen/ die die Erde verderbe.

Gottes bund nach der Sindflut mit Noah.

VNd Gott sprach/ Das ist das zeichen des Bunds/ den ich gemacht habe zwischen

Jesa. 54

schen mir vnd euch/ vnd allem lebendigen Thier bey euch hinfurt ewiglich. Meinen Bogen hab ich gesetzt in die Wolcken/ der sol das Zeichen sein des Bunds/ zwischen Mir vnd der Erden. Vnd wenn es kömet/ das ich Wolcken vber die Erden füre/ So sol man meinen Bogen sehen/ in den Wolcken/ Als denn wil ich gedencken an meinen Bund/ zwischen Mir vnd Euch/ vnd allem lebendigen Thier/ in allerley Fleisch/ Das nicht mehr hinfurt eine Sindflut kome/ die alles Fleisch verderbe. Darumb sol mein Bogen in den Wolcken sein/ das ich jn ansehe/ vnd gedencke an den ewigen Bund zwischen Gott vnd allem lebendigen Thier/ in allem Fleisch/ das auff Erden ist. Dasselb

Syrach 43

Regenboge.

B

saget